感谢浙江省哲学社会科学重点培育研究基地（浙江工业大学现代化产业体系研究院）和浙江工业大学应用经济学学科资助

贸易开放与中国外贸高质量发展

FTA战略视角

孙林 俞慧洁 陈霜 等著

中国财经出版传媒集团
经济科学出版社
·北京·

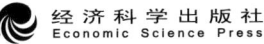

图书在版编目（CIP）数据

贸易开放与中国外贸高质量发展：FTA 战略视角 /
孙林等著 . -- 北京：经济科学出版社，2025.8.
ISBN 978 - 7 - 5218 - 6953 - 8

Ⅰ . F752

中国国家版本馆 CIP 数据核字第 2025UM5123 号

责任编辑：周国强
责任校对：刘　娅
责任印制：张佳裕

贸易开放与中国外贸高质量发展：FTA 战略视角
MAOYI KAIFANG YU ZHONGGUO WAIMAO GAOZHILIANG FAZHAN:
FTA ZHANLÜE SHIJIAO

孙　林　俞慧洁　陈　霜　等著
经济科学出版社出版、发行　新华书店经销
社址：北京市海淀区阜成路甲 28 号　邮编：100142
总编部电话：010 - 88191217　发行部电话：010 - 88191522
网址：www.esp.com.cn
电子邮箱：esp@esp.com.cn
天猫网店：经济科学出版社旗舰店
网址：http://jjkxcbs.tmall.com
北京季蜂印刷有限公司印装
710×1000　16 开　17.25 印张　260000 字
2025 年 8 月第 1 版　2025 年 8 月第 1 次印刷
ISBN 978 - 7 - 5218 - 6953 - 8　定价：98.00 元
（图书出现印装问题，本社负责调换。电话：010 - 88191545）
（版权所有　侵权必究　打击盗版　举报热线：010 - 88191661
QQ：2242791300　营销中心电话：010 - 88191537
电子邮箱：dbts@esp.com.cn）

著者：孙　林　俞慧洁　陈　霜
　　　周科选　吕雅洁　蒋鑫琳
　　　胡玲菲　黄洁静

前　言

改革开放四十余载，中国对外贸易走过了波澜壮阔的征程。从初期"三来一补"的蹒跚起步，到如今稳居世界第一货物贸易大国地位；从依赖初级产品出口，到拥有全球最完备的工业体系和强大的供应链韧性；从被动融入全球价值链，到积极向高附加值环节攀升并成为全球经贸体系的重要稳定器和增长源——中国外贸的成就举世瞩目，深刻改变了全球贸易格局，也强有力地支撑了国内经济的腾飞。

然而，成就的丰碑并非终点。当前，世界百年未有之大变局加速演进，全球经济增长乏力，贸易保护主义抬头，地缘政治风险加剧，传统国际循环动能减弱。与此同时，中国经济进入高质量发展新阶段，资源环境约束趋紧，要素成本优势加速转换，迫切需要培育国际竞争新优势。在此背景下，推动外贸从规模速度型向质量效益型转变，实现外贸高质量发展，已不再是可选项，而是关乎国家长远发展和国际竞争地位的必由之路。国家对此高度重视，"十四五"规划明确提出"优化贸易结构""促进贸易创新发展"，并强调"实行高水平对外开放，开拓合作共赢新局面"。构建以国内大循环为主体、国内国际双循环相互促进的新发展格局，其中国际循环的质量提升是关键一环，而外贸高质量发展正是其中的核心内容。以制度型开放为引领，以规则、规制、管理、标准等对接为突破口，塑造参与国际合作与竞争的新优势成为国家战略的清晰指向。

在这一宏大战略图景中，自由贸易协定（FTA）战略扮演着至关重要的角色，是推动中国外贸高质量发展的关键路径和战略支点。党的十八大以来，中国将FTA战略提升至国家开放型经济新体制的核心地位，中国参与的FTA

i

从18个增至26个（截至2025年），覆盖贸易额占比从27%提升至35%以上。在这个过程中，中国以"高水平对外开放"为指引，推动FTA建设从搞好周边关系向深度参与全球规则重构，服务"高质量发展"与"双循环"战略转变。区域贸易协定早已超越简单的关税削减，成为涵盖服务贸易、投资、知识产权、电子商务、竞争政策、环境与劳工标准等广泛领域的"新一代"深度一体化安排。从FTA战略视角审视其对我国外贸高质量发展的促进作用，其核心价值在于：

第一，拓展高质量市场空间。通过签署高水平FTA（如RCEP、积极考虑加入CPTPP），系统性降低或消除缔约方间的贸易投资壁垒，为中国优势产品、服务以及中高端制造业进入更广阔的国际市场提供稳定、可预期的制度保障，有效对冲外部不确定性风险，优化出口市场结构。

第二，倒逼国内规则升级与制度创新。高水平FTA所蕴含的先进国际经贸规则（如知识产权强保护、高标准的数字贸易规则等），形成强大的外部压力和改革动力，促使国内相关领域的法律法规、监管体系、营商环境加速与国际高标准接轨，提升制度型开放水平，为外贸企业提供更公平、透明、高效的制度环境。

第三，塑造全球经贸规则话语权。主动构建面向全球的高标准自由贸易区网络，积极参与甚至引领新一代国际经贸规则的制定，有助于中国在塑造更加开放包容、公正合理的全球经济治理体系中发挥更大作用，为外贸长远发展创造更有利的外部规则环境。

第四，促进产业链供应链优化升级。FTA通过优化区域内原产地规则、促进贸易便利化、深化投资合作，有助于中国更深度融入区域乃至全球产业链供应链，吸引高端要素集聚，推动产业向技术、品牌、质量、服务为核心的高附加值方向发展，提升中国在全球价值链中的地位。

尽管FTA战略的重要性日益凸显，学术研究对此问题的探讨仍存在显著不足：其一，现有研究多聚焦于FTA对贸易流量的宏观影响，或单一协定（如RCEP）的效应分析，对FTA作为系统性战略工具如何多维度、深层次驱动外贸质量变革、效率变革、动力变革的机制研究尚不深入、不系统。其二，将FTA规则（关税削减等）与中国外贸高质量发展的具体维度（如出口技术复杂度、出口质量、企业成本加成、贸易新业态新模式发展）进行实证关联的研究相对匮乏。其三，对FTA战略在推动国内制度型开放以赋能外贸高质量发展的传导路径缺乏细致的理论构建和实证检验。

本专著《贸易开放与中国外贸高质量发展：FTA战略视角》在此背景下应运而生，旨在从FTA战略视角，探索中国外贸高质量发展的内在机制和可行路径，深化对这一重大战略议题的理解。我们试图构建一个融合国际贸易异质性企业理论、多产品企业理论和新结构经济学等多学科视角的系统性分析框架，深入剖析FTA战略作用于中国外贸高质量发展的内在逻辑与多元路径。专著不仅关注FTA带来的市场准入红利，更着重探究其规则引领效应和制度创新效应；不仅进行宏观层面的趋势判断，也深入微观企业层面考察其行为响应与变化；不仅总结过往经验，更立足当下挑战，展望未来方向，为中国在新发展阶段优化FTA战略布局、最大化其促进外贸高质量发展的效能提供坚实的理论支撑和具有可操作性的政策建议。

我们深信，深刻理解并有效运用FTA战略，是解锁中国外贸高质量发展新动能、塑造国际合作与竞争新优势的关键钥匙。本专著期望能为这一领域的学术研究添砖加瓦，为政策制定者和实践者提供有益参考，为中国从贸易大国向贸易强国迈进的伟大征程贡献绵薄之力。

目　录

第 1 章　引言 ··· 1

　1.1　中国外贸发展的现状和挑战 ································· 1

　1.2　外贸高质量发展的内涵及中国面临的主要问题 ············ 8

　1.3　FTA 战略推动中国外贸高质量发展：理论框架 ············ 15

第 2 章　外贸高质量发展：产品质量升级 ······················· 18

　2.1　产品质量的内涵界定 ·· 18

　2.2　产品质量的测算方法 ·· 20

　2.3　出口退税、产品质量提升与出口产品价格 ·················· 25

第 3 章　外贸高质量发展：产品组合优化 ······················· 60

　3.1　产品组合优化的内涵 ·· 60

　3.2　产品组合的测算方法 ·· 61

　3.3　中国出口产品组合优化的影响因素：总体分析 ············· 65

第 4 章　中国自由贸易区战略与中国外贸产品质量 ············ 112

　4.1　中国 FTA 战略与中国出口产品质量升级 ···················· 112

　4.2　中国 FTA 战略与中国进口产品质量升级 ···················· 133

i

第 5 章　中国自由贸易区战略与中国出口产品组合 ·················· 150

  5.1　中国自由贸易区战略与中国出口产品种类决策 ············· 150

  5.2　中国自由贸易区战略与中国出口产品组合优化 ············· 182

第 6 章　中国自由贸易区战略与中国出口产品成本加成 ············· 204

  6.1　多产品企业出口产品成本加成的测算方法 ················ 204

  6.2　区域贸易政策不确定性对中国多产品企业

    出口产品成本加成的影响 ···························· 207

第 7 章　高质量发展视角下中国自由贸易区战略实施：

   问题与对策 ·· 238

  7.1　中国自由贸易区战略实施中存在的问题 ·················· 238

  7.2　中国自由贸易区战略实施的对策 ······················ 248

参考文献 ·· 251

第 1 章 引 言

1.1 中国外贸发展的现状和挑战

在 1978 年党的十一届三中全会后，国家把工作重点放在社会主义现代化建设上来，并正式实行对外开放的基本国策，中国国民经济开始迅速发展，对外贸易也进入了新时期。经过四十年的发展，2017 年中国对外贸易总量达到 4.10 万亿美元，占全球外贸的 11.5%，全球排名第一，增长了近 200 倍。[①] 中国逐步从全球加工组装基地转变为全球制造基地，正在以一个贸易大国和资本大国的身份参与、影响和改变着世界经济格局。

1.1.1 中国对外贸易的现状

我国对外贸易的整体规模不断扩大。根据我国海关总署统计数据显示（如图 1-1 所示），2001 年我国进出口总额是 5097 亿美元，2004 年首次突破 1 万亿美元大关，2007 年再破 2 万亿美元，2008 年达到了 25632 亿美元，比

---

① WTO 国家贸易统计数据库，https://globaltradedata.wto.org/official-data。

2001 年增长了 4 倍多。从 2002 年到 2008 年，我国进出口总值以年均 25.9% 的速度增长，7 年进出口总额合计 10.5 万亿美元。我国在国际金融危机后的第一年就迅速恢复了正增长，2010 年对外贸易进出口总额达到了 29740 亿美元。2013 年，中国货物贸易总额为 4.16 万亿美元，同比增长了 7.6%，一跃成为世界第一货物贸易大国。2020 年中国进出口总值猛增到 46474.3 亿美元，在 20 年内外贸增长超过 9 倍。

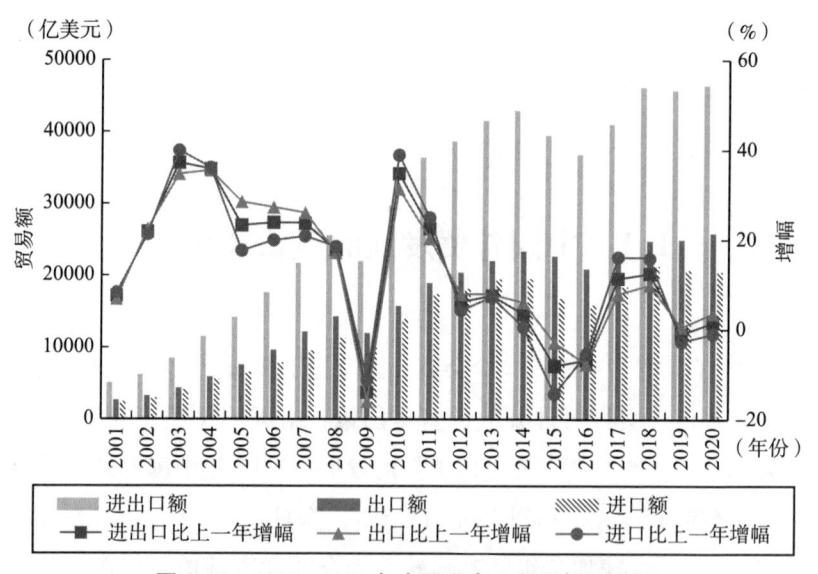

图 1-1 2001~2020 年中国进出口贸易额及增幅

资料来源：根据中国海关统计数据绘制而成。

全球供应链的调整导致中国对外贸易结构变化。近年来中国对外贸易的零部件出口比重有所上升，而最终产品的出口比重却逐年下降。根据联合国 BEC 产品分类统计数据计算可知（如表 1-1 所示），一方面，中国货物出口的中间品占比从 2009 年的 38.74% 上升到 2018 年的 44.56%，而消费品的出口比重却从 29.97% 下降到 24.25%，资本品的出口比重从 29.93% 下降到 28.98%。另一方面，资本品和中间品进口比重都有下降趋势，分别从 2009 年的 16.77% 和 75.97% 下降到了 2018 年的 13.60% 和 75.56%。这说明中国制造能力在产品档次上有了一定的提升，但总体来说我国高科技电子产品零部件的供给能力还有所欠缺，对国外存在很强的依赖性，这在未来也将有很大的进步空间（裴长洪、刘洪愧，2020）。

表1-1 中国 BEC 分类进出口结构（各类产品进出口占总进出口比重）　　单位:%

年份	出口				进口			
	消费品	中间品	资本品	乘用车、汽油及其他	消费品	中间品	资本品	乘用车、汽油及其他
2009	29.97	38.74	29.93	1.36	3.8	75.97	16.77	3.46
2010	28.69	40.28	29.67	1.36	3.57	75.23	16.19	5.01
2011	28.25	41.19	29.13	1.43	3.85	74.09	14.97	7.08
2012	28.66	40.35	29.63	1.36	4.35	73.4	14.13	8.11
2013	29.08	41.5	28.02	1.4	4.62	7274	13.17	9.46
2014	29.62	41.41	27.58	1.39	5.02	7297	13.48	8.52
2015	28.88	42.44	27.63	1.06	6.14	75.67	14.25	3.94
2016	28.98	42.36	27.27	1.39	6.67	75.02	13.98	4.32
2017	25.45	43.39	29.24	1.92	5.71	76.06	13.74	4.5
2018	24.25	44.56	28.98	2.21	5.91	75.56	13.60	4.93

资料来源：裴长洪、刘洪愧（2020）。

中国对外贸易的市场正出现多元化的趋势，多双边经贸关系和区域经济合作全面发展。20世纪90年代初我国提出了"外贸市场多元化战略"，中国与主要贸易伙伴的双边贸易均实现了全面快速的正增长。2003年，中国与美国、日本、欧盟三大经济体的贸易规模均突破了1000亿美元，而到了2020年，中美、中日、中欧分别实现了4.06万亿元、2.2亿元和4.5万亿元的贸易额。[①] 中国也正积极参与区域经济合作，于1991年正式加入亚太经合组织

---

① 中华人民共和国商务部，https://www.mofcom.gov.cn/。

（APEC）；在2001年加入了《曼谷协定》，这是中国参与的第一个区域贸易安排；于2003年签署了《内地与香港更紧密经贸关系安排》，也是中央政府与特别行政区政府签署的经贸安排；2004年中国还相继与南部非洲关税同盟、海湾合作委员会等启动了自由贸易谈判，在同年11月与东盟十国签署的自贸区《货物贸易协议》。至此中国逐步形成了全方位、有侧重的区域经济合作格局。

在加入WTO之后，自贸区已经成为了中国对外开放的新形式、新起点，以及与世界各国实现互利共赢的新平台。2013年，中国提出"一带一路"倡议。如图1-2所示，2013~2018年中国对"一带一路"共建国家的投资占对外直接投资额中始终保持较高比重，有效促进了统一大市场的形成，实现经济贸易的优势互补，促进了区域经济的发展（焦聪，2016）。尽管在新冠疫情影响下，2021年中国企业对境外部分地区和部分领域的投资逆势上扬，对"一带一路"共建国家投资更是增长明显，非金融类直接投资130.2亿美元，同比增长29.7%。[①] 于2022年正式生效的区域全面经济伙伴关系协定（RCEP）涵盖人口超过35亿人，占全球人口的47.4%，国内生产总值（GDP）占全球的32.2%，外贸总额占全球的29.1%[②]，是全球涵盖人口最多、最具潜力的自贸区谈判，将进一步促进本地区产业和价值链的融合，为区域经济一体化注入强劲动力。

近年来，中国跨境电商呈现出"爆发式"增长态势，已经成为中国对外贸易的主力军。2010~2017年，中国进出口跨境电商呈现迅速增长的趋势，其总交易额在货物对外贸易中的比重已经从2010年的5.94%上升到2017年的27.35%。[③] 互联网和跨境电商的出现大大减少了全球价值链各环节间的协调成本和信息成本，也降低了跨国企业之间的"搜寻－匹配"成本（裴长洪、刘斌，2019）。互联网信息平台可以降低交易成本、优化资源配置，而

---

① 中国"一带一路"网，https://www.yidaiyilu.gov.cn/。
② 中华人民共和国商务部，https://www.mofcom.gov.cn/。
③ 国家统计局，https://www.stats.gov.cn/。

"互联网+贸易"的电子商务模式突破了时空限制,加速了各个经济体之间的高速融合(施炳展,2016),跨境电商拓展了国际贸易的空间,中国对外贸易将激发出自身的无限潜力。

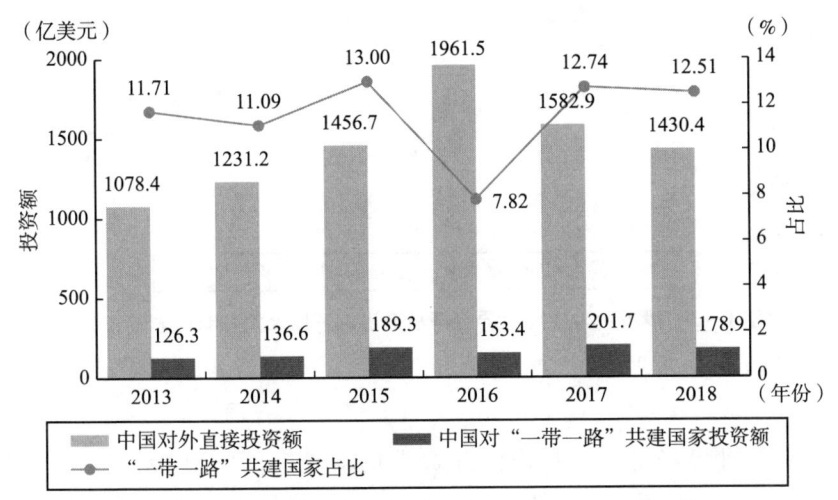

图 1-2　2013~2018 年中国企业对"一带一路"共建国家直接投资额

资料来源:《2018 年度中国对外直接投资统计公报》。

1.1.2　中国对外贸易面临的挑战

从国际形势上来看,中国外贸发展面临的挑战首先是世界经济增速放缓,经济复苏的道路将是曲折而漫长的。1990~2021 年全球 GDP 出现较大的波动:2008 年发端于美国的次贷危机发展为全球性的金融危机,继而演变为全球性的经济危机,对我国的开放型经济造成了很大的冲击,外贸出口水平、引进外资水平双双大幅下跌。2019~2021 年在全球广泛肆虐的新冠疫情带来了极其昂贵并不断上升的人力成本,疫情所必要的保护措施也严重影响了人们的经济活动。疫情影响下 2020 年全球经济萎缩接近 4%,比 2008~2009 年的金融危机时期(-2%)要严重得多(见图 1-3),大多数国家出现了经济增速回落和通货膨胀率下降的现象。

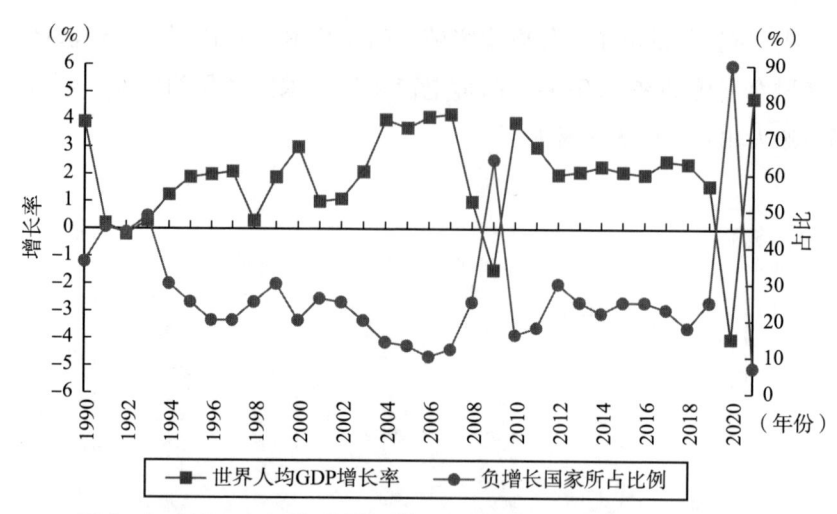

图1-3 1990~2021年世界经济总产出增速以及负增长国家的占比

资料来源：IMF（2020）。

此外，世界经济还表现出国际贸易负增长、国际直接投资活动持续低迷、全球债务水平显著提高的现象。在2008年全球性经济危机和2020年新冠疫情影响下，全球总债务达到两次高峰。此外，世界性人口红利逐渐减弱，中国等制造大国人口加速进入刘易斯拐点（蔡昉，2012），日本等发达国家出现了严重的人口老龄化，这些因素叠加使得世界经济出现较长时间的缓慢复苏时期。加快转变外贸增长方式，优化进出口商品结构，成为我国对外贸易应对外界冲击、实现高质量发展的当务之急。

另外，中美贸易摩擦升级带来的许多不确定因素。中美之间的贸易摩擦造成双边贸易量大幅度下降，中国海关总署数据显示（见图1-4），2019年1~12月中国向美国的出口额为2.64万亿元，同比下降8.4%；中国自美国的进口额为7630.5亿元，同比下降19.5%。中美两国进出口贸易总额同比下降11.1%，美国从中国的第二大贸易伙伴降级成为第三大贸易伙伴。

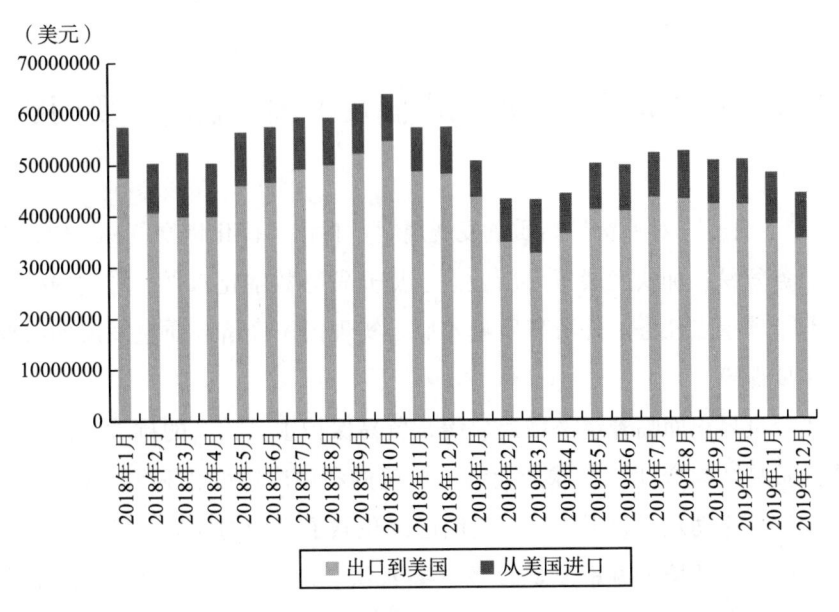

图 1-4 2018 年 1 月~2019 年 12 月中国与美国进出口趋势

资料来源：根据 UN Comtrade 数据库相关数据绘制而成。

自美国针对中国发起 301 调查后，中美贸易摩擦冲突呈现日益紧张的趋势。特朗普政府从 2017 年开始打压中国的高新技术产业并对其进行科技封锁。2021 年，拜登政府极力拉拢欧洲和亚洲的盟友一起，企图建立一个更大更稳固联盟，在商业、科技等领域对中国施压。这不但会对中美之间的贸易形成威胁，更会对全球经济增长和企业的预期心理产生破坏性的影响。

从发展的趋势上来看，中国对外贸易呈现了长期和复杂的特征。中国已经踏上了发展中国家新型工业化道路，逐步从比较优势转向要素优势，进而以提升竞争优势参与国际分工。随着进出口规模不断扩大，中国对外贸易呈现出了明显的顺差格局，与其主要贸易伙伴之间的摩擦也日益加剧。中国作为世界上经济增长最为突出的国家也日益受到各国的瞩目，其经济增长和竞争力的提升也为一些发达国家带来焦虑。中国未来外贸发展将面临更加复杂多变的国际环境，打开国门搞建设，积极推进高水平开放，无疑是最主动和稳妥的应对措施。

1.2 外贸高质量发展的内涵及中国面临的主要问题

《"十四五"对外贸易高质量发展规划》提出了优化货物贸易结构、创新发展服务贸易、加快发展贸易新业态、提升贸易数字化水平、推进内外贸一体化等十项重点任务。外贸高质量发展是实现国民经济高质量发展的必要前提和重要保障。

当今世界正面临着经济增速放缓、贸易保护主义抬头的挑战，但是这也蕴含着贸易结构变迁，全球产业链、价值链和供应链变化和调整的新机遇。在对外贸易蓬勃发展数十年后，我国已经积累了不少的优势，已经有能力构建良好的营商环境和开辟新的市场（裴长洪、刘洪愧，2020）。我国的对外贸易目标正在从建造贸易大国转向建造贸易强国，并提出"以国内大循环为主体，国内国际双循环相互促进的新发展格局"。

在新发展格局下，我国对外贸易高质量发展的内涵体现为以下几点：

第一，外贸多元化的平衡发展、进出口商品结构的优化（戴翔、宋婕，2018）。我国仍然倚重日、美、欧这三大传统市场，贸易的集中度过高容易发生贸易风险，构建更加多元的外部市场平衡发展格局，将产业结构与进出口产品种类进行优化与调整，都将是实现我国外贸高质量发展的重要内容和方向。

第二，对外贸易的话语权与我国全球产业链、价值链、供应链位置的提升（裴长洪、刘洪愧，2020；王三兴、宋然，2021）。贸易强国的本质是指在国际贸易体系以及国际经济组织中有较强的话语权和影响力，而实现贸易高质量发展是强化话语权的关键。我国出口的大部分制造业产品都处于全球产业链、价值链、供应链的相对低位，因此需要大力发展高质量、高技术、高增加值产品贸易；不断提高劳动密集型产品档次和增加值；加快推动智能制造发展，逐步从加工制造环节向研发设计、营销服务、品牌经营等环节攀升，稳步提高出口增加值，提升我国全球产业链、价值链、供应链位置。

第三，大力发展与利用数字贸易与数字技术，推动服务贸易发展（张定法、肖宇，2021）。要促进外贸高质量发展，必须进行传统产业转型升级，进行数字化与网络化改造，建立以跨境数字平台（邬爱其等，2021）为基础，以平台化、数字化、智能化为趋势的对外贸易新模式；从而增强创新驱动，不断提升自主创新能力，推动产业间的有机融合，加快由"中国制造"向"中国创造"的转变。

本节主要从产品质量与产品种类这两个维度去定义对外贸易的高质量发展。

在国际贸易中，在产品质量上拥有比较优势的企业能够在国际贸易中获得更多贸易利益，提升产品质量，有助于企业开拓市场，提升国际竞争力。出口产品质量如果随着出口规模的增长而提高，中国可以通过对外导向战略，获得促进经济可持续发展的动力（张杰等，2014）。对于产品质量，其实更应关注产品内的垂直差异，我国企业所生产的产品是否实现了从低端到高端品牌的转型，是否占据了同类商品的高端国际市场（施炳展、邵文波，2014），所以外贸高质量发展的出口企业必定具有高质量的产品（孙林等，2014；Khandelwal et al.，2013；Kugler and Verhoogen，2012；Crozet et al.，2012；Fan et al.，2015），拥有更好的出口绩效。

我国的出口企业大多数都是多产品企业，多产品企业能够通过在企业内产品间进行资源再配置来应对外部需求变动，且中国出口企业总体上采取质量竞争策略（Manova and Yu，2017）。而且随着企业的"专精特新"，一方面会专注于他们的核心能力，提升核心产品质量，从而在国际市场上获得更高的收益（Eckel and Neary，2010）；另一方面，企业在面对国际市场时会灵活调整自身的最佳产品范围，从而获得最大收益（Bernard，2011）。迈耶等（Mayer et al.，2014）则进一步提出了偏度（skewness）的概念，如果面对的国际市场竞争越激烈，企业的出口偏度就会提高，即企业的产品出口会越偏向于自身更有优势的核心产品，企业将更多的要素投入更具优势的核心产品上，企业生产率水平也随之上升。产品范围的有效调整实现了对外贸易以及企业自身的高质量发展。

尽管中国凭借充足的劳动力资源、强大的供应链系统，创造了"出口奇迹"，成就了"世界工厂"的地位，但中国制造业仍然处于"大而不强"的困境，表现出"三低一弱"的态势，即低质量、低增加值、低技术含量、弱品牌。并且中美贸易摩擦等贸易不确定性加剧，以及外部需求滑坡，都导致中国制造业出口企业长期积累的问题凸显。

第一，低质量陷阱。中国制造业出口企业的产品质量的提升却较为缓慢，"低质量"现象一度广泛存在，同欧美企业的出口产品质量相比较还存在较为明显的差距（孙林等，2014），甚至有陷入"低质量陷阱"的危险（李坤望等，2014）。

为了能够更好地观察中国出口产品的整体质量在国际市场上所处位置的变化，我们选取2001～2010年中国、东盟、印度、日本、德国这五个经济体的相对质量测算结果进行比较研究。

从图1-5中可以看出，中国在2008年之前，出口产品质量低于日本和德国，甚至低于东盟国家，但中国出口产品的整体相对质量一直处于一个不断攀升的趋势中，2009年前后才超越了德国。另外一个可以观察到的现象是东盟出口的产品的整体绝对质量在2001～2010年的10年中的大部分时间里都要高于中国。但是，2009年之后，中国出口产品相对质量超过了东盟，仅次于日本。

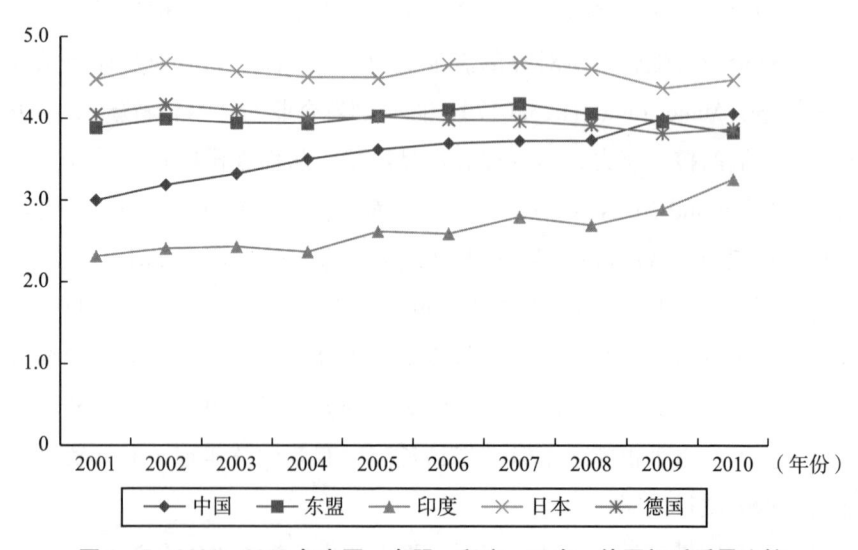

图1-5 2001～2010年中国、东盟、印度、日本、德国相对质量比较

资料来源：根据美国国际贸易委员会网站数据库（USITC DATABASE）相关数据绘制而成。

此外，中国高技术产品出口所需的中间产品和技术多依赖国外。2018年，在制造业出口中，高技能技术密集型产品占比分别位居全球225个样本国家的第85位和第89位，落后于世界平均水平（中国社会科学院财经战略研究院课题组，2021）。

第二，制造业出口企业低生产率悖论。中国制造业出口企业生产率显著低于非出口企业（见表1-2），存在出口企业生产率悖论，加工贸易是根本原因（戴觅、余淼杰和Maitra，2014），这与国际文献和异质性企业理论（见表1-3）中认为的出口企业生产率一般高于内销企业大相径庭，自选择效应并未起到期望中的作用。相对于竞争效应来说，自选择效应因为加工贸易、出口补贴效应等而被削弱。

表1-2　　2005~2007年我国分行业不同类型企业全要素生产率

行业代码	2005年 X企业数	2005年 D企业数	2005年 X企业TFP均值	2005年 D企业TFP均值	2006年 X企业数	2006年 D企业数	2006年 X企业TFP均值	2006年 D企业TFP均值	2007年 X企业数	2007年 D企业数	2007年 X企业TFP均值	2007年 D企业TFP均值
13	3090	11009	2.9468	3.0332	3303	12877	4.4483	4.5645	2593	15126	3.0433	3.3754
14	1352	3982	2.6157	2.6238	1396	4466	2.7674	2.8046	1220	5275	2.824	3.0304
15	515	2893	2.8713	2.6756	523	3290	3.0318	2.8722	388	3945	3.0765	3.108
17	8158	13927	2.3786	2.5177	8421	16578	2.4964	2.6516	8173	19425	2.5472	2.7938
18	6871	4815	2.1729	2.3087	7235	5679	2.2915	2.4376	7580	7000	2.3623	2.5581
22	1029	6257	2.605	2.5157	1031	6733	2.6896	2.6703	890	7347	2.5996	2.8464
24	2308	1028	2.1299	2.3889	2375	1208	2.2335	2.4733	2558	1488	2.3128	2.6151
26	3866	14365	2.8696	2.8335	3928	16230	3.0029	2.9951	3795	18717	3.1339	3.1893
27	1084	3733	2.7921	2.6711	1095	4127	2.9458	2.7868	1031	4562	2.9899	3.0297
28	231	1032	2.6844	2.8314	244	1118	2.8146	2.9739	242	1295	3.0189	3.1122
29	998	1950	2.2803	2.5063	1036	2253	2.4691	2.6878	1024	2600	2.5495	2.9037
30	3508	8280	2.3859	2.5485	3709	9526	2.4966	2.6977	3993	11133	2.5054	2.8585
32	646	5720	3.094	2.9552	637	6112	3.2262	3.1149	568	6406	3.3391	3.3346

续表

行业代码	2005年				2006年				2007年			
	X企业数	D企业数	X企业TFP均值	D企业TFP均值	X企业数	D企业数	X企业TFP均值	D企业TFP均值	X企业数	D企业数	X企业TFP均值	D企业TFP均值
33	833	4163	2.9035	2.9781	901	4789	3.1614	3.2504	793	5754	3.2178	3.4167
34	4068	9351	2.4141	2.5393	4477	10805	2.5162	2.6946	4818	12866	2.5822	2.8749
35	4768	14830	2.4842	2.5167	5076	17431	2.6043	2.6873	5314	21066	2.6857	2.8783
36	2434	7506	2.5058	2.5107	2742	8574	2.638	2.6772	2886	10224	2.6487	2.8698
39	4839	101411	2.3537	2.578	5258	11327	2.4796	2.745	5679	13351	2.5301	2.8934
40	4441	4152	2.3496	2.4148	4728	4651	2.4903	2.5428	5410	5445	2.5349	2.6545
42	3203	1855	2.2704	2.4696	3452	2232	2.3753	2.5997	3523	2813	2.4887	2.768

资料来源：李春顶、尹翔硕（2009）。

表1-3 出口企业、内销企业的效率差异及其来源的部分实证文献

作者	研究对象	指标	出口企业TFP是否高于内销企业	是否存在自选择效应	是否存在出口学习效应
Bernard and Jensen (1999)	美国	就业人数、劳均增加值、TFP等	是	是	否
Clerides et al. (1998)	哥伦比亚、墨西哥和摩洛哥	劳均产出	是	是	是
Aw et al. (1999)	韩国和中国台湾地区	TFP	是	是	是
Greenaway and Kneller (2004)	英国	就业人数、劳均增加值和TFP等	是	是	否
Van Biesebroeck (2006)	撒哈拉以南非洲	TFP	是	是	否
Alvarez and Lopez (2005)	智利	TPP	是	是	否
De loecker (2007)	斯洛文尼亚	TFP	是	是	是
李春顶 (2010)	中国工业企业数据	劳均增加值、TFP	否	—	—

续表

作者	研究对象	指标	出口企业TFP是否高于内销企业	是否存在自选择效应	是否存在出口学习效应
Dan Lu（2010）	中国工业企业数据	劳均增加值	否	否	
戴觅等（2011）	中国工业企业数据与海关数据	人均销售收入、劳均增加值、TFP	是	—	
Ju Ian et al.（2012）	中国工业企业数据库	TFP（OP方法）			是
本书	中国工业企业数据库	中国工业企业数据库（LP方法）	是	是，65%	是，35%

资料来源：范剑勇、冯猛（2013）。

第三，低加成率陷阱。出口企业盈利水平和定价能力也是广泛关注的焦点。企业盈利水平或者定价能力可以用价格加成率来衡量（De Loecker and Warzynski，2012；De Loecker et al.，2016）。对中国微观数据的实证检验表明出口企业存在"低加成率陷阱"（刘啟仁和黄建忠，2015；黄先海等，2016）（见表1-4）。也就是说，中国出口企业广泛存在着定价能力低，甚至依靠低价竞争策略的现象。中国连续23年成为全球遭遇反倾销调查最多的国家。

表1-4　　　　估计的加成率水平（$\bar{\mu}$）与技术进步率

变量	估计的加成率水平				技术进步率（domega）		
企业类型	总体	出口	内销	纯出口	总体	出口	内销
均值	1.084	1.081	1.085	1.079	0.033	0.029	0.034
样本数	1699477	525250	1174227	217173	734315	209544	524771
企业类型比例（%）	100	30.96	69.04	12.82	100	30.96	69.04

注：技术进步率（domega）为相对生产率差分。
资料来源：刘啟仁、黄建忠（2015）。

此外，中国出口企业还存在出口产品国内增加值低问题。如图1-6所示，低增加值和低端制造仍然是中国制造在全球市场中的代表标签（吕越等，2018）。

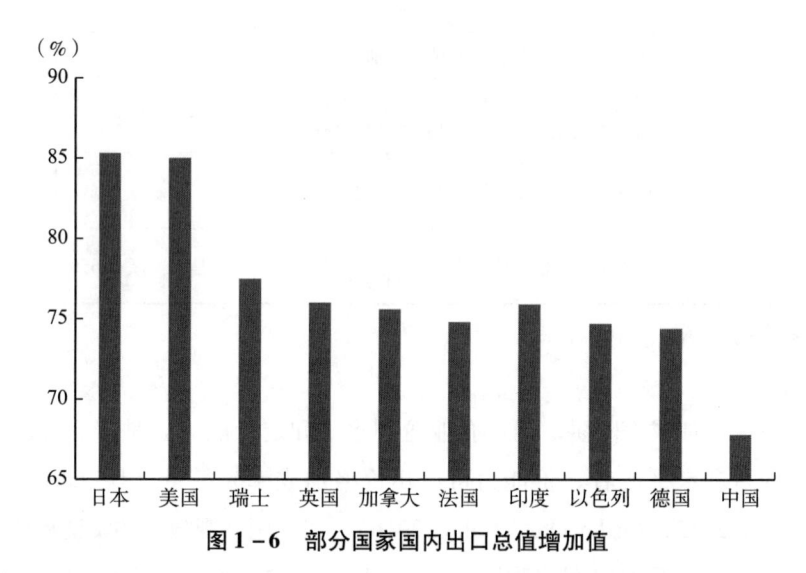

图1-6 部分国家国内出口总值增加值

资料来源：根据OECD数据库（https://www.oecd.org/）相关数据绘制而成。

出口产品国内增加值偏低，折射出中国在全球价值链的"垂直分工"地位仍旧偏弱。从横向看，据OECD的估算，中国出口总值国内增加值为67.8%，而同时期成熟的制造业发达国家的日本、美国分别达到了85.3%、85%，以色列、印度也达到了74.7%、75.9%的高位。以苹果公司的手机为例，iPhone产品的研发、设计在美国完成，处理器与存储芯片来自韩国，触控面板、显示器来自日本。此外，欧洲的德国、荷兰等公司也提供了其他主要的零部件，最终，在中国组装之后再出口至苹果公司。邢予青等（2011）对iPhone的生产成本进行分解，指出从价值增值的角度，中国厂商仅贡献了iPhone总价值的3.6%；董虹蔚等（2017）的估算认为，一部iPhone手机的总价值中，仅有1.8%的价值来自中国，并且苹果公司对整个价值链的分配有着绝对的控制权。

总的来说，中国企业加工制造能力强，但自主创新和市场营销能力弱；出口产品的质量、档次、增加值，参与国际规则制定的话语权及重要商品贸易的议价权等方面与贸易强国还有很大差距。此外，中国本土企业并不是依靠打造自主品牌来获取出口优势的；相反，过度依赖出口在一定程度上抑制了本土企业自塑品牌和创新研发的意愿，使得出口企业无法向价值链的高增加值环节跃升。中国传统制造业问题的根本在于中国制造业出口企业，中国制造业出口企业的整体水平迫切需要提升。

1.3 FTA 战略推动中国外贸高质量发展：理论框架

制造业外贸企业高质量发展是提升外贸发展水平的微观基础（裴长洪等，2020），是培育增长新动能的关键。然而，中国制造业外贸企业存在大而不强的问题。中国世界 500 强企业主要依赖规模入选，创新引领与世界一流水平还存在差距（刘鹤，2021）。企业出口产品低质量（李坤望等，2014）、出口企业低生产率（戴觅等，2014）等问题凸显。中国制造业企业还存在被"俘获"在低增加值环节的风险（洪俊杰等，2019）。中国制造业外贸发展中存在的种种问题，导致贸易摩擦中更容易被"精准"和"降维"打击。签署自由贸易协定（Free Trade Agreement，FTA），降低关税和非关税壁垒，通过竞争效应、学习机制和产业链攀升等路径，提升区域对外贸易质量成为各个国家的普遍选择。

自党的十八届三中全会明确提出构建"面向全球的高标准自贸区网络"战略以来，中国实行更加积极主动的开放战略，积极建设覆盖全球的伙伴关系网络，推动构建新型国际关系，取得了丰硕成果，为形成更大范围、更宽领域、更深层次对外开放格局奠定了基础。截至 2023 年底，中国已签署了 22 个 FTA，共涉及全球 29 个国家和地区。[①] 2020 年

[①] 中华人民共和国商务部，https://www.mofcom.gov.cn/。

11月《区域全面经济伙伴关系协定》（RCEP）正式签署，RCEP积极对标国际高标准经贸规则，表明中国正在稳步扩大规则、规制、管理、标准等制度型开放，致力于以高水平开放推动中国外贸高质量发展。中国实施FTA战略如何影响中国制造业外贸企业微观升级决策（质量升级和产品组合升级），探究在实践中如何提出"中国方案"，是亟待研究的新问题。

中国实施FTA战略，可通过促进高质量进口中间品资源获取、出口市场拓展、需求方高质量偏好、数字平台融合等路径作用于中国制造业外贸高质量发展。第一，高质量进口中间品资源获取。日本和韩国都具有半导体和电子元器件上的独特产业优势，中国制造业外贸企业充分利用FTA有利条件，大幅增加高端进口中间品进口，提升中国制造业出口产品质量和制造能力。第二，出口市场拓展。通过FTA扩大对目的国市场规模，需求拉动和竞争加剧共同作用，驱动中国制造业外贸企业提升高质量发展水平。第三，需求方高质量偏好。RCEP成员国包括了发达国家日本、韩国、澳大利亚等，高收入市场消费者具有高质量偏好，拥有高收入市场特征优势，诱导中国企业海外市场布局研发中心和大数据中心，驱动中国制造业外贸企业实现高质量发展。第四，数字贸易规则深化。RCEP协定涉及数字贸易规则内容包括推广电子认证和电子签名、无纸化贸易、保护电子商务用户个人信息等，并在数据跨境流动等重要议题上达成共识。RCEP数字贸易新规则驱动中国制造业外贸企业采用数字技术，融合数字化平台（例如采用速卖通等跨境电商平台），实施数字化转型。第五，跨国区域产业转移。跨国公司利用OFDI绕过区域贸易关税壁垒，优化出口增加值结构（刘海云等，2016；徐国祥等，2020），在FTA框架下由于地理文化临近，中国-东盟已有贸易投资基础，以及区域贸易协定深化，中国企业尤其是制造业企业趋向于对RCEP范围内国家进行对外直接投资，构筑有韧性的区域供应链体系，这存在OFDI对于GVC地位的提升作用（刘斌等，2015；聂飞等，2023）。另外，企业进行对外直接投资，在东道国投资设厂，其最直接的结果是提高与东道国上下游供应商和客户的产业关联。杨连星和罗玉辉（2017）提出中国对外直接投资通过行业全要素生产率提升、贸易规模扩大对全球价值链升级具有显著促进效应。同样，李等（Li et al., 2021）验证了全要素生产率机制，并提出产业结构调整、贸易网络状况改善也是 OFDI 促进母国价值链升级的重要机制。

第 2 章
外贸高质量发展：产品质量升级

2.1 产品质量的内涵界定

2.1.1 产品质量的内涵

产品质量由构成产品属性和特性的各种要素组成，在通常意义上，产品质量反映了产品之间的垂直差异，即消费者在面临同等价格下必然会选择质量更高的产品。不同的产品有不同的性能和特点，这些性能和特点的总和构成了产品质量的内涵。产品质量反映了产品的各种属性和特性满足消费者和其他相关方面要求的能力，随着时间的推移和科学技术的不断进步而发生变化。

产品质量不仅反映了产品外观、性能等的客观特征，还包括由于品牌和广告等因素而产生的社会特征，这些特征均满足了消费者对产品的需求和心理期望。鲍德温和哈里根（Baldwin and Harrigan，2011）认为，某种产品质量更高是指比其他产品在产品特征上更具有优越性以及对消费者更具有吸引力。

在早期对产品质量的研究中，往往用单位产品价值来作为产品质量替代变量，这隐含了一个假设：高价格的产品质量更高，但在现实情况下这不一定成立。产品质量会受到很多因素的影响，哈拉克和斯科特（Hallak and Schott，2011）认为，在出口价格相等的情况下，高贸易份额的国家产品质量更高。坎德维尔（Khandelwal，2010）提出，出口产品的质量除了垂直型因素以外，还取决于决定产品异质性的水平性因素，比如说，同样一件衣服能够在美国市场上卖出高价一方面是由于其质量较好，另一方面衣服的款式、颜色等因素也是不能忽视的。这些影响产品质量的因素可以通过市场份额加以反映。坎德维尔（Khandelwal，2010）提出在价格一定的条件下，占领市场份额越高的产品，其质量越高。

2.1.2 产品质量的定义

由于产品质量不可直接获得，已有研究对产品质量有不同的定义，到目前为止，还没有统一的定义。在以往研究中，一部分学者给出了具体的标准，认为产品质量既包括外观、性能等客观因素，也包括会受到声誉、信任所影响的社会因素；另一部分学者则将这些标准进行归纳，认为产品质量是产品能够满足消费者各种需求的产品特征和特性。

产品质量具有客观属性和主观属性，从客观属性来看，在国际标准化组织（ISO）1994颁布的《质量管理和质量保证——术语》中，产品质量的定义是"产品能够满足消费者明确和隐含需要的能力和特性的总和"，在ISO 9000国际标准中，将其更新为一组固有特性满足要求的程度，将产品质量升华为满足消费者各种需要和期望。从主观属性来看，产品质量本质上是消费者对产品的主观感受，越满足消费者价值需求的产品其质量就越高。哈拉克和斯科特（Hallak and Schott，2011）将产品质量定义为会提高消费者认知度的任何有形或是无形的属性。

2.2 产品质量的测算方法

选择合适的产品质量测算方法是展开相关研究的关键。产品质量是一个较为复杂的概念，且相对抽象，不能直接从贸易数据中观测得到，因此将产品质量这一不可直接观测的特征转换成可以直接观测到的数据（如产品价格、产品数量等）来表示就成为了测算产品质量的一个思路。早期测算产品质量的方法中，单位价值法的应用最广泛且较为成熟，这主要得益于数据的可获性和计算的方便性，但是该方法没有考虑产品的其他特征。为了更加准确地测算产品质量，许多学者尝试使用需求推断法来测算产品质量，其中坎德维尔（Khandelwal，2010）提出的嵌套 Logit 模型与坎德维尔等（Khandelwal et al.，2013）所提出的 KSW 方法较具有代表性。

2.2.1 Nested Logit 模型

坎德维尔（Khandelwal，2010）的方法是基于贝里（Berry，1994）的离散选择模型，特别是基于嵌套 Logit 的情况。这种方法具有允许消费者偏好在具有相似特征的产品之间相互关联的优点。具体来说，Nested Logit 模型将产品市场的产品按照一定的接近程度划分为不同的小组 G，并且假设同一小组中的产品相互之间未能直接观察到的产品特征是相关联的，不同小组的产品之间是不相关联的。将不同种类的产品按照接近程度划分为 $g = 0$，1，2，3，4，…，G，总共 $G+1$ 个小组。定义外部产品[①]$j = 0$ 是所在组 $g = 0$ 组中唯一的产品。并且，假定 $\beta x_0 - \alpha p_0 + \mu_0 = 0$。对于处在 $g(g = 1, 2, 3, 4, \cdots, G)$

[①] 举例来说，美国消费者在国内消费的产品中包含了从各国（包括中国）进口的所有消费品，也包括美国本土生产的消费品。这里的外部产品，是指美国消费者消费的产品中，在本土生产和消费的产品种类。

组的产品 j，消费者 i 的效用函数为

$$U_{ij} = \beta x_j - \alpha p_j + \mu_j + \omega_{i,g} + (1-\theta)\epsilon_{i,j} \quad (2-1)$$

式（2-1）中，x_j 表示第 j 种产品可观测的产品特征，μ_j 表示 j 种产品不可观测的产品特征，p_j 表示第 j 种产品的市场价格。$\epsilon_{i,j}$ 为独立同分布的误差项。$\omega_{i,g}$ 代表 g 组内产品给予消费者的共同效用水平。同一小组内产品未观察到的产品性能是相关联的，不同小组的随机干扰项是相互独立的。

在该模型框架下，进口国市场上在 g 组的产品 j 的进口额占组内所有产品进口额的组内份额 ns_j 可以表示为

$$ns_{j/g} = \frac{e^{\frac{U'_{ij}}{(1-\theta)}}}{\sum_{j\in g} e^{\frac{U'_{ij}}{(1-\theta)}}} = \frac{e^{\frac{\beta x_j - \alpha p_j + \mu_j}{(1-\theta)}}}{\sum_{j\in g} e^{\frac{\beta x_j - \alpha p_j + \mu_j}{(1-\theta)}}} \quad (2-2)$$

第 g 组产品在进口国所有产品市场上的市场份额可以表示如下：

$$S_g = \frac{\left[\sum_{j\in g} e^{\frac{\beta x_j - \alpha p_j + \mu_j}{(1-\theta)}}\right]^{1-\theta}}{\sum_{g=0}^{G}\left\{\left[\sum_{j\in g} e^{\frac{\beta x_j - \alpha p_j + \mu_j}{(1-\theta)}}\right]^{1-\theta}\right\}} \quad (2-3)$$

整理上述式（2-2）、式（2-3）可以得到进口产品种类 j 在进口国市场的份额为

$$\begin{aligned}
S_j &= ns_{j/g} \times S_g = \frac{e^{\frac{\beta x_j - \alpha p_j + \mu_j}{(1-\theta)}}}{\sum_{j\in g} e^{\frac{\beta x_j - \alpha p_j + \mu_j}{(1-\theta)}}} \times \frac{\left[\sum_{j\in g} e^{\frac{\beta x_j - \alpha p_j + \mu_j}{(1-\theta)}}\right]^{1-\theta}}{\sum_{g=0}^{G}\left\{\left[\sum_{j\in g} e^{\frac{\beta x_j - \alpha p_j + \mu_j}{(1-\theta)}}\right]^{1-\theta}\right\}} \\
&= \frac{e^{\frac{\beta x_j - \alpha p_j + \mu_j}{(1-\theta)}}}{\left[\sum_{j\in g} e^{\frac{\beta x_j - \alpha p_j + \mu_j}{(1-\theta)}}\right]^{\theta} \times \sum_{g=0}^{G}\left\{\left[\sum_{j\in g} e^{\frac{\beta x_j - \alpha p_j + \mu_j}{(1-\theta)}}\right]^{1-\theta}\right\}}
\end{aligned} \quad (2-4)$$

对于外部产品来说，$ns_{0/0} = 1$，$S_{g=0} = \dfrac{1}{\sum_{g=0}^{G}\left\{\left[\sum_{j\in g} e^{\frac{\beta x_j - \alpha p_j + \mu_j}{(1-\theta)}}\right]^{1-\theta}\right\}}$。所以，外

部产品 S_0 也可以表示为

$$S_0 = ns_{0/0} \times S_{g=0} = \frac{1}{\sum_{g=0}^{G}\left\{\left[\sum_{j \in g} e^{\frac{\beta x_j - \alpha p_j + \mu_j}{(1-\theta)}}\right]^{1-\theta}\right\}} \quad (2-5)$$

对式（2-4）、式（2-5）两边同时取对数，并定义 $\psi_j = \beta x_j - \alpha p_j + \mu_j$，整理可得

$$\ln S_j - \ln S_0 = \frac{\psi_j}{1-\theta} - \theta \ln\left(\sum_{j \in g} e^{\frac{\psi_j}{(1-\theta)}}\right) \quad (2-6)$$

式（2-3）和式（2-5）两边同时取对数，整理可得

$$\frac{\ln S_g - \ln S_0}{1-\theta} = \ln\left[\sum_{j \in g} e^{\frac{\psi_j}{(1-\theta)}}\right] \quad (2-7)$$

将式（2-7）带入式（2-6）：

$$\ln S_j - \ln S_0 = \frac{\psi_j}{1-\theta} - \frac{\theta}{1-\theta}(\ln S_g - \ln S_0) \quad (2-8)$$

对式（2-8）整理可以得到

$$\psi_j = (1-\theta)(\ln S_j - \ln S_0) + \theta(\ln S_g - \ln S_0) = \ln S_j - \ln S_0 - \theta(\ln S_j - \ln S_g)$$
$$(2-9)$$

因为 $S_j = ns_{j/g} \times S_g$，所以对该公式两边取对数并整理可得

$$\ln S_j - \ln S_g = \ln ns_{j/g} \quad (2-10)$$

将式（2-10）带入式（2-9）可得

$$\psi_j = \ln S_j - \ln S_0 - \theta \ln ns_{j/g} \quad (2-11)$$

根据定义：$\psi_j = \beta x_j - \alpha p_j + \mu_j$，将其带入式（2-11）可得

$$\ln S_j - \ln S_0 = \beta x_j - \alpha p_j + \mu_j + \theta \ln ns_{j/g} \quad (2-12)$$

2.2.2 KSW 方法

KSW 方法是企业层面的出口产品质量测度方法，坎德维尔等（Khandelwal et al., 2013）在坎德维尔（Khandelwal, 2010）的基础上，使用布罗达

等（Broda et al.，2006）估计的各行业间价格弹性来消除价格的内生性问题，直接使用 OLS 方法测算出口产品质量。

消费效用函数如下：

$$\max U = \left\{\int_{\omega \in \Omega} [\zeta_c(\omega) q_c(\omega)]^{\frac{\sigma-1}{\sigma}} \mathrm{d}\omega\right\}^{\frac{\sigma}{\sigma-1}} \quad (2-13)$$

式（2-13）中，$\zeta_c(\omega)$、$q_c(\omega)$ 分别表示产品 ω 的质量和需求数量，$\sigma > 1$ 表示产品种类间替代弹性。该效用函数假设消费者在进口国 c 的效用与产品种类 ω 的数量 $q_c(\omega)$ 及其质量 $\zeta_c(\omega)$ 正相关。

给定预算约束：

$$\int_\Omega p_c(\omega) q_c(\omega) \mathrm{d}\omega = wL \quad (2-14)$$

式（2-14）中，$p_c(\omega)$ 衡量 c 国产品 ω 的价格。w 是每个消费者的平均工资率，L 是劳动力供给，这是工人唯一可以使用的资源。

拉格朗日函数：

$$L = \left\{\int_{\omega \in \Omega} [\zeta_c(\omega) q_c(\omega)]^{\frac{\sigma-1}{\sigma}} \mathrm{d}\omega\right\}^{\frac{\sigma}{\sigma-1}} - \mu\left[\int_\Omega p_c(\omega) q_c(\omega) \mathrm{d}\omega - wL\right]$$

$$(2-15)$$

求解一阶条件：

$$\frac{\partial l}{\partial q(\omega)} = \frac{\sigma}{\sigma-1}\left\{\int_{\omega \in \Omega}[\zeta_c(\omega) q_c(\omega)]^{\frac{\sigma-1}{\sigma}} \mathrm{d}\omega\right\}^{\frac{1}{\sigma-1}} \left(\frac{\sigma-1}{\sigma}\right)[\zeta_c(\omega) q_c(\omega)]^{\frac{-1}{\sigma}} \zeta_c(\omega)$$

$$- \mu p_c(\omega) = 0 \quad (2-16)$$

我们很容易得到

$$q_c(\omega) = U[\zeta_c(\omega)]^{\sigma-1} \mu^{-\sigma} [p_c(\omega)]^{-\sigma} \quad (2-17)$$

产品 ω 的消费支出为

$$p_c(\omega) q_c(\omega) = U[(\zeta_c(\omega))^{\sigma-1} \mu^{-\sigma} [p_c(\omega)]^{1-\sigma} \quad (2-18)$$

所有产品消费上的总支出为 Y，可以表示为

$$Y = \int_\Omega p_c(\omega) q_c(\omega) \mathrm{d}\omega = U\mu^{-\sigma} \int_\Omega [\zeta_c(\omega)]^{\sigma-1} [p_c(\omega)]^{1-\sigma} \mathrm{d}\omega \quad (2-19)$$

产品总产量 Q 为

$$Q \equiv U = \left\{ \int_{\omega \in \Omega} [\zeta_c(\omega) q_c(\omega)]^{\frac{\sigma-1}{\sigma}} d\omega \right\}^{\frac{\sigma}{\sigma-1}} \quad (2-20)$$

$$= \left\{ \int_{\Omega} [\zeta_c(\omega) U\mu^{-\sigma} \zeta_c(\omega)^{\sigma-1} p_c(\omega)^{-\sigma}]^{\frac{\sigma-1}{\sigma}} d\omega \right\}^{\frac{\sigma}{\sigma-1}}$$

$$= U\mu^{-\sigma} \left[\int_{\Omega} [\zeta_c(\omega)^{\sigma} p_c(\omega)^{-\sigma}]^{\frac{\sigma-1}{\sigma}} d\omega \right]^{\frac{\sigma}{\sigma-1}}$$

$$= U\mu^{-\sigma} \left[\int_{\Omega} \zeta_c(\omega)^{\sigma-1} p_c(\omega)^{1-\sigma} d\omega \right]^{\frac{\sigma}{\sigma-1}} \quad (2-21)$$

消费上的总支出也等于价格指数乘以总产量,即 $PQ = Y$。所以,价格指数为

$$P = \frac{Y}{Q} \quad (2-22)$$

将式 (2-18) 和式 (2-20) 代入式 (2-21),我们得到

$$P = \frac{U\mu^{-\sigma} \int_{\Omega} [\zeta_c(\omega)]^{\sigma-1} [p_c(\omega)]^{1-\sigma} d\omega}{U\mu^{-\sigma} \left[\int_{\Omega} \zeta_c(\omega)^{\sigma-1} p_c(\omega)^{1-\sigma} d\omega \right]^{\frac{\sigma}{\sigma-1}}} \quad (2-23)$$

约分可得

$$P = \left[\int_{\Omega} (\zeta_c(\omega))^{\sigma-1} (p_c(\omega))^{1-\sigma} d\omega \right]^{\frac{1}{\sigma-1}} \quad (2-24)$$

从式 (2-19) 可知,$Y = U\mu^{-\sigma} \int_{\Omega} [\zeta_c(\omega)]^{\sigma-1} [p_c(\omega)]^{1-\sigma} d\omega$。将式 (2-23) 代入其中,我们可以得到

$$Y = U\mu^{-\sigma} P^{1-\sigma} \quad (2-25)$$

由一阶条件式 (2-16):$q_c(\omega) = U\mu^{-\sigma}[\zeta_c(\omega)]^{\sigma-1}[p_c(\omega)]^{-\sigma}$,可得

$$q_c(\omega) = [\zeta_c(\omega)]^{\sigma-1}[p_c(\omega)]^{-\sigma} Y P^{\sigma-1} \quad (2-26)$$

最佳消费量取决于产品质量和产品价格。

两边取对数,像 KSW (2013) 一样为每个变量标下标,我们得到

$$\ln q_{fhct} + \sigma \ln p_{fhct} = \ln Y_{ct} + (\sigma-1)\ln P_{ct} + (\sigma-1)\zeta_{fhct} \quad (2-27)$$

每个公司-产品-国家-年对观察的质量可以估计为以下 OLS 回归的残差:

$$\ln q_{fhct} = \varphi_h + \varphi_{ct} - \sigma \ln p_{fhct} + \varepsilon_{fhct} \qquad (2-28)$$

其中，q_{fhct} 是 t 年 c 国 f 公司进口的产品 h 的数量；p_{fhct} 是 t 年 c 国 f 公司进口的产品 h 的价格。在式（2-27）中，定义：$\varphi_{ct} = \ln Y_{ct} - (\sigma - 1)\ln P_{ct}$，$\varphi_{ct}$ 为进口国-时间固定效应，它收集了进口国的收入和价格指数。

φ_h 是产品-固定效应，用来控制跨种类上的产品特征等差异。$\varepsilon_{fhct} = (\sigma - 1)\ln \zeta_{fhct}$，用于测量企业 f 在 t 年从 c 国进口的产品 h 的质量，作为残差项处理。由此可得质量的定义为

$$quality = \frac{\hat{\varepsilon}_{hct}}{\sigma - 1} = \frac{\ln q_{hct} - \ln \hat{q}_{hct}}{\sigma - 1} \qquad (2-29)$$

由此，可以测得每个企业从每个进口来源国每年进口的产品质量。

2.3 出口退税、产品质量提升与出口产品价格

2.3.1 引言

中国加入 WTO 以来，中国出口贸易高速发展，但中国出口产品价格偏低的问题较为突出。2001 年以来，中国已连续 19 年成为世界上被反倾销诉讼最多的国家[①]，中国出口"量大价低"是中国出口产品被反倾销诉讼的重要原因，低价竞争甚至被认为是一种不公平贸易，长远来看，这种状况不利于中国出口的可持续发展。学者们对中国出口低价的原因进行研究后发现，出口低价现象与中国廉价的劳动力（马双等，2016）与出口补贴（施炳展等，2013）等有较大关系，出口退税政策的实施是中国出口低价的重要原因（盛丹等，2012）。为了摆脱中国出口低价的现状，推动中国企业出口升级，实现中国出口的提质增效，研究出口退税政策调整情况下企业的出口决策行为就

---

① 中国贸易救济信息网，https://www.cacs.mofcom.gov.cn/index.shtml。

显得尤为重要。

出口退税是一个国家或地区对出口货物免除和退还其在国内各环节征收的流转税的一种制度，避免了国际重复征税，有利于出口货物和劳务在国际市场上公平竞争（王孝松等，2010）。与无出口退税政策相比，一个国家实施出口退税政策，退还了各环节的流转税，降低了企业成本，有助于本国出口企业保持较低的出口价格（Chao et al.，2001）。另外，本国企业为了获得更高的企业利润，也会主动降低出口价格，在短期内提高出口数量（刘啟仁等，2016）。学者们已经从竞争效应（盛丹等，2012；刘怡等，2016；钱学锋等，2015）的角度分析了出口退税率对出口价格的影响，认为出口退税政策的实施加剧了出口竞争，促使企业降低出口价格来维持企业利润。那么出口退税率对出口价格的影响是否还存在其他渠道呢？这是本节研究的重点，本节将从产品质量和出口目的国选择的角度研究出口退税率对企业出口升级的影响。

2003 年国务院决定改革当时的出口退税政策，并出台了《财政部、国家税务总局关于调整出口货物退税率的通知》，拟从 2004 年 1 月 1 日起下调甚至取消部分产品出口退税率[①]。此后几年，出口退税政策经历了多次大幅调整，图 2-1 展现了 2001~2007 年中国出口产品平均退税率的变动趋势[②]。

由图 2-1 可以看出，2000~2003 年出口退税率基本稳定，2004 年开始出现明显的下降趋势，此后几年出口退税率有连续下降的趋势，2007 年出现第二次大幅下降。那么出口退税率下调会给中国出口价格带来什么影响呢？已有的研究从下面两个方面给出了初步的回答。一方面，出口退税率与出口价格之间存在负向相关关系（谢建国等，2008；Weinberger et al.，2017），

[①] 下调汽油、未锻轧锌、未锻轧镍、铁合金、焦炭半焦炭、炼焦煤、轻重烧镁、萤石、滑石、冻石等货物的出口退税率，取消原油、木材、纸浆、山羊绒、鳗鱼苗、稀土金属矿、磷矿石、天然石墨等货物的出口退税。

[②] 本书参照《国际贸易标准分类》（SITC）第 3 版的分类，将第 1~5 章划分为初级产品，第 6~9 章划分为工业制成品，分别计算每一年所有产品样本、初级产品样本、工业制成品样本的平均出口退税率。

即出口退税率降低后，企业可能会提高出口价格以维持企业利润。另一方面，出口退税率下调也有可能不会带来出口价格的明显变动，这主要是由于：第一，价格黏性。微观层面的名义价格存在黏性（陆旸，2015），出口退税政策变动时企业不一定能及时对出口价格作出调整。第二，企业定价能力。下调出口退税率后，定价能力低的企业可能会选择减少企业利润而不大幅调整价格。那么出口退税率的下调会给中国制造业出口价格带来怎么样的影响呢？其中的内在机理是什么？本节将运用2001~2007年中国工业制成品贸易数据，重点探究出口退税率下调对中国出口产品价格的影响及其影响机理。

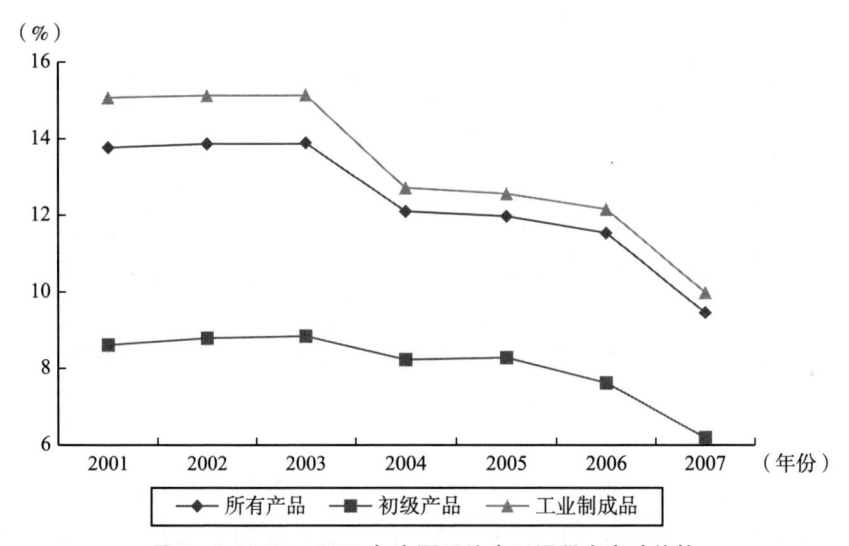

图 2-1 2001~2007年中国平均出口退税率变动趋势

资料来源：中国国家税务总局，https://www.chinatax.gov.cn/。

由图2-1可知，工业制成品的退税水平高于整体产品退税水平，并且与整体退税率变动趋势高度一致。主要原因是出口退税政策的主要对象是工业制成品，工业制成品中可获得出口退税的种类更多且退税率更高[1]，同时工

---

[1] 根据笔者计算，2003年出口退税率文库中，HS6分位的工业制成品种类为4031，占80%；初级产品种类为1002，占20%。2003年工业制成品的平均出口退税率为15.15%，初级产品的平均出口退税率为8.87%。

业制成品的政策调整也更为频繁①，调整幅度更大②。因此，工业制成品的数据能更好地反映出口退税政策变动对出口价格的影响，本节选择中国工业制成品作为研究对象展开分析。图2-2展现了2001~2007年中国工业制成品的平均出口退税率以及平均出口价格的变动趋势。

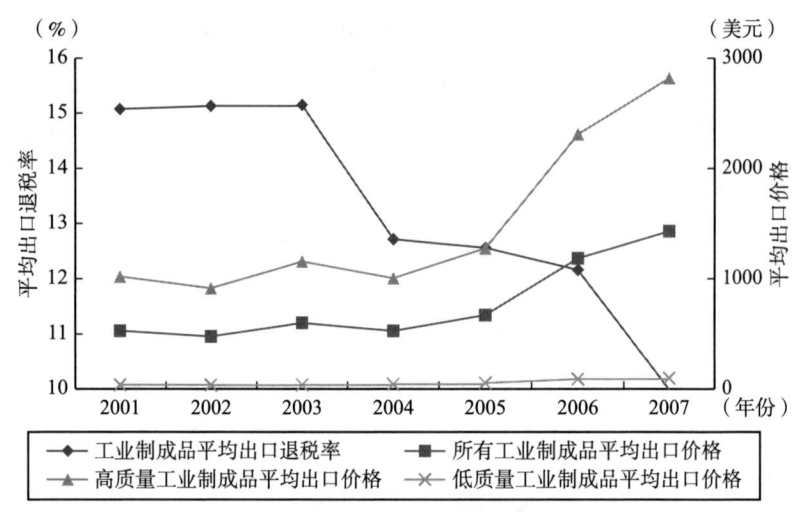

图2-2　2001~2007年中国工业制成品出口退税率及出口价格变动趋势

资料来源：中国海关数据库，http://stats.customs.gov.cn/。

2004年出口退税率下调，中国工业制成品的平均出口价格在2004年之后出现明显上升趋势（见图2-2），产品出口退税率与出口价格之间可能存在反向变动的关系。此外，与低质量组工业制成品相比，中国高质量组工业制成品的出口价格增长幅度更大③，这表明出口退税率与出口价格之间的反向变动关系可能因产品质量的不同而不同，这种关系在高质量产品

---

① 例如：2004年1月1日起，调低或取消部分工业制成品的出口退税率但保持部分农产品的退税率不变（《财政部、国家税务总局关于调整出口货物退税率的通知》）。

② 根据笔者计算，与2003年相比，2004年工业制成品平均出口退税率下调了2.43%，初级产品下调了0.59%。

③ 本节采用坎德维尔等（Khandelwal et al., 2013）提出的方法测算了出口产品质量，并将产品根据质量进行排序，产品质量高于中位数的产品划分为高质量产品组，其余为低质量产品组。

组中更加明显（见图 2-2）。这也意味着出口退税率下调，企业可能会通过调整出口产品质量，从而影响出口价格。也有研究表明，企业会将高质量的产品出口到收入更高的国家并收取更高的出口价格（Manova and Zhang，2012），那么出口退税率是否还会通过影响出口企业目的国的选择来影响出口产品价格呢？本节将从出口产品质量提升与出口目的国的选择两个角度入手，重点探究出口退税政策调整对中国制造业企业的出口升级的影响。具体来说，本节将重点关注中国制造业企业出口定价及其影响机理。

2.3.2 出口退税率与出口产品价格的理论模型

本节在梅利兹和奥塔维亚诺（Melitz and Ottaviano，2008）（MO 模型）的理论框架下，构建了出口退税率与出口产品价格之间的理论关系，并从出口产品质量提升与出口目的国选择两个角度探讨了影响机理。与本节理论最为相关的是钱学锋等（2015）的研究，他们在 MO 模型的基础上将出口退税率引入企业利润函数中，探究出口退税率对出口价格和企业价格加成的影响，但他们没有考虑产品质量以及企业出口目的国选择在出口退税率影响出口价格过程中起到的作用。本节的创新之处在于，借鉴安东尼亚德斯（Antoniades，2015）的研究将产品质量引入消费者效用函数中，理论推导了出口退税率对出口产品质量以及目的国选择的影响，并从这两个角度分析了出口退税率对出口价格的影响机理。

2.3.2.1 消费者需求

假设一个经济体有 L 个消费者，每个消费者同时消费同质产品和水平差异的工业制成品，工业制成品种类 $i, i \in \Omega$。每个消费者提供一单位劳动力。借鉴安东尼亚德斯（Antoniades，2015）的做法，将质量选择引入 MO 模型的消费者效用函数中，得到每个消费者的效用函数如下：

$$U = q_0^c + \alpha \int_{i \in \Omega} q_i^c \mathrm{d}i + \beta \int_{i \in \Omega} z_i q_i^c \mathrm{d}i - \frac{1}{2}\gamma \int_{i \in \Omega} (q_i^c)^2 \mathrm{d}i - \frac{1}{2}\eta \left(\int_{i \in \Omega} q_i^c \mathrm{d}i \right)^2$$

(2-30)

式（2-30）中，q_0^c 和 q_i^c 分别表示同质产品（计价品 numeraire）和种类为 i 的工业制成品的消费数量，z_i 为工业制成品 i 的质量，$z_i \geq 0$，代表着消费者对工业制成品 i 的质量偏好。α、β、η、γ 均大于 0。α 反映了消费者对工业制成品数量的偏好程度；记工业制成品的总需求 $Q^c = \int_{i \in \Omega} q_i^c \mathrm{d}i$，那么 $\frac{\partial U}{\partial Q^c} = \alpha - \eta Q^c$，$\eta$ 反映了消费工业制成品的边际效用递减的程度；β 反映了消费者对质量的偏好程度；γ 表示不同种类产品的异质性程度，也可以反映消费者对工业制成品种类的偏好程度。设单个消费者收入为 y，同质产品的价格为 1，工业制成品的价格为 1，工业制成品 i 的价格为 p_i，那么

$$q_0^c + \int_{i \in \Omega} q_i^c p_i \mathrm{d}i = y \quad (2-31)$$

可以求得在此约束条件下消费者效用最大化（$\max U$）的最优解：

$$p_i = \alpha + \beta z_i - \gamma q_i^c - \eta Q^c \quad (2-32)$$

又因为

$$\int_{i \in \Omega} p_i \mathrm{d}i = N\alpha + \beta \int_{i \in \Omega} z_i \mathrm{d}i - N\eta Q^c - \gamma Q^c \quad (2-33)$$

所以，

$$Q^c = \frac{N\alpha + N\beta \bar{z} - N\bar{p}}{N\eta + \gamma} \quad (2-34)$$

式（2-34）中，$\bar{p} = \frac{1}{N} \int_{i \in \Omega} p_i \mathrm{d}i$，$\bar{z} = \frac{1}{N} \int_{i \in \Omega} z_i \mathrm{d}i$，假定一家企业只生产一种工业制成品，$N$ 为企业数量（也代表工业制成品种类的数量）。所以总需求函数为

$$q_i = Lq_i^c = -\frac{L}{\gamma} p_i + \frac{L\beta}{\gamma} z_i + \frac{\alpha L}{N\eta + \gamma} - \frac{N\eta \beta L \bar{z}}{(N\eta + \gamma)\gamma} + \frac{N\eta L \bar{p}}{(N\eta + \gamma)\gamma} \quad (2-35)$$

式（2-35）表明，总需求与出口价格成反比，与产品质量成正比。

2.3.2.2 企业供给

假设市场是垄断竞争的，企业在生产率、生产成本方面是不同的，不同

的企业生产不同质量的产品并制定不同的出口价格。生产高质量产品的边际成本也越高,企业进行质量升级需要付出固定成本。借鉴安东尼亚德斯(Antoniades,2015)的研究,总成本函数的表达式如下:

$$TC_i = q_i(c_i + \delta z_i) + \theta(z_i)^2 \qquad (2-36)$$

由式(2-36)可知,边际成本 $MC_i = c_i + \delta z_i$,其中 c_i 为不受质量影响的生产成本,δ 衡量质量选择对边际成本的影响,$\delta > 0$,δz_i 表示因企业质量选择引起的边际可变成本的变化。θ 衡量质量选择对固定成本的影响,$\theta > 0$,$\theta(z_i)^2$ 表示质量选择引起的固定成本的变化。

假设企业出口的冰山成本为 τ,$\tau > 1$。借鉴钱学锋等(2015)的研究,将出口退税率 t 引入企业利润函数,可以得到

$$\pi_i = p_i q_i - \tau q_i(c_i + \delta z_i) - \theta(z_i)^2 + t p_i q_i \qquad (2-37)$$

在式(2-35)的约束条件下,求解企业利润最大化可以得到企业的最优定价 p_i^* 与最优出口数量 q_i^*:

$$p_i^* = \frac{1}{2}\left[\left(\frac{\tau\delta}{1+t} + \beta\right)z_i + \frac{\alpha\gamma}{N\eta+\gamma} - \frac{N\eta\beta\bar{z}}{N\eta+\gamma} + \frac{N\eta\bar{p}}{N\eta+\gamma} + \frac{\tau c_i}{1+t}\right] \qquad (2-38)$$

$$q_i^* = \frac{L}{2\gamma}\left[\left(\beta - \frac{\tau\delta}{1+t}\right)z_i + \frac{\alpha\gamma}{N\eta+\gamma} - \frac{N\eta\beta\bar{z}}{N\eta+\gamma} + \frac{N\eta\bar{p}}{N\eta+\gamma} - \frac{\tau c_i}{1+t}\right] \qquad (2-39)$$

为了保证低质量的产品只要生产成本够低就仍有可能出口,即 $\lim_{z_i \to 0, c_i \to 0} q_i^* > 0$ 成立,约束条件为

$$\frac{\alpha\gamma}{N\eta+\gamma} - \frac{N\eta\beta\bar{z}}{N\eta+\gamma} + \frac{N\eta\bar{p}}{N\eta+\gamma} > 0$$

$$\frac{\partial p_i^*}{\partial t} = -\frac{1}{2}\left(\frac{\tau\delta}{(1+t)^2}z_i + \frac{\tau c_i}{(1+t)^2}\right) < 0 \qquad (2-40)$$

$$\frac{\partial q_i^*}{\partial t} = \frac{L}{2\gamma}\left(\frac{\tau\delta}{(1+t)^2}z_i + \frac{\tau c_i}{(1+t)^2}\right) > 0 \qquad (2-41)$$

在其他条件均不变的情况下,出口退税率下降将引起出口产品价格上升,出口数量减少,这与已有文献的研究结果一致。式(2-40)和式(2-41)表明,出口退税率对出口价格的边际影响与产品质量 z_i 有关,具体来讲,出口退税率降低导致出口产品价格上升,并且对高质量的产品影响更大。由此

可以得出推论1。

推论1 产品质量越高,出口退税率对出口产品价格的边际影响越大。出口退税率下调后,高质量的产品的出口价格会提升更多。

2.3.2.3 出口退税率与产品质量

因为

$$\frac{\partial \pi_i}{\partial z_i} = [(1+t)\beta - \tau\delta]q_i \qquad (2-42)$$

当且仅当 $\frac{\partial \pi_i}{\partial z_i} > 0$ 时,企业才会有质量选择。因此,$(1+t)\beta - \tau\delta > 0$。根据企业出口的条件:$q_i^* > 0$ 可以得到

$$z_i > \frac{\frac{\tau c_i}{1+t} - \left(\frac{\alpha\gamma}{N\eta+\gamma} - \frac{N\eta\beta\bar{z}}{N\eta+\gamma} + \frac{N\eta\bar{p}}{N\eta+\gamma}\right)}{\beta - \frac{\tau\delta}{1+t}} = z_{iD} \qquad (2-43)$$

其中,z_{iD} 为产品 i 的临界质量,即出口的最低质量,当产品质量高于临界质量时,企业才会选择出口该产品。式(2-43)表明,生产成本 c_i 较高的产品的临界质量 z_{iD} 也较高。因为对于生产成本较高的产品,企业往往需要收取更高的价格,这就要求该产品在目的国有较高的市场需求,所以该产品需要有较高的质量。为保证 $z_D \geq 0$,约束条件为

$$\frac{\tau c_i}{1+t} - \left(\frac{\alpha\gamma}{N\eta+\gamma} - \frac{N\eta\beta\bar{z}}{N\eta+\gamma} + \frac{N\eta\bar{p}}{N\eta+\gamma}\right) \geq 0 \qquad (2-44)$$

为了分析出口退税率对出口产品质量的影响,临界质量 z_{iD} 对出口退税率 t 求导可得

$$\frac{\partial z_{iD}}{\partial t} = \frac{\tau\left[\delta\left(\frac{\alpha\gamma}{N\eta+\gamma} - \frac{N\eta\beta\bar{z}}{N\eta+\gamma} + \frac{N\eta\bar{p}}{N\eta+\gamma}\right) - \beta c_i\right]}{[\beta(1+t) - \tau\delta]^2} \leq \frac{\tau\left[\delta\frac{\tau c_i}{1+t} - \beta c_i\right]}{[\beta(1+t) - \tau\delta]^2}$$

$$= \frac{\tau c_i\left[\frac{\tau\delta}{1+t} - \beta\right]}{[\beta(1+t) - \tau\delta]^2} < 0 \qquad (2-45)$$

式（2-45）表明，出口退税率下降将导致出口产品的临界质量上升。产品质量低于临界质量的企业会退出出口市场或者通过提升产品质量继续出口产品，最终引起市场上的产品质量整体水平提高。式（2-41）表明，质量越高，出口退税率对产品价格的边际影响越大。因此，出口退税率下降可以通过提升产品质量来提高对出口产品价格的边际影响，进一步提高出口产品价格。这可以得出推论2。

推论2 出口退税率下调将引起出口产品质量上升，从而提高对出口产品价格的边际影响并进一步提高出口价格。

2.3.2.4 出口退税率与出口市场选择

根据式（2-33）可得

$$\begin{aligned} Lq_0^c + \int_{i \in \Omega} Lq_i^c p_i \mathrm{d}i &= Lq_0^c + \int_{i \in \Omega} q_i p_i \mathrm{d}i \\ &= Lq_0^c + \int_{i \in \Omega} \Big[-\frac{L}{\gamma} p_i + \frac{L\beta}{\gamma} z_i + \frac{\alpha L}{N\eta + \gamma} \\ &\quad - \frac{N\eta \beta L \bar{z}}{(N\eta + \gamma)\gamma} + \frac{N\eta L \bar{p}}{(N\eta + \gamma)\gamma} \Big] p_i \mathrm{d}i \\ &= Ly \end{aligned} \quad (2-46)$$

记 $\chi = \frac{\alpha\gamma}{N\eta + \gamma} - \frac{N\eta\beta\bar{z}}{N\eta + \gamma} + \frac{N\eta\bar{p}}{N\eta + \gamma}$，式（2-43）两边对目的国人均收入 y 求导可以得到

$$\frac{L}{\gamma}\Big[\frac{\partial p_i}{\partial y}(-p_i + \beta z_i + \chi) + p_i\Big(-\frac{\partial p_i}{\partial y} + \beta\frac{\partial z_i}{\partial p_i} \times \frac{\partial p_i}{\partial y}\Big)\Big]$$

$$= \frac{L}{\gamma}\Big[-2p_i + \beta z_i + \chi + \frac{2\beta p_i(1+t)}{\tau\delta + \beta(1+t)}\Big]\frac{\partial p_i}{\partial y} = L \quad (2-47)$$

将式（2-39）代入式（2-47）可以得到

$$\frac{\partial p_i}{\partial y} = \frac{\gamma(1+t)[\tau\delta + \beta(1+t)]}{[\beta^2(1+t)^2 - \tau^2\delta^2]z_i + \beta(1+t)^2\chi - \tau^2\delta c_i} \quad (2-48)$$

根据式（2-43）和式（2-44）：

$$\begin{aligned}[\beta^2(1+t)^2 - \tau^2\delta^2]z_i + \\ \beta(1+t)^2\chi - \tau^2\delta c_i\end{aligned} \geqslant [\beta^2(1+t)^2 - \tau^2\delta^2]\frac{\frac{\tau c_i}{1+t} - \Big(\frac{\alpha\gamma}{N\eta + \gamma} - \frac{N\eta\beta\bar{z}}{N\eta + \gamma} + \frac{N\eta\bar{p}}{N\eta + \gamma}\Big)}{\beta - \frac{\tau\delta}{1+t}}$$

$$+\beta(1+t)^2\chi - \tau^2\delta c_i = \tau(1+t)(\beta c_i - \delta\chi)$$

$$\geq \tau(1+t)\left(\beta c_i - \delta\frac{\tau c_i}{1+t}\right) = \tau(1+t)c_i\left(\beta - \frac{\tau\delta}{1+t}\right) > 0 \quad (2-49)$$

所以

$$\frac{\partial p_i}{\partial y} > 0 \quad (2-50)$$

式（2-50）表明出口价格与出口目的国人均收入呈正相关，出口企业会向人均收入更高的目的国收取更高的出口价格，这与马诺娃和张（Manova and Zhang，2012）的研究结果一致。

$$\frac{\partial^2 p_i}{\partial y \partial t} = -\gamma(1+t)^2 \frac{[\tau\delta\beta^2 + \tau^3\delta^3(1+t)^{-2} + 2\tau^2\delta^2\beta(1+t)^{-1}]z_i + [\tau^3\delta^2(1+t)^{-2} + 2\tau^2\delta\beta(1+t)^{-1}]c_i + \tau\delta\beta\chi}{\{[\beta^2(1+t)^2 - \tau^2\delta^2]z_i + \beta(1+t)^2\chi - \tau^2\delta c_i\}^2} < 0$$

$$(2-51)$$

式（2-51）表明，企业向高收入目的国收取更高出口价格的这种出口行为会受到出口退税率的影响。出口退税率 t 越低，$\partial p_i/\partial y$ 的值越大，目的国收入对出口价格的边际影响越大，企业越倾向于向更高收入的国家收取更高的出口价格。也就是说，出口退税率对出口价格的边际影响会受到目的国收入的影响，出口退税率降低后，高收入国家的出口价格提升更多。因此，出口退税率下调后，出口企业为了获得更高的出口价格，会将产品出口到收入更高的目的国。由此可以得出推论3。

推论3　出口退税率下降后，出口企业更倾向于将产品出口到高收入目的国并收取更高的出口价格。

2.3.3　实证方案设计与数据来源

本节将利用2001~2007年的中国海关数据库以及中国工业企业数据库，采用双重差分法（DID）分析出口退税率对中国工业制成品出口价格的影响。双重差分法（DID）通过比较出口市场上实验组和对照组之间的价格差异来分析出口退税率对中国工业制成品出口价格的影响，提高实证结果的准确性。

2.3.3.1 研究方案设计

2000~2003年出口退税率整体水平较为稳定，2004年出口退税率因《财政部、国家税务总局关于调整出口货物退税率的通知》正式实施而大幅下降。因此，本节选取2004年作为政策冲击的时间点。参照已有文献的研究经验，将来料加工贸易产品作为对照组[1]，将2004年出口退税率降低的非来料加工贸易产品作为实验组[2]。此外，考虑到中国于2001年加入世界贸易组织，因此本研究选取2001~2007年作为样本年份，以排除中国加入WTO这一政策对实验结果的干扰。

2.3.3.2 DID适用性检验

DID方法的一个重要前提是实验组和对照组满足"共同趋势"假设，即政策发生前实验组与对照组变动趋势基本一致。图2-3展现了2001~2007年实验组与对照组的平均出口价格的变动趋势。可以看出，2001~2004年，实验组与对照组的变动趋势基本一致，并未呈现显著差异。而在2004年以后，实验组的平均出口价格急剧上升，上升速度高于对照组。这一方面表明，本节设定的实验组和控制组趋势满足"平行趋势"假设；另一方面表明，2004年出口退税率下调后，与对照组相比，实验组的出口价格显著上升了。

然而，2004年实验组平均出口价格的上升也有可能是低价产品的大量退出引起的，因此需要观测2001~2007年贸易数量的变化。图2-4展现了2001~2007年实验组与对照组的总贸易量的变动趋势。可以看出，2001~2007年这段时间内，实验组与对照组的贸易量均平稳增长，一个可能的原因是，2001年中国加入WTO后国家之间关税的降低在一定程度上促进了出口

---

[1] 来料加工贸易的产品采用"不征不退"的政策因而不受出口退税政策影响。
[2] 非来料加工贸易指除来料加工贸易以外的贸易方式，主要包括一般贸易、进料加工贸易、寄售贸易、代销贸易、易货贸易等。

贸易。2001～2007年出口产品价格与出口量同时上升，表明出口价格的上升不是由低价出口产品的大量退出引起的。

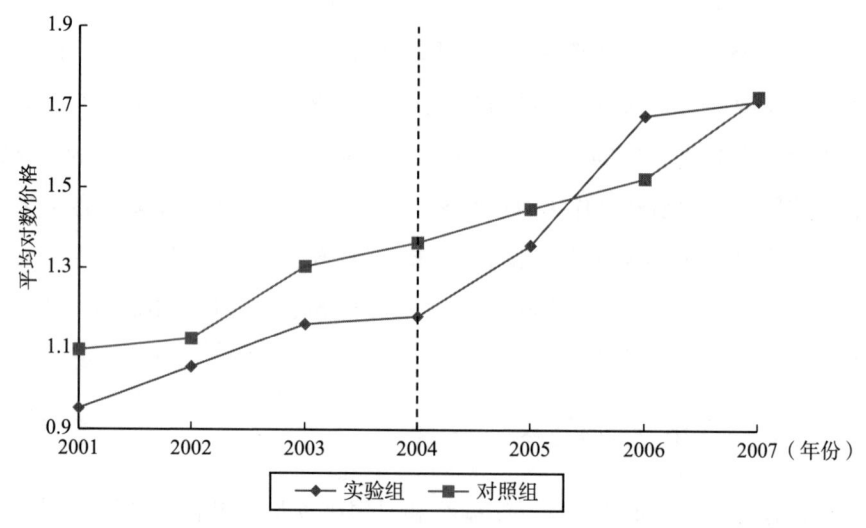

图 2-3 实验组与对照组的出口价格变动趋势

资料来源：笔者整理绘制。

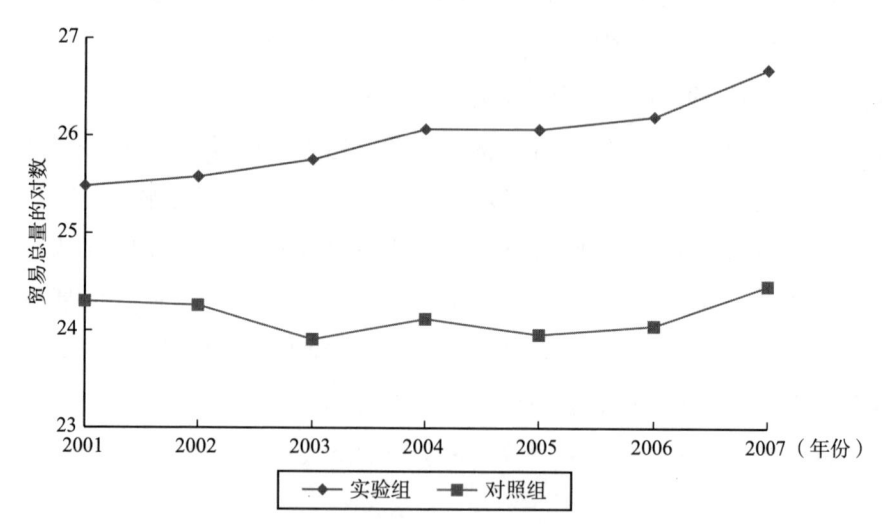

图 2-4 中国制造业出口贸易总量：实验组与对照组的比较

资料来源：笔者整理绘制。

2.3.3.3 实证模型设定

出口退税率影响出口价格的 DID 模型构建如下：

$$\ln unitprice_{tdfp} = \theta_0 + \theta_1 post2004_t \times reduce_w + \theta_2 \ln tariff_{tdp} + \theta_3 \ln xr_{td} + \theta_4 \ln pergdp_{td}$$
$$+ \theta_5 \ln totalassets_{tf} + \theta_6 \ln wage_{tf} + \theta_7 \ln intermediateinputs_{tf}$$
$$+ \theta_8 \ln tfp_{tf} + A_t + A_d + A_f + A_p + A_w + \varepsilon_{tdfp} \qquad (2-52)$$

式（2-52）中，下标 t、d、f、p、w 分别表示年份、目的国、企业、HS 六位码层面的产品、实验组别（实验组或对照组），$unitprice$ 表示中国出口产品的单位价格；$reduce$ 表示是否为实验组的虚拟变量，w 为实验组时 $reduce_w$ 取值为 1，w 为对照组时 $reduce_w$ 取值为 0；$post2004_t$ 为出口退税政策改革是否发生的虚拟变量，2004~2007 年取值为 1，2001~2003 年取值为 0；$post2004_t \times reduce_w$ 为政策虚拟变量与实验组虚拟变量的交互项，表示 2004 年出口退税政策改革对出口价格的处理效应（treatment effect），是本节的核心解释变量，θ_1 的预期符号为正，即 $\theta_1 > 0$。

本节还加入了其他控制变量：贸易自由化可能会降低贸易成本从而影响出口价格，因此加入了关税（$tariff_{tdp}$）作为控制变量，关税为目的国对应于 HS6 分位产品的 MFN 关税。参照樊海潮等（Fan et al., 2015）的做法，加入企业规模、工资作为控制变量。$totalassets_{tf}$ 为企业总资产，本节用来衡量企业规模；$wage_{tf}$ 为企业总工资，反映了企业的劳动成本；此外，企业为同一产品在不同目的地设定不同的出口价格，企业在更富裕的国家设定更高的价格（Manova and Zhang，2012），本节加入了目的国人均收入（$pergdp_{td}$）作为控制变量；进口更加昂贵的中间品的企业生产更高质量的产品（余淼杰等，2016），并收取更高的出口价格（Fan et al., 2015），因此本节还加入企业的中间品投入（$intermediateinputs_{tf}$）；另外，汇率也会影响出口价格①，因此本节加入了出口目的国与中国的汇率（xr_{td}）作为控制变量，以直接标价法表

---

① 出口企业会根据汇率变动调整出口价格以维持目的国的进口价格水平稳定（Berman et al., 2012）。

示。相对于封闭市场，企业进入出口市场需要支付更高的固定成本，高生产率的企业更有可能通过自选择效应进入出口市场，导致进入出口市场的企业具有更高的生产率（Melitz，2003；刘啟仁等，2015）并收取更高的出口价格。为了排除这一因素的干扰，本节在基准模型中加入了企业全要素生产率（$lntfp_{tf}$），全要素生产率采用 LP 方法测算①。本节在模型中使用面板固定效应模型，控制了时间（A_t）、目的国（A_d）、企业（A_f）、产品（A_p）、实验组别（A_w）的固定效应以控制可能存在的遗漏变量问题。本节使用行业层面的聚类稳健标准误（cluster robust standard error），它假设行业内企业残差存在自相关，而不同行业企业之间的残差存在异方差。

2.3.3.4 影响渠道分析

理论部分已经证明，出口退税率可以通过产品质量与目的国选择两个渠道影响出口产品价格，出口退税率对出口价格的边际影响受到产品质量与目的国收入的影响，出口退税率下降会提高出口产品质量并促使企业将产品出口到收入更高的目的国而进一步提高出口价格。在这个部分将设计实证方案，检验理论部分提出的推论。本节借鉴马光荣等（2020）、毛其淋（2020）的研究，采用交互项的方法分析出口退税率对出口价格的边际影响中产品质量与目的国选择的作用。

（1）质量渠道分析。

本节在企业－产品－目的国层面分析出口退税率影响出口价格的质量渠道，构建如下模型：

---

① 企业生产率的测算主要的方法有以下几种：最小二乘法、Olley-Pakes 法（OP 法）、Levinsohn-Petrin 法（LP 法）以及 GMM 法。最小二乘法以残差项作为生产率的估计值，会产生同时性偏差与样本选择性偏差（鲁晓东、连玉君，2012），OP 法与 LP 法发展了半参数估计法修正这些问题，OP 法假定企业根据当前生产率状况作出投资决策并用当期投资作为不可观测生产率的代理变量修正了同时性偏差问题，但是 OP 法只能估计投资额大于 0 的企业样本，容易造成样本的大量丢失；LP 法用中间品代替了企业投资额，有效修正了 OP 法的问题。GMM 法通过加入工具变量解决模型的同时性偏差，但 GMM 法要求样本有足够的时间跨度并需要处理大量的差分和滞后值，使用受限。比较了以上几个方法后，本节采用 LP 方法测算了企业全要素生产率。

$$\ln unitprice_{tdfp} = \mu_0 + \mu_1 post2004_t \times reduce_w + \mu_2 post2004_t$$
$$\times reduce_w \times \ln q_{tdfp} + \mu_i X_{td(p)} + \mu_j X_{tf}$$
$$+ A_t + A_d + A_f + A_p + A_w + \varepsilon_{tdfp} \qquad (2-53)$$

$$\ln q_{tdfp} = v_0 + v_1 post2004_t \times reduce_w + v_i X_{td(p)} + v_j X_{tf} + A_t$$
$$+ A_d + A_f + A_p + A_w + \varepsilon_{tdfp} \qquad (2-54)$$

式（2-53）中 $\ln q_{tdfp}$ 表示 t 年企业 f 向目的国 d 出口的产品 p 的质量，$post2004_t \times reduce_w \times \ln q_{tdfp}$ 为核心变量与产品质量的交互项，其系数 μ_2 反映了出口退税率下调对出口价格的边际影响（$\mu_1 + \mu_2 \ln q_{tdfp}$）受到产品质量的影响，根据理论结果，预期 $\mu_2 > 0$，即出口退税下调后，企业可以对更高质量的产品收取更高的出口价格。$X_{td(p)}$ 为目的国层面和产品-目的国层面的控制变量（MFN 关税、目的国人均 GDP、汇率），X_{tf} 为企业层面的控制变量（企业规模、工资、中间品投入、生产率）。本节通过坎德维尔等（Khandelwal et al.，2013）提出的质量测算方法（KSW 方法）测算产品出口质量[①]，再参照施炳展（2014）、孙林等（2019）和孙林等（2020）的做法，将质量进行标准化并将其作为质量的代理变量，标准化模型如下：

$$q_{tdfp} = \frac{quality_{tdfp} - \min quality_p}{\max quality_p - \min quality_p} \qquad (2-55)$$

其中，$quality_{tdfp}$ 为 KSW 方法测得的产品质量，$\max quality_p$、$\min quality_p$ 分别为对应 HS6 分位的产品在所有时间、目的国、企业层面上的最大值与最小值，q_{tdfp} 为标准化后的质量。

式（2-54）中 $post2004_t \times reduce_w$ 为本节的核心解释变量，此处用来分

[①] 产品质量的测算方法有单位价值法、嵌套 Logit、产品特征法、KSW 方法（Khandelwal et al.，2013）以及 FR 方法（Feenstra and Romalis，2014）等。单位价值法忽略了不同生产成本对价格的影响（孙林等，2014）；嵌套 Logit 将产品质量视为外生决定，没有考虑企业的供给侧因素；产品特征法仅局限于特定产品如（汽车、红酒）；FR 方法虽然全面考虑了需求和供给对于质量的影响，但是该方法主要适用于宏观层面的数据；虽然 KSW 方法仅考虑了需求面因素，将质量视作外生，忽略企业内生决定质量这一事实，但该方法在需求方引入消费者对质量的偏好，将质量表示为销量和价格等需求层面的信息，其逻辑是，若两个品种价格相等，市场份额较大的品种，其质量也较高（余淼杰等，2017）。该方法提供了对产品质量更精确、一般化的测算，因此本节也采用 KSW（2013）方法进行测算。

析出口退税率下调对出口产品质量的影响,预期 $v_1>0$,即:出口退税率下调后,出口产品质量将会上升,进而出口退税率下调对出口产品价格的边际影响($\mu_1+\mu_2\ln q_{tdfp}$)将会增大,出口价格将会进一步提高。

式(2-53)和式(2-54)用来验证推论1和推论2,出口退税率下调将会引起产品质量上升,进而提高出口退税率对出口价格的边际影响,最终提高出口产品价格。

(2)目的国选择渠道分析。

本节在企业–产品层面分析了出口退税率影响出口价格的目的国选择渠道,构建如下模型:

$$\ln unitprice_{tfp}=\kappa_0+\kappa_1 post2004_t\times reduce_w+\kappa_2 post2004_t\times reduce_w\times\ln share_{tfp}$$
$$+\kappa_i X_{tf}+A_t+A_f++A_w+\varepsilon_{tfp} \qquad (2-56)$$

$$\ln share_{tfp}=\gamma_0+\gamma_1 post2004_t\times reduce_w+\gamma_i X_{tf}+A_f+A_p+A_w+\varepsilon_{tfp} \qquad (2-57)$$

式(2-56)中 $\ln unitprice_{tfp}$ 为 t 年企业–产品层面的出口价格[①],$\ln share_{tfp}$ 为 t 年企业 f 的产品 p 出口到高收入目的国的销售额占总销售额的比例(销售份额)[②]。$post2004_t\times reduce_w\times\ln share_{tfp}$ 为核心变量与出口到高收入目的国份额的交互项,其系数 κ_2 反映了出口退税率下调对出口价格的边际影响($\kappa_1+\kappa_2\ln share_{tfp}$)受到高收入目的国份额的影响,预期 $\kappa_2>0$,出口退税率下调后,出口到高收入目的国份额较高的产品的出口价格也更高,即企业会对出口到更高收入目的国的产品收取更高的出口价格。X_{tf} 为企业层面的控制变量。

式(2-57)中 $post2004_t\times reduce_w$ 用来分析出口退税率下调对企业出口到高收入目的国的份额的影响,预期 $\gamma_1>0$,即:出口退税率下调后,企业更倾向于将产品出口到高收入目的国,高收入目的国的销售份额增加,进而提高出口退税率下调对出口产品价格的边际影响($\kappa_1+\kappa_1\ln share_{tfp}$),出口价

---

① 企业–产品层面的出口价格为企业–产品层面的出口额与出口数量之比,即:$unitprice_{tfp}=value_{tfp}/quantity_{tfp}$。

② 本节根据目的国人均 GDP 将目的国分为两组,即高收入目的国和低收入目的国,人均 GDP 高于样本中位数的国家为高收入目的国,其他为低收入目的国。

格将会提升。

式（2-56）、式（2-57）用来验证推论3，出口退税率下降后，出口企业更倾向于将产品出口到高收入目的国并收取更高的出口价格。

2.3.3.5 数据来源及变量统计性描述

本节的数据来源为2001~2007年的中国海关数据库和中国工业企业数据库。首先，将海关月度出口数据根据"企业-产品-目的国-贸易方式"加总到年，再将HS8分位的产品贸易数据根据"企业-产品-目的国-贸易方式"加总到HS6分位，统一转换为HS96编码。然后，借鉴田巍、余淼杰（2013）的方法，根据企业的名称、邮政编码和电话号码后七位匹配了中国海关数据库和中国工业企业数据库，并根据联合国数据库提供的转换码，将国际贸易标准分类（SITC）第3版与HS96编码匹配，参照谢建国、陈莉莉（2008）的做法将SITC第3版中的第5章化学成品及有关成品、第6章按原料分类的制成品、第7章机械及运输设备、第8章杂项制品作为本节的工业制成品研究对象，得到了HS6分位的工业制成品数据。

出口价格数据来自中国海关数据库，企业总资产、工资、中间品投入等数据来自中国工业企业数据库；出口退税率数据来自国家税务总局，本节先根据出口退税率起始时间和结束时间按照天数计算对应于HS10分位产品的日均出口退税率，再加总到年，得到HS10分位产品的年出口退税率，然后计算对应于同一HS6分位码的产品的平均年出口退税率，得到HS6分位产品层面的年出口退税率，最后根据HS6分位码和年份匹配到本节的数据库；关税数据来自WTO数据库，为对应于HS6分位产品层面的关税数据；国际油价数据来自美国能源信息署（U.S. Energy Information Administration，EIA）；目的国人均GDP数据及汇率数据来自世界银行数据库。

本节的变量统计性描述如表2-1所示。

表 2-1　　　　　　　　　　变量统计性描述

变量	变量含义	观测值	平均值	标准差	最小值	最大值
$\ln unitprice_{tdfp}$	t 年企业 - 产品 - 目的国层面的出口价格	9749109	1.3380	2.0665	-11.0375	18.3694
$\ln unitprice_{tfp}$	t 年企业 - 产品层面的出口价格	4799343	1.3271	2.0839	-11.0375	18.3694
$post2004_t \times reduce_w$	t 年的时间虚拟变量与实验组别 w 的虚拟变量的交互项	9749109	0.6144	0.4867	0.0000	1.0000
$\ln tariff_{tdp}$	t 年目的国 d 的对产品 p 征收的 MFN 关税	787369	1.7946	1.1717	0.0000	7.3179
$\ln totalassets_{tf}$	t 年企业 f 的总资产	465126	10.1500	1.4774	0.0000	18.8525
$\ln wage_{tf}$	t 年企业 f 的工资	464804	2.6269	0.6647	-7.3715	6.9925
$\ln intermediateinputs_{tf}$	t 年企业 f 的中间品投入总额	465126	10.0362	1.4491	0.0000	18.9688
$\ln xr_{td}$	t 年目的国 d 与中国的汇率	759	1.0255	2.5841	-5.0121	7.1494
$\ln q_{tdfp}$	t 年企业 f 出口到目的国 d 的产品 p 的质量	9745550	-0.6904	0.3030	-10.0228	0.0000
$\ln tfp_{tf}$	t 年企业 f 的全要素生产率	465126	6.2139	1.1565	-2.8786	12.4092
$\ln pergdp_{td}$	t 年目的国 d 的人均收入	766	7.8925	1.5122	4.7324	11.3524
$\ln share_{tfp}$	t 年企业 f 的产品 p 出口到高收入目的国的销售份额	3383257	-0.3078	0.8556	-15.2492	0.0000

资料来源：模型回归结果。

2.3.4　实证结果与讨论

2.3.4.1　基准模型

本节在 2004 年《财政部、国家税务总局关于调整出口货物退税率的通知》的实施这一政策背景下研究出口退税率整体水平下降对中国工业制成品出口价格的影响，表2-2给出了基准回归结果。方案（1）表明，出口退税率下调后，与对照组（来料加工贸易的产品组）相比，实验组（非来料加工贸易产品组）的出口价格显著上升；方案（2）加入了出口目的国层面的控制变量后，结果仍是显著的；出口退税下调之后，与来料加工贸易产品（对照组）相比，非来料加工贸易产品（实验组）的出口产品价格上升了13%。

表2-2　　　　　　　　　　基准模型的回归结果

变量	(1)	(2)	(3)
$post2004_t \times reduce_w$	0.1350 *** (0.0137)	0.1300 *** (0.0134)	0.1300 *** (0.0135)
$lntariff_{tdp}$		0.0118 *** (0.0010)	0.0118 *** (0.0010)
$lnxr_{td}$		0.0323 *** (0.0051)	0.0324 *** (0.0051)
$lnpergdp_{td}$		0.1146 *** (0.0081)	0.1147 *** (0.0081)
$lntotalassets_{tf}$			−0.0011 (0.0013)
$lnwage_{tf}$			−0.0011 (0.0025)
$lnintermediateinputs_{tf}$			−0.0022 (0.0017)
$lntfp_{tf}$			0.0052 *** (0.0014)
常数项	1.2540 *** (0.0081)	0.1501 * (0.0769)	0.1518 ** (0.0755)
年份固定效应	是	是	是
产品固定效应	是	是	是
企业固定效应	是	是	是
目的国固定效应	是	是	是
实验组别固定效应	是	是	是

续表

变量	(1)	(2)	(3)
样本数	9729379	9716617	9711464
R^2	0.7451	0.7452	0.7452

注：括号内为行业层面的聚类稳健标准误，*、**、*** 分别表示 10%、5%、1% 的显著性水平。

资料来源：模型回归结果。

2.3.4.2 加入企业层面的控制变量

虽然表 2-2 的方案（2）已经控制了出口目的国等外部环境变化变量，然而企业出口定价主要还是取决于企业自身定价能力，这可能跟企业的成本、规模和定价能力等有关，故而本节在方案（3）同时加入了出口目的国和企业层面的控制变量，比如工资水平、中间投入品、企业规模以及企业生产率等，实证结果显示，出口退税下调对中国制成品出口价格的影响依然显著为正，且与方案（1）和方案（2）相比没有大的变化。

回归结果中其他解释变量符号也是基本符合预期的。关税（$lntariff_{tdp}$）与出口价格均正相关，表明出口企业对更高关税的目的国并收取更高的价格；汇率（$lnxr_{td}$）对出口价格的影响不显著，这可能是汇率对价格的不完全传递引起的（刘艺卓，2010）。目的国的人均 GDP（$lnpergdp_{td}$）反映了收入水平，根据非位似偏好理论，更高收入的消费者购买更高质量的产品并支付更高的价格，因此目的国人均 GDP 与出口价格正相关。工资水平（$lnwage_{tf}$）反映了生产成本，工资水平与出口产品价格正相关，表明工资水平高的企业的出口价格更高；企业规模（$lntotalassets_{tf}$）与企业中间品投入（$lnintermediateinputs_{tf}$）对出口价格的影响均不显著，一个可能的原因是，制造业企业中仍存在低价竞争现象，企业在薄利多销中获得利润，规模较大的企业、中间品投入较多的企业依然没有较高的出口定价权，从而两者对出口价格的影响不显著。全要素生产率（$lntfp_{tf}$）与出口价格正相关，表明拥有更高生产率的企业拥有更高的定价能力，因而可以制定更高的出口价格，这与库格勒和维尔霍根（Kugler and Verhoogen，2012）、樊海潮等（2015）的研究结果一致。控制企业生产率排除了出口学习效应对价格的干扰，方案（2）和方案（3）中核心变量的系数一致，表明出口学习效应并不会通过出口学习效应影响出口价格。

2.3.4.3 不可观测变量的选择偏差

前面的实证研究中，已经通过加入尽量多的控制变量，但仍然可能存在不可观测变量，导致遗漏变量问题，从而引起内生性问题，影响文章结果的准确性。因此，为了进一步检验结果的稳健性，本节借鉴阿尔通吉等（Altonji et al.，2005）、努恩等（Nunn et al.，2011）的研究方法，用对可观测变量的选择（selection on observables）来估计忽略不可观测变量对估计结果造成的可能偏差（potential bias unobservables）。其主要思想是，相对于对可观测变量的选择，对不可观测变量的选择需要多强才能推翻使用可观测变量得到的估计结果。其方法是：假设存在两个回归，第一个回归加入较少的控制变量（restricted set of control variables），第二个回归在第一个回归的基础上加入相对全面的控制变量（full set of control variables），第一个回归核心变量系数估计值为 $\hat{\beta}^R$，第二个回归核心变量系数估计值为 $\hat{\beta}^F$，令 $ratio = \dfrac{\hat{\beta}^F}{\hat{\beta}^R - \hat{\beta}^F}$，$\hat{\beta}^R$ 和 $\hat{\beta}^F$ 的值越接近，ratio 就越大，不可观测变量引起的选择偏差就越小。在本节的方案中，ratio 的值越大，就表明研究结果受不可观测变量的影响越小，研究结果越稳健。因此，本节考虑了五个方案，在 restricted set of control variables 和 full set of control variables 中设置不同的控制变量，计算比率 ratio 的值，结果在表 2-3 中。ratio 的值在 26~131 之间，表明对不可观测样本的选择至少是对可观测样本的选择的 26 倍，才能证明本节的结果是完全由来自不可观测变量的选择偏误引起的。本节的结果中 ratio 的值均大于 1，表明出口退税率下调对出口价格的影响是完全由样本选择偏误导致的可能性较小。

表 2-3　　　　　　　　　　不可观测变量对结果影响评估

项目	控制变量约束集 (restricted set of control variables)	控制变量全集 (full set of control variables)	比值 (ratio)
方案（1）	无	关税、汇率、目的国人均收入	26
方案（2）	无	关税、汇率、目的国人均收入；企业规模、企业工资、企业中间品投入、企业全要素生产率	26
方案（3）	无	关税、汇率、目的国人均收入；企业规模、企业工资、企业中间品投入、企业全要素生产率；企业劳动规模、企业年龄、资本密集度、补贴比率	32.75
方案（4）	关税、汇率、目的国人均收入	关税、汇率、目的国人均收入；企业规模、企业工资、企业中间品投入、企业全要素生产率；企业劳动规模、企业年龄、资本密集度、补贴比率	-131
方案（5）	关税、汇率、目的国人均收入；企业规模、企业工资、企业中间品投入、企业全要素生产率	关税、汇率、目的国人均收入；企业规模、企业工资、企业中间品投入、企业全要素生产率；企业劳动规模、企业年龄、资本密集度、补贴比率	-131

资料来源：笔者整理编制。

2.3.4.4　排除其他政策的干扰

2004 年是贸易政策密集实施的一年。除了出口退税政策改革之外，中国在 2004 年 7 月 1 日正式实施了《中华人民共和国对外贸易法》（以下简称《贸易法》），扩大了外贸经营范围并降低了外贸经营门槛。企业出口门槛大幅降低（Bai et al., 2017；Weinberger et al., 2017），这可能会导致大量出口企业进入中国出口市场，而质量更高、价格更高的企业更容易进入出口市场（施炳展，2014）。那么前文通过实证分析得到的 2004 年实验组出口产品价格的上升很可能是由《贸易法》的实施导致新企业的大量进入引起的。本节需要排除这一政策的干扰以确保中国出口产品价格上升是由出口退税引起的。本节剔除了 2004 年及 2004 年以后新进入的企业样本并进行回归，表 2-4 的方案（1）、方案（2）汇报了结果。方案（1）、方案（2）的结果表明，在排除《贸易法》实施对实验的干扰后,核心变量的系数在1%的水平显著,表明2004年实验组的出口价格上升不是由《贸易法》的实施引起的。

除此之外,2004年1月1日,《内地与香港关于建立更紧密经贸关系的安排》(CEPA)正式实施,逐步减少或取消了内地与香港之间的关税和非关税壁垒,进一步促进了双方贸易自由化,而贸易自由化将促进企业提高出口产品质量与出口价格(Fan et al.,2015),因此CEPA的实施导致的内地与香港的贸易自由化可能也会影响本节的实验结果。所以本节剔除了出口到香港的贸易样本并进行回归,表2-4的方案(3)、方案(4)汇报了结果。方案(3)、方案(4)的结果表明,排除CEPA的实施对结果的干扰后,核心变量的系数仍然在1%的水平显著,表明2004年实验组的出口价格上升不是由CEPA的实施引起的。

表2-4　　　　　　　　排除其他政策干扰的回归结果

变量	剔除2004年《贸易法》干扰		剔除2004年CEPA干扰	
	(1)	(2)	(3)	(4)
$post2004_t \times reduce_w$	0.1260*** (0.0138)	0.1213*** (0.0137)	0.1696*** (0.0126)	0.1647*** (0.0123)
$\ln tariff_{tdp}$		0.0145*** (0.0014)		0.0104*** (0.0009)
$\ln xr_{td}$		0.0387*** (0.0105)		0.0284*** (0.0048)
$\ln pergdp_{td}$		0.1072*** (0.0183)		0.1105*** (0.0068)
$\ln totalassets_{tf}$		-0.0036** (0.0015)		-0.0007 (0.0012)
$\ln wage_{tf}$		0.0030* (0.0017)		0.0008 (0.0023)
$\ln intermediateinputs_{tf}$		0.0004 (0.0019)		-0.0021 (0.0015)
$\ln tfp_{tf}$		0.0034** (0.0016)		0.0050*** (0.0013)

续表

变量	剔除2004年《贸易法》干扰		剔除2004年CEPA干扰	
	（1）	（2）	（3）	（4）
常数项	1.1918*** (0.0037)	0.1408 (0.1755)	1.2857*** (0.0076)	0.2265*** (0.0661)
年份固定效应	是	是	是	是
产品固定效应	是	是	是	是
企业固定效应	是	是	是	是
目的国固定效应	是	是	是	是
实验组别固定效应	是	是	是	是
样本数	4643281	4633186	8464439	8447205
R^2	0.7434	0.7434	0.7453	0.7454

注：括号内为行业层面的聚类稳健标准误，*、**、*** 分别表示10%、5%、1%的显著性水平。
资料来源：模型回归结果。

2.3.5 出口退税影响企业出口价格的渠道分析

前文的实证结果已经证明，出口退税率下调将引起中国制造业出口产品价格上升。为了验证理论部分提出的出口退税率影响出口价格的两个渠道，即产品质量与出口目的国选择，本节分别对两个渠道进行检验。

表2-5的方案（1）、方案（2）为产品质量渠道的分析。方案（1）中交互项 $post2004_t \times reduce_w \times \ln q_{tdfp}$ 的系数显著为正，表明出口产品质量越高，出口退税率对出口价格的边际影响越大，出口退税率下调后，高质量的产品的出口价格提升得更多，企业可以对高质量的产品收取更高的出口价格；方案（2）中交互项 $post2004_t \times reduce_w$ 的系数显著为正，表明出口退税率下调后，出口产品质量将会显著上升，而出口产品质量越高，出口退税率对出口价格的边际影响越大，价格将会提升得更多。将方案（1）和方案（2）结合起来，说明出口产品质量是出口退税率影响出口价格的重要渠道，出口退税率下调通过提升产品质量提升了对出口价格的边际影响，进一步提升出口价

格,这证实了理论部分的推论 1 与推论 2。

表 2-5 的方案(3)、方案(4)为目的国选择渠道的分析。方案(3)中,交互项 $post2004_t \times reduce_w \times lnshare_{tfp}$ 的系数显著为正,表明出口到高收入目的国的份额越高,出口退税率对出口价格的边际影响越大,出口退税率降低后,出口到高收入目的国份额较高的产品出口价格提升得更多,表明企业会向更高收入的目的国收取更高的出口价格;方案(4)中,交互项 $post2004_t \times reduce_w$ 的系数显著为正,表明出口退税率下调后,出口到高收入目的国的份额将会上升,表明企业更倾向于将产品出口到收入更高的目的国。将方案(3)和方案(4)结合起来,可以同样得出,出口目的国的选择是出口退税率影响出口价格的重要渠道,出口退税率下调后,中国的出口企业更倾向于将产品出口到收入更高的目的国以收取更高的出口价格,这证实了理论部分的推论 3。

表 2-5　　　　　　　　　影响渠道分析

变量	质量渠道 (企业-产品-目的国层面)		目的国选择渠道 (企业-产品层面)	
	(1) $lnunitprice_{tdfp}$	(2) lnq_{tdfp}	(3) $lnunitprice_{tdfp}$	(4) $lnshare_{tfp}$
$post2004_t \times reduce_w$	2.2092*** (0.0496)	0.0389*** (0.0023)	0.1465*** (0.0097)	0.0400*** (0.0098)
$post2004_t \times reduce_w \times lnq_{tdfp}$	3.0356*** (0.0495)			
$post2004_t \times reduce_w \times lnshare_{tfp}$			0.0469*** (0.0019)	
$lnpergdp_{td}$	0.3059*** (0.0209)	0.0161*** (0.0027)		
$lnxr_{td}$	0.1302*** (0.0109)	0.0053*** (0.0012)		
$lntariff_{tdp}$	0.0017** (0.0008)	0.0036*** (0.0003)		
$lntotalassets_{tf}$	0.0012 (0.0017)	-0.0005* (0.0003)	-0.0022 (0.0014)	0.0006 (0.0011)

续表

变量	质量渠道 (企业-产品-目的国层面)		目的国选择渠道 (企业-产品层面)	
	(1) $\ln unitprice_{tdfp}$	(2) $\ln q_{tdfp}$	(3) $\ln unitprice_{tdfp}$	(4) $\ln share_{tfp}$
$\ln wage_{tf}$	0.0030 (0.0033)	-0.0001 (0.0006)	-0.0037 (0.0027)	0.0005 (0.0017)
$\ln intermediateinputs_{tf}$	-0.0015 (0.0022)	-0.0001 (0.0004)	-0.0004 (0.0017)	0.0011 (0.0013)
$\ln tfp_{tf}$	0.0007 (0.0019)	0.0008** (0.0003)	0.0044*** (0.0016)	0.0002 (0.0012)
常数项	-1.6582*** (0.1944)	-0.8712*** (0.0257)	1.2093*** (0.0138)	-0.3507*** (0.0120)
年份固定效应	是	是	是	是
产品固定效应	是	是	是	是
企业固定效应	是	是	是	是
目的国固定效应	是	是	否	否
实验组别固定效应	是	是	是	是
样本数	9707921	9707921	3356509	3356509
R^2	0.8211	0.5253	0.7246	0.2267

注：括号内为行业层面的聚类稳健标准误，*、**、*** 分别表示10%、5%、1%的显著性水平。
资料来源：模型回归结果。

如果出口退税下调通过影响出口产品质量和出口目的国选择两个渠道提升了中国出口产品价格，那么针对不同质量的出口产品和不同收入水平的出口目的国，出口退税下降对中国出口产品的价格影响是不一致的。更具体来说，对更高质量的产品和出口到更高收入目的国的产品，中国企业应该会收取更高的价格。因此，本节针对产品质量和出口目的国收入水平进行了扩展分析。

为了分析出口退税率下调对不同质量产品的异质影响，本节根据产品质量的高低将产品分为两组，即高质量产品组和低质量产品组，以观察不同质量产品组实证结果的差异。结果表明，出口退税率下调将显著提升中国高质量产品组和低质量产品组的出口价格，但高质量产品组的出口价格的提升作用更大,这与渠道分析的结果一致,符合文章的理论预期[见表2-6方案(1)、方案(2)]。

表2-6　　　　　　　　　影响渠道的扩展分析

变量	不同质量 高质量产品组(1)	不同质量 低质量产品组(2)	不同目的国收入 高收入目的国产品组(3)	不同目的国收入 低收入目的国产品组(4)
$post2004_t \times reduce_w$	0.0841*** (0.0117)	0.0348*** (0.0099)	0.1415*** (0.0122)	0.0867*** (0.0183)
$lntariff_{tdp}$	0.0131*** (0.0010)	0.0048*** (0.0009)	0.0353*** (0.0020)	-0.0002 (0.0009)
$lnxr_{td}$	0.0102** (0.0052)	0.0151*** (0.0051)	0.1145*** (0.0328)	0.0095** (0.0044)
$lnpergdp_{td}$	0.0664*** (0.0073)	0.0651*** (0.0099)	0.1299*** (0.0262)	0.0602*** (0.0084)
$lntotalassets_{tf}$	-0.0001 (0.0008)	-0.0012 (0.0013)	-0.0011 (0.0015)	-0.0009 (0.0014)
$lnwage_{tf}$	0.0018* (0.0010)	-0.0006 (0.0012)	-0.0025 (0.0027)	0.0010 (0.0027)
$lnintermediateinputs_{tf}$	-0.0019** (0.0009)	-0.0006 (0.0011)	-0.0004 (0.0017)	-0.0033* (0.0017)
$lntfp_{tf}$	0.0025*** (0.0007)	0.0033*** (0.0012)	0.0033** (0.0016)	0.0067*** (0.0016)
常数项	1.2633*** (0.0746)	0.0449 (0.0901)	-0.0951 (0.2610)	0.7627*** (0.0741)
年份固定效应	是	是	是	是
产品固定效应	是	是	是	是
企业固定效应	是	是	是	是
目的国固定效应	是	是	是	是
实验组别固定效应	是	是	是	是
样本数	4885810	4801159	4928851	4762103
R^2	0.8739	0.8004	0.7171	0.7794

注:括号内为行业层面的聚类稳健标准误,*、**、***分别表示10%、5%、1%的显著性水平。
资料来源:模型回归结果。

为了分析出口退税率对出口到不同收入目的国的异质影响，本节根据目的国的人均收入将出口到不同目的国的产品分为高收入目的国产品组和低收入目的国产品组并进行回归。结果表明，出口退税率下调后，出口到高收入目的国和低收入目的国的产品的出口价格均会显著提升，但出口到高收入目的国的产品价格提升更大，这与理论预期基本一致。因为受非位似偏好的作用，高收入国家消费者对高质量进口产品具有更高的偏好，支付意愿更高，所以将产品出口到高收入国家更有利于企业收取更高的出口价格，在出口退税率水平整体下调后，企业倾向于将出口退税率下调较大的产品出口到高收入目的国并收取更高的价格，而继续出口到低收入目的国的产品的出口退税率变动较小，因此影响也较小，这与渠道分析的结果一致 [见表 2-6 方案 (3)、方案 (4)]。

2.3.6 稳健性检验

2.3.6.1 全样本实证结果

本节实证部分的样本数据是中国海关数据与中国工业企业数据匹配得到的，而中国工业企业数据库仅包括规模以上企业，因此存在样本选择偏误。为了证明本节的研究结果不是仅对规模以上企业成立的，借鉴樊海潮等 (Fan et al., 2015) 的做法，使用工业制成品的全样本海关数据进行回归，结果见表 2-7 的方案 (1) 和方案 (2)。方案 (1) 的结果表明，使用全样本海关数据后，核心变量依然在 1% 的水平显著；方案 (2) 的结果表明，控制了目的国层面的变量后，核心变量依然显著，表明样本的选择性偏误并不会影响本节结论的准确性，本节的结果是稳健的。

本节实证部分的实验组剔除了 2004 年出口退税率不变或者上升的非来料加工贸易产品，但是中国政府在 2004 年之后继续下调了出口退税率，被删除的样本可能会受 2004 年之后的出口退税率下调的影响，为了克服样本整理可能对实证结果产生的影响，本节尝试溯源全样本实验组数据进行回归，结果见表2-7方案（3）和方案（4）。结果表明，使用全样本回归后，交互项的系数仍然在1%的水平上显著为正，表明本节的结果是稳健的。

表2-7 使用全样本海关数据和全样本实验组数据的回归结果

变量	全样本海关数据		全样本实验组数据	
	（1）	（2）	（3）	（4）
$post2004_t \times reduce_w$	0.1402*** (0.0021)	0.1358*** (0.0021)	0.1394*** (0.0136)	0.1342*** (0.0134)
$lntariff_{tdp}$		0.0147*** (0.0005)		0.0123*** (0.0009)
$lnxr_{td}$		0.0301*** (0.0024)		0.0343*** (0.0051)
$lnpergdp_{td}$		0.1453*** (0.0029)		0.1206*** (0.0081)
$lntotalassets_{tf}$				-0.0021 (0.0014)
$lnwage_{tf}$				0.0025* (0.0014)
$lnintermediateinputs_{tf}$				-0.0027 (0.0017)
$lntfp_{tf}$				0.0044*** (0.0014)
常数项	0.9972*** (0.0012)	-0.4059*** (0.0281)	1.2359*** (0.0082)	0.0756 (0.0751)
年份固定效应	是	是	是	是
产品固定效应	是	是	是	是
企业固定效应	是	是	是	是
目的国固定效应	是	是	是	是
实验组别固定效应	是	是	是	是
样本数	15477647	15172809	10721589	10701686
R^2	0.7391	0.7397	0.7528	0.7529

注：括号内为稳健标准误，*、**、***分别表示10%、5%、1%的显著性水平。
资料来源：模型回归结果。

2.3.6.2 选用连续的处理变量

不同的贸易方式会影响企业的出口决策（陶攀等，2014），来料加工贸易产品（对照组）与非来料加工贸易产品（实验组）在出口产品种类和出口价格方面可能存在较大差别，缺乏可比性。因此，本节借鉴陆和余（Lu and Yu，2015）、孙林等（2020）的研究，采用连续变量分组的方法识别政策效果。具体做法上，本节选取非来料加工贸易产品，将 HS6 分位产品层面出口退税率的下调幅度（cut_p）作为连续型处理变量[①]，构建 $post2004_t \times cut_p$ 交互项来识别出口退税率下调对出口价格的影响，表 2-8 列示了结果。方案（1）中，交互项的系数在 1% 的水平显著为正，表明出口退税率下调幅度越大，产品的出口价格越高；方案（3）控制了企业和目的国层面的变量后，结果依然在 1% 的水平显著，表明出口退税率下调确实提升了产品的出口价格，本节的结果是稳健的。

表 2-8　　选用连续的处理变量的回归结果

变量	(1)	(2)	(3)
$post2004_t \times cut_p$	0.0437*** (0.0037)	0.0466*** (0.0039)	0.0466*** (0.0039)
$\ln tariff_{tdp}$		-0.1951*** (0.0060)	-0.1951*** (0.0060)
$\ln xr_{td}$		0.0920*** (0.0113)	0.0922*** (0.0113)
$\ln pergdp_{td}$		0.2243*** (0.0144)	0.2245*** (0.0144)
$\ln totalassets_{tf}$			0.0002 (0.0019)

[①] 出口退税率的下调幅度用 2003 年与 2004 年出口退税率之差来衡量，cut_p = 2003 年产品 p 的出口税率 - 2004 年产品 p 的出口税率。

续表

变量	(1)	(2)	(3)
ln$wage_{tf}$			0.0004 (0.0031)
ln$intermediateinputs_{tf}$			-0.0037 (0.0024)
lntfp_{tf}			0.0061*** (0.0020)
常数项	1.2636*** (0.0064)	-0.5760*** (0.1398)	-0.5814*** (0.1425)
年份固定效应	是	是	是
企业固定效应	是	是	是
目的国固定效应	是	是	是
样本数	9729422	9716660	9711507
R^2	0.3869	0.3920	0.3920

注：括号内为行业层面的聚类稳健标准误，*、**、*** 分别表示10%、5%、1%的显著性水平。
资料来源：模型回归结果。

2.3.6.3 安慰剂检验

本节的政策是《财政部、国家税务总局关于调整出口货物退税率的通知》（以下简称《通知》）的正式实施，政策冲击的时间发生在2004年，但仍有可能存在其他政策或随机性因素显著提升了中国工业制成品出口价格，从而导致研究结论不准确。如果真如我们担心的这样，那将政策冲击时间调整，也不会有显著影响。为了排除这种疑虑，本节分别假设将政策冲击点提前到2002年和2003年，并将时间虚拟变量（$post2002_t$、$post2003_t$）分别与实验组别虚拟变量（$reduce_w$）交互。表2-9中两个交互项的系数均不显著，表明在虚拟的政策冲击（出口退税下调）下，与对照组相比，实验组的出口价格没有显著变化，实验组出口价格的变动确实是由2004年《通知》的实施引起的，证明了本节结果的稳健性。

表 2-9　　　　　　　　　　　安慰剂检验结果

变量	政策冲击点提前到 2002 年 (1)	政策冲击点提前到 2003 年 (2)
$post2002_t \times reduce_w$	0.0040 (0.0112)	
$post2003_t \times reduce_w$		0.0014 (0.0102)
$lnxr_{td}$	0.0376*** (0.0052)	0.0377*** (0.0052)
$lntariff_{tdp}$	0.0123*** (0.0009)	0.0123*** (0.0009)
$lnpergdp_{td}$	0.1272*** (0.0078)	0.1272*** (0.0078)
$lntotalassets_{tf}$	-0.0002 (0.0013)	-0.0002 (0.0013)
$lnwage_{tf}$	-0.0011 (0.0026)	-0.0011 (0.0026)
$lnintermediateinputs_{tf}$	-0.0026 (0.0017)	-0.0026 (0.0017)
$lntfp_{tf}$	0.0050*** (0.0015)	0.0050*** (0.0015)
常数项	0.0925 (0.0731)	0.0941 (0.0727)
年份固定效应	是	是
产品固定效应	是	是
企业固定效应	是	是
目的国固定效应	是	是
实验组别固定效应	是	是
样本数	10701686	10701686
R^2	0.7528	0.7528

注：括号内为行业层面的聚类稳健标准误，*、**、*** 分别表示10%、5%、1%的显著性水平。
资料来源：模型回归结果。

2.3.6.4　未标准化的质量

本节实证部分将产品质量标准化，得到的是在时间、企业和目的国层面上的质量相对值,这种做法可能弱化了出口产品质量的跨期差异。因此,为了检验研究结果的稳健性,本节使用未标准化的产品质量($quality_{tdfp}$)进行回归,结果见表2-10。交互项$post2004_t \times reduce_w \times quality_{tdfp}$与$post2004_t \times reduce_w$的系数都在1%的水平上显著为正,与前文的结果一致,表明无论使用标准化的质量还是未标准化的质量,研究的结果都是一致的。

表2-10　　　　　　　　未标准化的质量的稳健性检验结果

变量	(1) ln$unitprice_{tdfp}$	(2) $quality_{tdfp}$
$post2004_t \times reduce_w \times quality_{tdfp}$	0.7355 *** (0.0051)	
$post2004_t \times reduce_w$		0.2131 *** (0.0140)
ln$tariff_{tdp}$	0.0060 *** (0.0008)	0.0132 *** (0.0014)
ln$totalassets_{tf}$	0.0003 (0.0019)	-0.0027 (0.0018)
ln$wage_{tf}$	0.0038 (0.0039)	0.0003 (0.0034)
ln$intermediateinputs_{tf}$	0.0013 (0.0022)	-0.0011 (0.0024)
lnxr_{td}	0.0139 *** (0.0046)	-0.0023 (0.0048)
lntfp_{tf}	-0.0028 (0.0022)	0.0055 *** (0.0019)
常数项	1.3152 *** (0.0115)	-0.1405 *** (0.0150)
年份固定效应	是	是
产品固定效应	是	是
企业固定效应	是	是
目的国固定效应	是	是
实验组别固定效应	是	是
样本数	9711464	9711464
R^2	0.8681	0.3139

注:括号内为行业层面的聚类稳健标准误,*、**、*** 分别表示10%、5%、1%的显著性水平。
资料来源:模型回归结果。

2.3.6.5 证伪检验

前文已经得出,出口退税率下调将通过产品质量和企业目的国选择影响出口价格。如果本节的两个渠道是成立的,那么可以预测对于产品质量不变、产品质量和出口目的国都不变的出口产品,出口退税率下调对其出口价格的影响应该是不显著的。为了验证这一猜想,本节将分别选取在企业-产品层面质量不变的产品、企业-产品层面质量与出口目的国均不变的产品进行证伪检验。首先,根据目的国的中文名称将贸易数据与《海关统计贸易伙伴代码表》匹配[①],得到与目的国一一对应的国家数字代码,然后将在企业-产品层面质量方差为0的产品作为质量不变的产品组,在企业-产品层面质量的方差和出口目的国数字代码的方差均为0的产品作为产品质量和出口目的国均不变的产品组,最后将两组产品分别进行回归,结果在表2-11中。结果表明,出口退税率下调对两组制造业产品的出口价格的影响在5%的水平下不显著。这也间接证明了产品质量和目的国选择确实是出口退税率下调提升出口价格的渠道。

表2-11　　　　　　　　　证伪检验的结果

变量	质量不变的产品		质量、目的国均不变的产品	
	(1)	(2)	(3)	(4)
$post2004_t \times reduce_w$	0.3564* (0.2079)	0.3598* (0.2072)	0.3910* (0.2096)	0.3924* (0.2105)
$\ln pergdp_{td}$		0.4567 (0.4108)		0.1707 (0.9848)
$\ln tariff_{tdp}$		0.0262 (0.0579)		0.0665 (0.1079)
$\ln totalassets_{tf}$		-0.0042 (0.1059)		0.0058 (0.1226)
$\ln wage_{tf}$		-0.0167 (0.1802)		-0.0404 (0.1774)

---

① 《海关统计贸易伙伴代码表》来自中国海关总署,包含了贸易伙伴国的中文名称、字母代码和数字代码,三者一一对应。

续表

变量	质量不变的产品		质量、目的国均不变的产品	
	（1）	（2）	（3）	（4）
$\ln intermediateinputs_{tf}$		0.0414 （0.0778）		0.0384 （0.0877）
$\ln xr_{td}$		−0.0373 （0.3439）		0.5572 （1.9379）
$\ln tfp_{tf}$		−0.0098 （0.0790）		0.0255 （0.0827）
常数项	1.6867*** （0.1573）	−2.9249 （4.0452）	1.6518*** （0.1620）	−0.8948 （9.7576）
年份固定效应	是	是	是	是
产品固定效应	是	是	是	是
企业固定效应	是	是	是	是
目的国固定效应	是	是	是	是
实验组别固定效应	是	是	是	是
样本数	11302	11254	10143	10097
R^2	0.9276	0.9278	0.9185	0.9187

注：括号内为行业层面的聚类稳健标准误，*、**、*** 分别表示10％、5％、1％的显著性水平
资料来源：模型回归结果。

2.3.7 小结

本节以工业制成品为主要研究对象，从理论上分析了出口退税率对出口产品价格的影响，探讨了出口退税率影响出口产品价格的两个渠道：产品质量与出口目的国选择。在此基础上，本节运用2004年出口退税率大幅下调的政策冲击和准自然实验，验证了理论结果。本节主要得出了以下结论：第一，出口退税率下调将会提升中国出口价格，出口退税率下调幅度越大，出口价格提升越多；第二，出口退税率将通过产品质量与目的国选择两个渠道影响出口产品价格。第三，出口退税率对不同质量和不同目的国的产品的出口价格的影响存在显著差异，对高质量产品与高收入目的国的产品的出口价格影响更大。

第 3 章
外贸高质量发展：产品组合优化

3.1 产品组合优化的内涵

企业是否能够实现内部资源配置优化，这取决于贸易环境下是"增量"还是"提质"占主导，如图 3-1 所示主要表现为两方面：一方面，在贸易开放、FTA 协定生效伊始阶段，贸易环境以"增量"主导，在此过程中多产品企业扩展其产品范围有助于占据更多的国际市场份额，提升企业的规模；另一方面，随着贸易不断深化，整体的贸易环境中出现"产能过剩"、竞争加剧的问题，企业需要进一步转向销量最好的产品。因此，探究多企业是否实现资源优化配置离不开对贸易环境的分析，厘清这一关系有助于为中国外贸高质量发展提供针对性的指导方案。

```
市场特点：国际市场              市场特点：国际市场
增量为主                        存量为主
企业行为：倾向于扩     企业资源优化配置    企业行为：倾向于集
展边际提升以占据市                        约边际提升，重视企业
场份额                                   核心竞争力

        增量主导  ⟵  贸易环境  ⟶  存量主导
```

图 3-1 不同贸易环境下的企业资源优化配置

资料来源：笔者整理绘制。

3.2 产品组合的测算方法

目前,对于产品多样化的测算方法有许多种。赫夫鲍尔(Hufbauer,1970)认为,产品多样化与价格呈正相关,并首次用单位出口产品价值的标准差及其平均值来表示产品的差异。然而,由于产品结构和运输费用的影响,该方法难以准确测度产品的差异。在早期,对于产品多样化的测度主要通过间接的方法,如以投资、相对专利活动和 R&D 支出、产出、盈利性或进口国数目等作为产品多样化的间接指数(Owen and Wren,1993;Woods,1995;Muscatelli,Stevenson and Montagna,1995;Greenhalgh et al.,1994;Klenow,1997)。本节主要介绍三种测度方法:直接计数法、产品偏度指数和扩展边际指数。

3.2.1 直接计数法

直接计数法是测算产品多样化的方法中最简单也最直观的,使用细分产品直接计数的方式进行统计,数值越大,产品多样化水平越高。埃迪森(Addison,2003)、冯克和鲁韦德尔(Funke and Ruhwedel,2005)、坎多安(Kandogan,2006)在研究中使用直接计数法来测度出口产品的多样化。马涛和刘仕国(2010)在测度产品种类的变化时直接计数新老产品的进入和退出种类来衡量。直接计数法虽然简便直观,但无法准确考量产品的异质性,并且依赖于产品的分类标准,不同标准下测度的种类往往不同,且不可比。

3.2.2 出口产品偏度

测量出口产品偏度的指标为集中度测度指标。集中度指标又可以分为绝对测度指标和相对测度指标。

3.2.2.1 绝对测度指标

（1）标准化 HHI 指数。

$$HHI_{jt} = \frac{\sum_{i=1}^{n}(s_{ijt})^2 - \frac{1}{n}}{1 - \frac{1}{n}}$$

$$s_{ijt} = \frac{x_{ijt}}{x_{gjt}},\ HHI_{jt} \in (0,1) \tag{3-1}$$

在产业组织理论中，使用 HHI 指数来测度行业的集中度。s 代表某一行业进口额占总进口额的比重。HHI 指数在这里衡量了进口产品的集中度。HHI 指数的大小在 0~1 之间，HHI 指数越大，越接近 1，代表进口产品集中度越高，产品的多样化程度越小，即进口产品种类较少；HHI 指数越小越接近 0，则代表进口产品集中度越低，产品多样化程度越高，即进口产品趋向于平均分布。进口行业类别的增加和行业进口份额的相对均化都会引起进口 HHI 指数的下降。钱德拉、巴加图和奥索里奥（Chandra，Boccardo and Osorio，2007）认为，当 HHI 指数小于 0.1，表明多样化程度较高，而 HHI 指数大于 0.4，则进口相对集中化。

（2）GINI 指数。

$$GINI_{jt} = 1 - \frac{1}{n}\sum_{i=1}^{n}[X_{ijt} - X_{(i-1)jt}]$$

$$X_{ijt} = \sum_{k=1}^{i}\frac{x_{kjt}}{x_{gjt}} \tag{3-2}$$

GINI 指数通常用来考察收入分配状况，衡量收入的不平等程度。GINI 指数在这里衡量的是进口产品分布的不平等程度。GINI 指数的大小在 0~1 之间。当进口 GINI 指数越小、越接近 0，表明进口产品在进口收入中的比重越均匀；当进口 GINI 指数越大、越接近 1，表明不平等水平非常高，此时仅有少数产品占据了几乎全部的进口份额。

然而，GINI 系数无法反映进口种类的增加。因为当进口产品种类增加，但是进口的金额却较小时,进口的金额仍然集中在少数产品上。此时,虽然进口产品种类增加,但是 GINI 系数仍较大,无法体现进口产品种类的增加。

(3) THEIL 熵指数。

$$THEIL_{jt} = \frac{1}{n}\sum_{i=1}^{n}\frac{x_{ijt}}{u}\ln\left(\frac{x_{ijt}}{u}\right)$$

$$u = \frac{\sum_{i=1}^{n}x_{ijt}}{n}, \quad THEIL_{jt} \in (0, \ln(n)) \qquad (3-3)$$

信息理论中,熵指标用来反映分布的离散程度。THEIL 熵指数的大小在 $0 - \ln(n)$ 之间。THEIL 熵指数越小,越接近 0,表明进口产品的离散程度越大,即进口产品比重分布越均匀,进口多样化水平越高;THEIL 熵指数越大,越接近 $\ln(n)$,表明进口产品的离散程度越低,进口产品比重分布越集中,进口多样化水平越低。采用 THEIL 熵指数可以观察产品多样化水平在整个经济体系中的分布情况。并且 THEIL 熵指数可以分解成任意分类水平的熵,从而能够细化地讨论一个国家或经济体在不同关联水平上的分布情况,而且将这些不同分类水平的熵同时加入到回归模型时不会产生多重共线性。萨维奥蒂和富林肯(Saviotti and Frenken, 2008)使用 THEIL 熵指数来测算产品多样化,并且将产品多样化分解为关联产品的多样化、半关联产品的多样化和非关联产品的多样化。

以上绝对测度指标主要反映了产品进口的集中与离散程度。指标越小,集中度越低,进口多样化水平越高;指标越大,集中程度越高,进口多样化水平越低。

3.2.2.2 相对测度指标

(1) 相异性指数。

$$DI_{jt} = \frac{\sum_{i=1}^{n}(s_{ijt} - w_{it})}{2}$$

$$s_{ijt} = \frac{x_{ijt}}{x_{gjt}}, \quad w_{it} = \frac{x_{iwt}}{x_{gwt}}, \quad DI_{jt} \in (0, 1) \qquad (3-4)$$

(2) 相对 GINI 指数。

$$RGINI_{jt} = \frac{\sum_{i=1}^{n-1}(p_i - q_i)}{\sum_{i=1}^{n-1} p_i}$$

$$p_i = \sum_{i=1}^{n} \frac{x_{iwt}}{x_{gwt}}, \quad q_i = \sum_{i=1}^{n} \frac{x_{ijt}}{x_{gjt}}, \quad RGINI_{jt} \in (0, 1) \qquad (3-5)$$

(3) 相对 THEIL 熵指数。

$$RTHEIL_{jt} = \sum_{i=1}^{n} s_{ijt} \ln\left(\frac{s_{ijt}}{w_{it}}\right)$$

$$s_{ijt} = \frac{x_{ijt}}{x_{gjt}}, \quad w_{it} = \frac{x_{iwt}}{x_{gwt}}, \quad RTHEIL_{jt} \in (0, \ln(n)) \qquad (3-6)$$

其中，$i=1,2,\cdots n$，代表第 i 类进口产品，j 代表第 j 个国家，t 代表年份，w 代表世界，x_{ijt} 代表 t 年 j 国第 i 类进口产品的进口额，x_{gjt} 代表 t 年 j 国全部进口产品的总额，x_{iwt} 代表 t 年世界第 i 类进口产品的进口额，x_{gwt} 代表 t 年世界全部进口产品的总额。

相对测度指标主要反映了产品进口的比重分布与特定基准分布的差异。

3.2.3 扩展边际指数

梅利兹（Melitz，2003）把一国贸易增长可分解为集约边际和扩展边际。从产品层面来看，贸易增长既包括已有贸易产品在数量维度上的增长（集约边际），也包括贸易产品在种类维度上的扩张（扩展边际）。

胡梅尔斯和克莱诺（Hummels and Klenow，2005），阿密特和弗罗因德（Amiti and Freund，2010）设计了产品层面的扩展边际指数，是 Feenstra 指数的继承与发展。扩展边际是国际贸易研究中衡量产品多样化的主流方法，它强调新种类产品对进口的贡献，并且克服了 Feenstra 指数法的缺点，是

Feenstra 指数的发展。按照胡梅尔斯和克莱诺（Hummels and Klenow, 2005）的方法，扩展边际的表达式为

$$EM_j = \frac{\sum_{i \neq j} \sum_{s \in X_{jis}} x_{wis}}{x_w} \quad (3-7)$$

其中，x_{wis} 代表在国家 i 的产品集 s 上的世界出口额，X_{jis} 是国家-产品组的集合，x_{wis} 代表国家 j 在产品集 s 上对国家 i 的出口。

卡多（Cadot, 2013）等将该测度方法简化为如下形式：

$$EM_{jt} = \frac{\sum_{i \in G_l^j} x_{iwt}}{\sum_{i=1}^{n} x_{iwt}} \quad (3-8)$$

其中，x_{iwt} 代表 t 年世界第 i 类进口产品的进口额，G_l^j 代表 j 国的进口产品集。

3.3 中国出口产品组合优化的影响因素：总体分析

3.3.1 多产品企业、竞争效应与产品组合：义新欧班列

3.3.1.1 引言

多产品企业占全球贸易总额的 95% 以上（Eckel and Neary, 2010），如何通过贸易实现资源优化配置一直是学术界讨论的重要问题（Krugman, 1980; Melitz, 2003）。多产品企业产品组合决策是企业行为研究的重要内容，外部环境变化可能促使多产品企业缩减产品种类，更集中于核心产品生产与销售，能够降低企业边际成本，最终提升企业生产率（Mayer et al., 2014, 2020）。本研究将以中欧班列开通作为外生政策变化，实证分析其对中国多产品企业产品组合调整的影响。

2013年，中国国家主席习近平分别提出建设"新丝绸之路经济带"和"21世纪海上丝绸之路"的合作倡议（简称"一带一路"倡议）。"一带一路"倡议是实现中华民族伟大复兴重要战略，也是我国扩大对外开放、深化国际合作的关键举措。党的十九大报告指出要以"一带一路"倡议为重点，坚持引进来和走出去并重，形成陆海内外联动、东西双向互济的开放格局。① 中欧班列是推进"一带一路"倡议的重要内容，2011年3月，渝新欧（重庆—杜伊斯堡）班列开行标志着中欧班列的正式开通，2012年陆续开通汉新欧（武汉—梅林克帕尔杜比）、湘欧（长沙—杜伊斯堡）、蓉欧（成都—罗兹）班列，开行里程均在10000公里左右，全程运行时间为10~15天，2013年陆续开通苏新欧（苏州—华沙）、郑欧（郑州—汉堡）、粤新欧（东莞—瓦伊多泰）班列，开行里程均在11000公里左右，全程运行时间为13~17天，2014年陆续开通义新欧（义乌—马德里）、合新欧（合肥—汉堡）班列，开行里程均在13000公里左右，全程运行时间为17~18天。核心站点主要以省会城市为主，由货运站出口至欧洲国家。2016年，中欧班列电子产品、机械制品和汽车零部件约占货物总运输量的80%，核心站点周边企业依托小商品市场集聚、加工贸易企业集聚等优势积极融入中欧班列。《中欧班列建设发展规划（2016—2020年）》提出将中欧班列打造成为具有国际竞争力和良好商誉度的世界知名物流品牌，是中欧班列建设发展的首个顶层设计，中欧班列成为"一带一路"倡议的重要平台。② 中欧班列的开通大大减少了对国外运力的依赖，使企业拓宽了运输方式，极大提升了沿线企业出口到欧洲市场的贸易便利化水平。中欧班列铁路运输时间仅为海上运输的1/3，在运输成本上只有空运的1/6，具有"运时短，运价适中"③ 的特征，中欧班列的常态化运行，可以充分发挥铁路运输的稳定性优势，随着区域内各国通关标准进一步协调，以及各线路整合提速，将促使更多货物采用中欧班列的运输模式。

---

① 陆钢：《思想纵横："一带一路"搭建国际合作新平台》，人民网，2017年11月5日。
② 国家铁路局，http://www.nra.gov.cn/jgzf/yxjg/zfdt/201610/t20161027_28807.shtml。
③ 铁路运输运费比空运运价更低，比海运具有更高的运输时效。

随着中欧班列的开通,更多中国产品运达欧洲市场,出口企业面临更激烈的市场竞争。

中欧班列开通站点和时间的差异导致多产品企业在空间和时间上存在显著差异,具有严格的外生性,为本节考察中欧班列的开通对多产品企业的出口产品组合的因果效应提供了理想的情境。但是,识别企业是否受到中欧班列开通的影响存在挑战,中国工业企业和海关微观企业数据中缺少企业直接参与中欧班列的数据,导致难以直接分离处理组(受到中欧班列开通冲击的企业)与对照组(未受到中欧班列开通冲击的企业)。本节借鉴辐网效应理论(王雄元和卜落凡,2019),认为企业与中欧班列核心站点距离越近,受到的政策冲击效应越大。根据企业所在地区及详细地址,利用地图开放平台爬取企业所在地经纬度,并计算与核心站点的距离。假定不同边界距离下区分处理组和对照组,进行多期 DID 回归,识别辐网效应下中欧班列对企业出口产品组合的有效边界距离。

本节使用 2007~2014 年工业企业海关匹配数据,通过多期 DID 方法,研究发现中欧班列开通使距离核心站点 300 千米以内的企业比 300 千米范围外企业更倾向于出口其销量表现最好的产品。同时,中欧班列的开通会使得更多的企业和产品涌入欧洲市场,中国产品的市场份额(进口渗透率)更高,这加剧了市场竞争,导致企业更集中于核心产品的出口(Mayer et al.,2014;Feng et al.,2017)。

本节的目的在于就中欧班列开通对产品组合的影响进行更为普遍和更为精确的估计,进而为评估近年来中欧班列和中国企业对外贸易的成效提供一个来自微观层面的证据。本节的主要贡献和创新在于:第一,以中国"一带一路"倡议下中欧班列开通为准自然实验,考察了中国多产品企业在外生政策变化下的企业内产品组合调整决策,并根据三种标准对产品和企业进行分类,分析了中欧班列开通对不同类型的产品和企业异质性影响,丰富了相关的文献。第二,本节首次将辐网效应理论应用到探究外部政策冲击对多产品企业产品组合调整决策上,识别中欧班列对企业出口产品组合影响的有效边界距离。第三,在探究中欧班列开通对中国多产品企业产品组合内在影响机制时，重点考察竞争效应和成本效应，并将两者同时作为中欧班列开通对企业产品组合的影响机制，并比较何种因素主导了企业调整产品组合。

3.3.1.2 数据和变量说明

2019年4月，中国与沿线国家开展口岸通关协调合作、提升通关便利，平均查验率和通关时间下降了50%。截至2021年8月底，中欧班列累计开行超4万列，通达欧洲23个国家和170多个城市，运输货物品种达5万余种，合计货值超2000亿美元。2021年1~8月，西、中、东通道分别开行5125列、1766列、3139列，同比分别增长37%、15%、35%。[①] 新冠疫情期间，全球航线停飞、公路受阻、水运停滞，中欧班列成为中国货物运往欧洲的主要通道。

本节使用2007~2014年工业企业和海关数据库，参考余淼杰（2013）根据企业名称和年份进行一对多（1∶m）匹配，并进行如下处理：①剔除流动资产大于总资产的样本量；②剔除固定资产大于总资产的样本量；③剔除企业名称的缺失值；④将企业名称中非汉字的部分转换为汉字部分；⑤剔除企业开通月份大于12且小于1的样本；⑥保留出口产品的样本；⑦保留中欧班列目的国的样本[②]。截至2021年8月，西、中、东三条线路开行站点有28个，由于数据截至2014年，根据核心站点的开通时间选取重庆、成都、长沙、武汉、郑州、东莞、苏州、义乌、合肥9个城市，如表3-1所示，各个站点的开通时间、沿线国家和目的国不统一。海关工业企业数据匹配和处理后，共计61822家企业和2743663种产品。变量说明如下。

---

① 中国政府网，https：//www.gov.cn/。
② 根据中欧班列官网，参与国为：法国、德国、意大利、荷兰、比利时、卢森堡、英国、丹麦、爱尔兰、希腊、葡萄牙、西班牙、奥地利、瑞典、芬兰、北马其顿、塞浦路斯、波兰、匈牙利、捷克、斯洛伐克、爱沙尼亚、立陶宛、斯洛文尼亚、拉脱维亚、罗马尼亚、保加利亚。由于至英国班列2017年开通不在数据范围内，剔除英国。

表 3-1 中欧班列主要核心站点情况

开通时间	核心站点	始发货运站	沿线国家	目的国
2011 年	重庆	团结村站	哈萨克斯坦、俄罗斯、白俄罗斯、波兰	德国（渝新欧）
2012 年	成都	城厢站	哈萨克斯坦、俄罗斯、白俄罗斯等	波兰、荷兰、德国（蓉欧班列）
2012 年	长沙	霞凝站	哈萨克斯坦、白俄罗斯、波兰	德国（湘欧班列）
2012 年	武汉	吴家山站	阿拉山口：俄罗斯、波兰、捷克等；满洲里：俄罗斯、白俄罗斯	德国、法国、荷兰等（汉新欧）
2013 年	郑州	莆田站	阿拉山口：俄罗斯、波兰等；二连方向：蒙古国、俄罗斯、波兰等	德国（郑欧班列）
2013 年	东莞	石龙站	俄罗斯、白俄罗斯、波兰	德国
2013 年	苏州	苏州西站	俄罗斯、白俄罗斯等	波兰（苏满欧）
2014 年	义乌	义乌西站	阿拉山口：俄罗斯、德国、法国等	西班牙、意大利等（义新欧）
2014 年	合肥	合肥北站	俄罗斯、白俄罗斯、波兰等	德国

资料来源：中欧班列运输网站，http://www.cetrains.com/。

如表 3-2 所示，出口产品偏度（ln$skewness_{it}$）能够反映企业是否在中欧班列开通下倾向于出口并销售其表现最好的产品（Mayer et al.，2014）。控制变量选取如下：第一，企业规模对产品的进入和退出（扩展贸易边际）产生显著影响，且作用于出口产品偏度（Bernard et al.，2010），同时考虑到中欧班列开通下企业多出口机械、电子等资本密集型的产品，选取企业资本作为企业规模的代理变量，以控制对因变量的可能影响。第二，控制企业的融资约束。面临不同财务压力的企业在出口绩效表现上存在明显差异（Feenstra et al.，2014；Manova et al.，2015），选取负债与资本的比重来控制企业经营活动的能力。第三，控制企业经营年数。新进入企业与存活企业出口行为存在差异，可能影响企业的产品决策（Bems et al.，2016）。第四，控制企业间的成本差异。产品之间的成本存在差异，生产核心产品的成本最低，扩展到边缘产品成本逐渐升高呈"阶梯形"分布（Mayer et al.，2014）。第五，企业的能力存在明显差异。随着企业出口并销售其表现最好的产品，其生产率也会明显提升（Eckel and Neary，2010）。参考莱文森和佩特林（Levinsohn and Petrin，2003）的方法（以下简称"LP 法"）计算企业全要素生产率，控制企业间生产能力的差异。第六，目的国市场规模也对出口企业的产品组合产生显著影响（Mayer et al.，2020），加入目的国人均 GDP 以控制需求因素可能对因变量产生的影响。第七，实际有效汇率与产品组合之间的关系（Chatterjee et al.，2013），本节加入目的国实际有效汇率进行控制。

表 3-2　　　　　　　　　　主要变量说明及预期符号

变量名称	变量说明	数据来源	预期符号
产品出口偏度（$lnskewness_{it}$）	企业 i 在 t 年最大产品出口额占总出口额的比重	工业企业数据	+
企业规模（$lnsize_{it}$）	企业 i 在 t 年的资本量		−
融资约束（$lnasset\_liability\_ratio_{it}$）	企业 i 在 t 年的总负债/总资本		−
经营年数（$exist_{it}$）	企业 i 在 t 年的经营年数		−
主营业务成本（$lncost_{it}$）	企业 i 在 t 年经营性活动中所产生的成本		−
全要素生产率（$lntfp_{it}$）	企业 i 在 t 年的全要素生产率，根据 LP 法计算得到		−
人均 GDP（$lnpgdp_{dt}$）	目的国 d 在 t 年的人均 GDP	UN data	+
实际有效汇率（$lnreer_{dt}$）	目的国 d 在 t 年的货币与人民币实际有效汇率比值	WDI	+
进口渗透率（$lnimport\_pen_{dt}$）	目的国 d 进口中国产品占总进口比重	UN comtrade	+
贸易成本（$trade\_cost_{dt}$）	目的国 d 与中国在 t 年的贸易成本指数	World Bank	−

注：由于 2008 年以后的工业企业海关数据缺乏企业的中间投入数据，在计算全要素生产率的过程中将制造费用、管理费用、销售费用合计减去其中属于增加值的项目（包括工资、福利费、折旧、劳动保险费、职工待业保险费等）。

资料来源：笔者整理编制。

由表 3-3 可知，企业出口偏度（$\ln skewness_{it}$）的范围在 [0, 1] 之间，偏度的标准差为 0.4833，表明企业之间的出口偏度具有显著差异。同时，受中欧班列开通冲击的企业（处理组 $treat_i \times post_t$）的均值为 0.1889，表明样本内 18.89% 的多产品企业受到了中欧班列开通的影响，占据一定的比重，为本节考察中欧班列开通下企业的产品组合提供了数据支持。描述性统计结果如表 3-3 所示。

表 3-3　　　　　　　　　　描述性统计

变量	样本数	平均值	标准差	最小值	最大值
$\ln skewness_{it}$	206489	-0.7021	0.4833	-4.2094	-1.19e-07
$treat_i \times post_t$	206489	0.1889	0.3914	0	1
$\ln size_{it}$	206396	10.9755	1.5037	4.7791	19.8317
$\ln asset\_liability\_ratio_{it}$	185154	-0.6852	0.7386	-10.1011	3.8850
$exist_{it}$	206489	10.0002	7.1271	1	169
$\ln cost_{it}$	206343	11.1910	1.3801	3.7612	19.1666
$\ln tfp_{it}$	204633	6.3686	0.8872	-5.1534	11.3355
$\ln pgdp_{dt}$	206489	10.4689	0.4802	8.6761	11.6886
$\ln reer_{dt}$	206489	0.2487	0.0964	0.0386	0.4966
$\ln import\_pen_{dt}$	206489	0.0688	0.0211	0.0054	0.1254

资料来源：模型回归结果。

如表 3-4 所示，2007~2014 年中国企业平均出口偏度和贸易种类数量呈明显上升的趋势。随着中欧班列的开通（2011~2014 年分批次开通），产品出口偏度和出口产品种类数量累计增速达 0.80% 和 12.64%。为了有效识别中欧班列的开通是否影响多产品企业出口产品偏度，考察出口产品偏度随着年份的变化情况。

表 3-4　　出口产品偏度和贸易种类数量年份对比

年份	平均出口产品偏度	增速（%）	平均贸易种类数量（种）	增速（%）
2007	0.5450	/	41	/
2008	0.5453	0.06	45	9.76
2009	0.5459	0.11	49	8.89
2010	0.5507	0.88	54	10.20
2011	0.5509	0.04	61	12.96
2012	0.5512	0.05	64	4.92
2013	0.5551	0.71	68	6.25
2014	0.5553	0.04	69	1.47

资料来源：笔者整理编制。

根据辐网效应理论，本研究认为距离核心站点越近的企业出口产品组合受到政策冲击的效果越显著。由于样本较多，为了直观探究多产品企业出口产品组合与企业至核心站点距离两者之间的线性关系，本研究借鉴柴提等（Chetty et al.，2014）的做法，将企业与核心站点距离对数的总样本等分为100个仓（bins）并取各仓的均值，同时绘制每个仓内多产品企业出口产品组合对数的均值，最终得到拟合散点图（binscatter）。由图 3-2 可以看出，企业至核心站点的距离与出口产品组合的关系具有明显的"向下倾斜"趋势，这表明当企业与核心站点距离越近，辐网效应越强，出口产品组合越大。因此，辐网效应能够有效解释距离越近的企业的出口产品组合受到中欧班列政策冲击的程度越大。

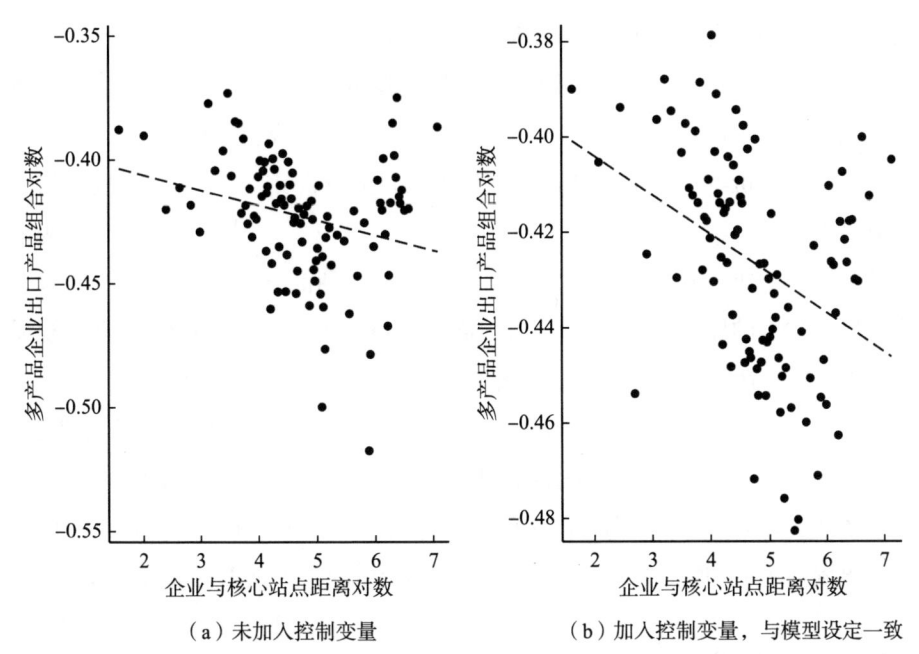

（a）未加入控制变量　　　　　　　　　（b）加入控制变量，与模型设定一致

图 3-2　企业至中欧班列核心站点距离与企业出口产品组合的关系

资料来源：笔者整理绘制。

3.3.1.3　中欧班列影响多产品企业出口产品组合的实证设计

（1）辐网效应与研究假说。

辐网效应是指以城市为经济发展的基点，通过其较强的经济、科技、交通、教育、人才等资源优势，带动周围企业的高质量发展。辐网效应已有许多学者进行了讨论（Cabrer and Serrano，2007；彭羽、杨作云，2020），一般认为离政策发生地距离越近辐射效应越明显。中欧班列主要以核心站点作为始发点，多以直达班列为主，吸引周边的企业参与到中欧班列运输中，存在明显的辐网效应特征。这是因为：第一，考虑到核心站点与企业之间也存在运输成本，两地距离越远运输成本会不断扩大，班列核心站点对临近企业贸易行为的影响越有限。第二，从"机会成本"角度考虑，离核心站点越近的企业放弃利用中欧班列的机会成本越大，企业更有动机"因地制宜"通过中欧班列出口到欧洲市场。第三，从"边际收益"角度考虑，企业参与中欧班

列获得的利润随着与核心站点距离扩大快速递减，超过一定距离，企业便没有动机参与中欧班列。因此，距离核心站点越近的企业受到政策影响效果越强，到达一定距离后辐网效应将失去效果。例如，假设存在两家企业 i 和 j 生产相同数量和价格的产品，通过中欧班列出口到欧洲市场，i 和 j 与核心站点的距离为 k_i 和 k_j，到核心站点的运输成本为 c_i 和 c_j，其中 $k_i < k_j$，由于两地距离越远运输成本越高因此 $c_i < c_j$，此时 i 和 j 的利润 $\pi_i > \pi_j$，这表明随着企业到核心站点的距离增加，企业的利润呈下降趋势，当 $\pi < 0$ 时企业收益无法承担成本，因此便没有动机参与中欧班列。

中欧班列的开通拓宽了沿线多产品企业出口到欧洲市场的运输渠道，核心站点范围内的企业比范围外企业更有动机将产品通过中欧班列运往欧洲市场。核心产品的边际成本最低（Mayer et al., 2014），从利润最大化的目的出发，通过中欧班列运输仍然要以高增加值且成本较低的核心产品为主。

假设 H3-1：随着中欧班列的开通，中国多产品企业更倾向于缩减出口产品种类，出口并销售其表现最好的（核心）产品，预期符号为正。中欧班列开通对多产品企业产品组合的影响随着距离核心站点的距离呈现递减趋势。

中欧班列的开通使更多中国出口企业涌入欧洲市场，加剧了在目的国的市场竞争。一方面，基于低成本竞争策略，企业为降低产品的边际成本，从而专注于核心产品的出口以提高市场份额，通过规模效应提高企业的竞争力；另一方面，基于集中优势竞争策略，企业能够集中资源生产并销售某一种产品，尤其对于中小企业而言能够扩大其生存与发展的空间。因此，面临激烈的市场竞争下，企业更有动机集中于核心产品的生产与销售。

假设 H3-2a：中欧班列的开通加剧了目的国市场的竞争效应，多产品企业削减企业内产品种类，更加专注于核心产品的生产，预期符号为正。

中欧班列的开通在一定程度上降低了我国出口企业的贸易成本，尤其对于中西部企业来说，传统的运输方式主要以国内公路运输至沿海港口再通过海运出口到欧洲市场，而随着中欧班列的开通中西部企业能够通过较近的核心产品实现货物出口且运载量大且时效较短,大幅降低了企业出口到欧洲市场的贸易成本。贸易成本的下降扩大了企业自身的利润空间,企业更有动机增加核心产品的比重参与到欧洲市场中,进而增加出口产品偏度。

假设 H3-2b:中欧班列的开通通过降低出口欧洲市场的贸易成本,使多产品企业集中于出口其销量表现更好的(核心)产品,预期符号为负。

市场竞争加剧和贸易成本下降共同作用影响企业出口产品组合。产品组合的调整受何种中间机制的主导影响学术界仍存在争议:一方面,贸易自由化下竞争加剧导致产品属性临界值变化最终影响企业调整产品组合(Bernard et al.,2011);另一方面,交通基础设施建设能够降低企业的贸易成本,从而影响企业的产品组合(唐宜红等,2019)。因此,本文将同时考察两种中间机制在中欧班列开通与企业产品组合中间的作用,并分析何种因素占据主导。

假设 H3-3:中欧班列的开通对产品组合的影响由竞争效应和成本效应共同导致,以竞争效应为主导,预期符号为正。

(2)基准模型构建。

本节通过工业企业数据库的省、市、县/区及详细地址信息,并结合百度地图 API 和 Stata 爬取企业所在地的经纬度数据,计算企业与中欧班列核心站点货运车站的球面距离,以识别辐网效应下的处理组和对照组。同时,由于中欧班列核心站点开通时间不一致,不同地区的多产品企业受到政策冲击时间具有差异,本节采用多期 DID 评估中欧班列开通对多产品企业产品偏度的影响,以距离核心站点一定范围内受到班列开通冲击的企业为处理组,范围外的企业为对照组。基准模型设计如下:

$$\ln skewness_{it} = \beta_0 + \beta_1 treat_i \times post_t + \sum_i \beta_i controls_{firm}$$
$$+ \sum_d \beta_d controls_{distination} + \varphi_t + \lambda_p + \gamma_{tp} + \varepsilon_{ij} \quad (3-9)$$

式(3-9)中,i 表示企业,t 表示年份,d 表示目的国,p 表示产品。$\ln skewness_{it}$ 表示企业 i 在 t 期出口额最大的产品(核心产品)占所有产品出口额的比重的对数。$treat_{it}$ 识别样本处理组和对照组，其中距离中欧班列核心站点的距离在一定范围内的企业 i 表示为处理组，取值为 1；距离中欧班列核心站点的距离在一定范围外的企业 i 表示为对照组，取值为 0。根据辐网效应，随着与核心站点距离的不同企业出口偏度可能存在差异，本节以 100 千米为区间分别选取 [100，500] 千米作为中欧班列开通可能的处理组范围，以系数是否在 5% 的置信区间显著作为识别处理组和对照组的依据。

$post_t$ 表示企业是否在当期受到中欧班列开通的政策冲击，核心站点开通当年及以后取 1，开通前则取 0。$\sum_i \beta_i controls_{firm}$ 表示企业层面的控制变量，控制影响企业 i 在 t 年出口产品偏度的其他因素，分别选取企业规模（$lnsize_{it}$）、融资约束（$lnasset\_liability\_ratio_{it}$）、经营年数（$exist_{it}$）、主营业务成本（$lncost_{it}$）和全要素生产率（$lntfp_{it}$）。$\sum_d \beta_d controls_{distination}$ 表示目的国层面的控制变量，主要选取实际人均 GDP（$lnpgdp_{dt}$）和实际有效汇率（$lnreer_{dt}$）。φ_t 表示年度固定效应，λ_p 表示产品固定效应，γ_{tp} 表示年度和产品交叉固定效应，ε_{it} 表示企业 i 在 t 年未被观测的随机误差项。

（3）平行趋势检验。

本节采用多期 DID 的方法评估中欧班列对多产品企业出口产品偏度的影响，需要满足平行趋势假定。双重差分本质上是处理组差分与控制组差分之差，而满足这一基本前提的是处理组如果未受到政策干预，其趋势应与控制组一样，这就是所谓的"平行趋势"假定。本节使用对比不同组别因变量均值的时间趋势的方法做平行趋势检验。当政策冲击前，系数围绕 0 上下波动，表明在政策冲击前的时间趋势是一致的，通过平行趋势检验。如图 3-3 所示，在政策冲击前回归系数都在 0 附近，表明在政策冲击前处理组与对照组的其他因素在时间趋势上基本一致。同时受到政策冲击后，系数出现明显变化且不在 0 附近，出口产品偏度明显上升，符合平行趋势假定。

图 3-3 平行趋势检验

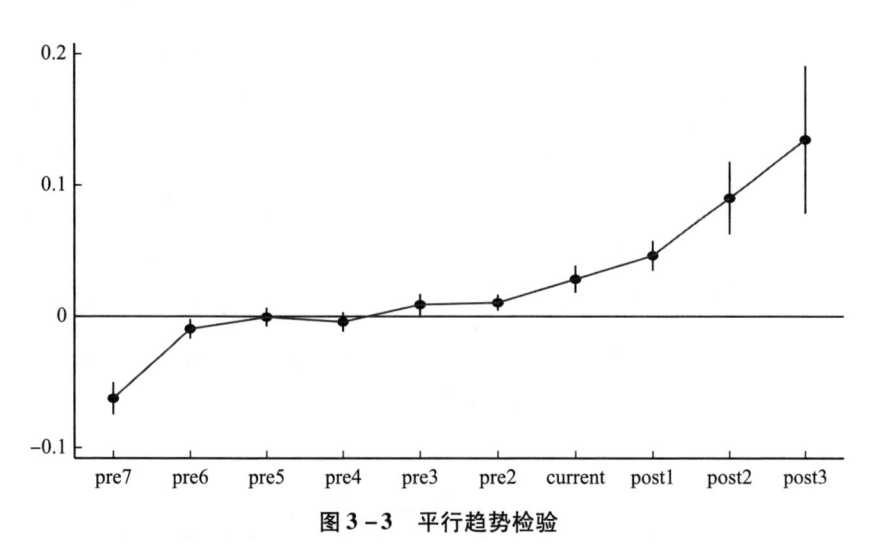

注：其中，pre*表示政策发生前*年，post*表示政策发生后*年，current则表示政策发生时间。纵轴表示平行趋势各期回归系数值。
资料来源：模型回归结果。

（4）基准回归。

本节主要研究多产品企业的出口产品组合，在借鉴辐射效应理论的基础上，进一步验证中欧班列开通在何种范围（Dist）内能够对多产品企业的出口产品偏度形成有效冲击。如表3-5所示，中欧班列核心站点300千米以内的企业在5%的水平上显著受到班列开通的冲击，表明中欧班列对多产品企业出口产品偏度形成有效冲击的辐网范围在300千米以内，因此在下文研究都将以300千米以内的企业作为受到中欧班列开通的处理组，300千米范围以外的企业为对照组。

随着中欧班列的开通，中欧班列核心站点300千米以内受到政策冲击的企业比未受到冲击的企业出口更加集中于核心产品，出口产品偏度约上升0.99%，与本节假设H3-1一致，且与相关学者研究结果一致（Mayer et al.，2014；Eckel et al. 2015）。该研究表明，中欧班列的开通使企业内资源由非核心产品向核心产品配置，提高了企业的核心竞争力。

根据第（3）列，结合企业层面控制变量分析，企业规模（$lnsize_{it}$）每上升1%，出口产品偏度下降1.04%，表明规模越大的企业更有能力去调整其出口产品的分布。融资约束（$lnasset\_liability\_ratio_{it}$）每上升1%，出口产品偏度下降1.41%，表明融资约束越高，企业更有动机降低自身的产品偏度而生产更多的边缘产品。企业经营年数（$exist_{it}$）对出口产品偏度不具有经济显著性影响。主营业务成本（$lncost_{it}$）每上升1%，出口产品偏度则下降3.37%，表明随着主营业务成本上升企业会降低其核心产品的集中度，侧面反映了核心产品是主营业务成本增加的主要来源。企业的全要素生产率（$lntfp_{it}$）对出口产品偏度不具有统计显著影响。

表 3-5　　　　　　　　　　　基准回归

变量	$lnskewness_{it}$				
	$Dist \leq 100$ 千米	$Dist \leq 200$ 千米	$Dist \leq 300$ 千米	$Dist \leq 400$ 千米	$Dist \leq 500$ 千米
	(1)	(2)	(3)	(4)	(5)
$treat_i \times post_t$	0.0198 *** (0.0047)	0.0076 * (0.0047)	0.0099 ** (0.0046)	0.0071 (0.0046)	0.0076 (0.0047)
$lnsize_{it}$	-0.0104 *** (0.0031)	-0.0105 *** (0.0031)	-0.0104 *** (0.0031)	-0.0104 *** (0.0031)	-0.0104 *** (0.0031)
$lnasset\_liability\_ratio_{it}$	-0.0141 *** (0.0023)	-0.0141 *** (0.0023)	-0.0141 *** (0.0023)	-0.0141 *** (0.0023)	-0.0140 *** (0.0023)
$exist_{it}$	-0.0006 ** (0.0003)	-0.0006 ** (0.0003)	-0.0006 ** (0.0003)	-0.0006 ** (0.0003)	-0.0006 ** (0.0003)
$lncost_{it}$	-0.0341 *** (0.0057)	-0.0336 *** (0.0057)	-0.0337 *** (0.0057)	-0.0337 *** (0.0057)	-0.0337 *** (0.0057)
$lntfp_{it}$	-0.0060 (0.0056)	-0.0066 (0.0056)	-0.0065 (0.0056)	-0.0066 (0.0056)	-0.0066 (0.0056)
$lnpgdp_{dt}$	0.0390 *** (0.0027)	0.0391 *** (0.0027)	0.0391 *** (0.0027)	0.0391 *** (0.0027)	0.0391 *** (0.0027)
$lnreer_{dt}$	0.0291 (0.0395)	0.0288 (0.0395)	0.0288 (0.0395)	0.0289 (0.0395)	0.0289 (0.0395)
常数项	-0.5905 *** (0.0341)	-0.5909 *** (0.0341)	-0.5912 *** (0.0341)	-0.5908 *** (0.0341)	-0.5910 *** (0.0341)
Year Fe	是	是	是	是	是

续表

变量	$lnskewness_{it}$					
	Dist≤100 千米	Dist≤200 千米	Dist≤300 千米	Dist≤400 千米	Dist≤500 千米
	(1)	(2)	(3)	(4)	(5)
Product Fe	是	是	是	是	是
Year × Product Fe	是	是	是	是	是
样本数	176342	176342	176342	176342	176342
R^2	0.1948	0.1947	0.1947	0.1947	0.1947

注：括号内表示聚类到企业的标准误，*、**、*** 分别表示10%、5%、1%的显著性水平。
资料来源：模型回归结果。

结合目的国层面的控制变量进行分析，目的国人均 GDP（$ln\mathrm{pgdp}_{dt}$）每上升1%，出口产品偏度上升3.91%，表明来自目的国的需求侧冲击也对出口产品偏度产生显著影响，与迈耶等（Mayer et al.，2020）研究结果一致。同时，目的国实际有效汇率（$lnreer_{dt}$）对出口产品偏度不具有显著影响，可能的解释为目的国汇率的变化波动所产生的替代效应与收入变化所产生的收入效应相互抵消，而后者效应更强，因此系数统计不显著。

(5) 进一步分析。

与欧美国家不同，加工贸易在我国对外贸易中占据重要地位，2014年中国加工贸易占总贸易进出口额的32.7%。多产品出口企业加工贸易与一般贸易在出口产品种类上存在着显著差异（钱学锋等，2013），最终导致企业产品组合上存在差异性，需要进一步将两种贸易方式进行区分。从两种贸易方式的结构来看，一般贸易企业主要以最终产品为主，具有一定的增加值参与市场竞争，而加工贸易企业则以来料加工生产加工产品为主，增加值低且签订合同不参与市场竞争，这可能会导致两种贸易方式下企业的出口行为存在差异。因此，在中欧班列开通的政策冲击下，本节将讨论两种贸易方式下多产品企业的出口产品种类（$lnfrequency_{it}$）和产品偏度（$lnskewness_{it}$）决策是否存在显著差异。由表3-6第（1）列我们发现，中欧班列开通对一般贸易企业的出口产品种类没有显著影响,但是系数方向呈负数,与埃克尔和尼里(Eckel and Neary,2010)结论一致。由第(2)列可知,中欧班列的开通使核心站点 300 千米范围内的一般贸易企业比范围外一般贸易企业出口产品偏度高 1.02%,这意味着出口多产品企业缩减产品种类,显著提升产品偏度,这一结果与基准回归模型结果基本一致。

但是,本节仍得到有趣的结论:中欧班列的开通,对中国加工贸易企业出口产品种类存在显著影响。根据第(3)列,随着中欧班列的开通,核心站点 300 千米内的加工贸易企业比范围外加工贸易企业出口产品种类数量上升 10.71%,这与西方学者研究结论大相径庭,他们认为随着贸易自由化加剧了竞争效应会导致贸易产品种类的减少(Mayer et al.,2014),企业更倾向于出口并销售其表现最好的产品。可能的解释是:中欧班列的开通为加工贸易企业提供了多样的运输方式选择,对运时、运力有要求的产品更倾向于选择中欧班列平台出口,最终提高了加工贸易的出口贸易种类。而第(4)列可以看出中欧班列开通使 300 千米以内的加工贸易企业的出口产品偏度比范围外企业降低 2.62%,在 5% 水平上显著。这个结果说明,中欧班列开通增加了产品种类(边缘产品),降低了出口偏度。这说明加工贸易企业一方面由于加工贸易产品整体增加值较低,没有足够的动机专注于核心产品的出口;另一方面,中欧班列开通带来降低成本贸易机会效应大于竞争效应,企业更倾向于扩展新品种出口。

表 3-6　　　　　　　　　　一般贸易与加工贸易

变量	一般贸易(压力)		加工贸易(机会)	
	(1)	(2)	(3)	(4)
	$\ln frequency_{it}$	$\ln skewness_{it}$	$\ln frequency_{it}$	$\ln skewness_{it}$
$treat_i \times post_t$	-0.0159 (0.0097)	0.0102** (0.0048)	0.1071*** (0.0206)	-0.0262** (0.0103)
$\ln size_{it}$	0.0542*** (0.0069)	-0.0030 (0.0033)	0.0747*** (0.0133)	-0.0180*** (0.0061)

续表

变量	一般贸易（压力）		加工贸易（机会）	
	(1)	(2)	(3)	(4)
	ln$frequency_{it}$	ln$skewness_{it}$	ln$frequency_{it}$	ln$skewness_{it}$
ln$asset\_liability\_ratio_{it}$	0.0349*** (0.0051)	-0.0151*** (0.0024)	-0.0181** (0.0088)	0.0012 (0.0046)
$exist_{it}$	-0.0008 (0.0006)	-0.0004 (0.0003)	0.0034*** (0.0012)	-0.0015*** (0.0006)
ln$cost_{it}$	0.0985*** (0.0132)	-0.0290*** (0.0063)	0.2181*** (0.0244)	-0.0532*** (0.0110)
lntfp_{it}	0.0473*** (0.0132)	-0.0146** (0.0063)	-0.0872*** (0.0237)	0.0332*** (0.0109)
ln$pgdp_{dt}$	-0.0436*** (0.0058)	0.0375*** (0.0029)	-0.1250*** (0.0119)	0.0619*** (0.0060)
ln$reer_{dt}$	0.0623 (0.0831)	-0.0525 (0.0421)	-0.3930*** (0.1515)	0.0524 (0.0784)
常数项	0.4043*** (0.0737)	-0.6196*** (0.0359)	0.3832** (0.1518)	-0.6810*** (0.0736)
Year Fe	是	是	是	是
Product Fe	是	是	是	是
Year × Product Fe	是	是	是	是
样本数	153470	153470	41750	41750
R^2	0.2343	0.1923	0.3427	0.2740

注：括号内表示聚类到企业的标准误，*、**、*** 分别表示10%、5%、1%的显著性水平。
资料来源：模型回归结果。

3.3.1.4 中间机制分析——竞争效应与成本效应

中欧班列开通显著影响了多产品企业的出口产品组合决策，但是对影响途径和渠道，需要进一步探究。一方面，中欧班列的开通联接了欧洲市场，扩大了中国的出口市场规模，加剧了竞争效应。另一方面，中欧班列的开通可能降低中国与欧洲市场的贸易成本。第一，降低运输成本。企业能够通过所在地最近的核心站点由中欧班列出口到欧洲市场，节省了企业原本通过公路运输到沿海港口的运输成本。第二,降低时间成本。中欧班列开通使海关通关及进出口监管上更加便携,简化通关流程,降低了企业的通关的费用和时间成本。

因此,本节将探究中欧班列的开通下,是否加剧了竞争效应,进而如何影响企业出口产品组合。同时,将探究中欧班列对产品组合影响的第二个路径——成本效应,是否中欧班列的开通降低了中国出口欧洲市场的贸易成本,进而影响多产品企业的出口产品偏度。研究设计如下:

$$channel_{dt} = \beta_0 + \beta_1 treat_i \times post_t + \sum_i \beta_i controls_{firm}$$
$$+ \sum_d \beta_d controls_{distination} + \varphi_t + \lambda_p + \gamma_{tp} + \varepsilon_{ij} \quad (3-10)$$

$$\ln skewness_{it} = \beta_0 + \beta_1 channel_{dt} + \sum_i \beta_i controls_{firm}$$
$$+ \sum_d \beta_d controls_{distination} + \varphi_t + \lambda_p + \gamma_{tp} + \varepsilon_{ij} \quad (3-11)$$

其中,i 表示企业,t 表示年份,p 表示产品,d 表示目的国。式(3-10)中,$channel_{dt}$ 表示中欧班列开通对多产品企业产品组合影响的两个可能渠道:第一,目的国 d 在 t 年进口中国产品占总进口的比重,即为进口渗透率($\ln import\_pen_{dt}$),表示来自出口国的竞争效应,进口渗透率越高则表明竞争越激烈;第二,目的国 d 在 t 年与中国双边的贸易成本指数,即为贸易成本($treat\_cost_{dt}$),贸易成本越高则表明企业面临的财政压力越大。

表3-7第(1)列表明,随着中欧班列的开通,受区域贸易政策影响的多产品企业比不受政策影响的多产品企业使欧洲市场进口渗透率在1%的显著性水平上提高了1.20%,加剧了在目的国中国产品的市场竞争。第(2)列可以看出,目的国市场的竞争加剧显著提高了出口产品的偏度:目的国进口渗透率每增加1%,出口产品偏度将上升0.99%。该结果表明,由区域贸易自由化导致的竞争程度加剧,导致产品偏度上升,这与伯纳德等(Bernard et al.,2011)和迈耶等(Mayer et al.,2014)的研究结果基本一致,验证了研究假设H3-2a。进一步考察成本效应,第(3)列表明,随着中欧班列的开通,300千米范围内的多产品企业比范围外企业贸易成本下降0.33%。进

一步结合第（4）列，贸易成本的下降（上升）1%，中国多产品企业出口产品偏度上升（下降）2.13%，验证了假设 H3－2b。

表 3－7　　　　　　　　　　竞争效应与成本效应分析

变量	(1) lnimport_pen$_{dt}$	(2) lnskewness$_{it}$	(3) lntrade_cost$_{dt}$	(4) lnskewness$_{it}$
$treat_i \times post_t$	0.0120 *** (0.0033)		－0.0033 * (0.0019)	
lnimport_pen$_{dt}$		0.0099 *** (0.0028)		
lntrade_cost$_{dt}$				－0.0213 *** (0.0046)
lnsize$_{it}$	0.0038 ** (0.0019)	0.0037 (0.0026)	－0.0039 *** (0.0013)	0.0024 (0.0027)
lnasset_liability_ratio$_{it}$	－0.0013 (0.0013)	0.0053 *** (0.0019)	0.0028 *** (0.0009)	0.0049 ** (0.0019)
exist$_{it}$	－0.0001 (0.0001)	－0.0036 *** (0.0009)	0.0002 *** (0.0001)	－0.0033 *** (0.0009)
lncost$_{it}$	－0.0020 (0.0036)	－0.0081 * (0.0046)	0.0008 (0.0024)	－0.0067 (0.0048)
lntfp$_{it}$	－0.0029 (0.0037)	－0.0046 (0.0046)	0.0008 (0.0024)	－0.0067 (0.0048)
lnpgdp$_{dt}$	0.1602 *** (0.0025)	0.0045 * (0.0023)	－0.3311 *** (0.0014)	0.0005 (0.0028)
lnreer$_{dt}$	0.5950 *** (0.0293)	0.0215 (0.0313)	－0.0519 ** (0.0233)	0.0109 (0.0329)
常数项	－4.5637 *** (0.0302)	－0.4229 *** (0.0310)	8.0490 *** (0.0172)	－0.2996 *** (0.0471)
Year Fe	是	是	是	是
Product Fe	是	是	是	是
Year × Product Fe	是	是	是	是
样本数	218957	218957	197932	197932
R^2	0.1726	0.1276	0.3928	0.1316

注：括号内表示聚类到企业的标准误，*、**、*** 分别表示10%、5%、1%的显著性水平。
资料来源：模型回归结果。

整体而言，中欧班列开通通过竞争效应和成本效应两个渠道对中国多产品出口企业的产品组合决策产生影响。比较而言，中欧班列的开通仍以竞争效应为主导，成本效应其次，与假设 H3-3 一致。

3.3.1.5 异质性分析

（1）不同产品分析。

为了进一步考察不同类型产品受到政策冲击时是否存在差异，依据劳尔（Lall，2000）基于 8 位数 HS 编码区分初级产品、工业制成品和技术密集型产品。基于 2007~2014 年工企海关匹配数据，出口产品分布如下：其中，初级产品为 HS 编码商品目录表的 1~5 类（对应 1~27 章）；工业制成品为 HS 编码商品目录表的 6~15 类（对应 28~83 章）；技术密集型产品为 HS 编码商品目录表的 16~22 类（对应 84~98 章）。由表 3-8 可以看出，中欧班列的核心站点 300 千米以内的企业出口主要以技术密集型产品为主，工业制成品和初级产品占比较少，表明中欧班列开通与出口企业的高质量发展密切相关，出口产品增加值较高。

表 3-8   中欧班列出口产品分布（市场份额前 8 种产品）

产品分类	产品名称	类、章	市场份额（%）
技术密集型产品	核反应堆、锅炉、机器、机械器具及其零件	16 类 84 章	40.97
	电机、电气设备及其零件等	16 类 85 章	24.43
	家具；寝具、褥垫、弹簧床垫等	20 类 94 章	3.42
	光学、照相、电影、计量、检验、医疗仪器等	18 类 90 章	2.91
	玩具、游戏品、运动用品及其零件、附件	20 类 95 章	2.06
工业制成品	非针织或非钩编的服装及衣着附件	11 类 62 章	2.26
	有机化学品	6 类 29 章	2.15
	针织或钩编的服装及衣着附件	11 类 61 章	2.00
初级产品	无		

资料来源：笔者整理编制。

实证研究结果表明（见表3-9），基于技术密集型产品和初级产品，中欧班列的开通对核心站点300千米以内企业出口产品偏度提升作用与范围外企业没有显著差异。但是，工业制成品比范围外企业出口产品偏度提高0.99%，在5%的水平上显著。

表3-9　　　　　　　　　　　　不同产品类别回归

变量	$\ln skewness_{it}$ (1) 技术密集型产品	(2) 工业制成品	(3) 初级产品
$treat_i \times post_t$	0.0008 (0.0067)	0.0099 ** (0.0046)	0.0080 (0.0288)
$\ln size_{it}$	-0.0145 *** (0.0044)	-0.0104 *** (0.0031)	-0.0028 (0.0117)
$\ln asset\_liability\_ratio_{it}$	-0.0126 *** (0.0036)	-0.0141 *** (0.0023)	0.0040 (0.0116)
$exist_{it}$	-0.0006 (0.0004)	-0.0006 ** (0.0003)	-0.0001 (0.0013)
$\ln cost_{it}$	-0.0100 (0.0081)	-0.0337 *** (0.0057)	-0.0343 ** (0.0166)
$\ln tfp_{it}$	-0.0277 *** (0.0082)	-0.0065 (0.0056)	-0.0051 (0.0150)
$\ln pgdp_{dt}$	0.0451 *** (0.0038)	0.0391 *** (0.0027)	0.0276 * (0.0157)
$\ln reer_{dt}$	-0.0437 (0.0563)	0.0288 (0.0395)	-0.0434 (0.2561)
常数项	-0.6888 *** (0.0468)	-0.5912 *** (0.0341)	-0.4780 ** (0.1987)
Year Fe	是	是	是
Product Fe	是	是	是
Year × Product Fe	是	是	是
样本数	77625	176342	4308
R^2	0.1906	0.1947	0.2752

注：括号内表示聚类到企业的标准误，*、**、*** 分别表示10%、5%、1%的显著性水平。
资料来源：模型回归结果。

进一步比较第（1）~（3）列样本量可知，通过中欧班列所出口的产品主要是以技术密集型产品和工业制成品为主，工业制成品更加集中于核心产品的出口，呈现"专而精"，整体表现为较高增加值的出口。这与卢盛峰等（2021）的研究结果有内在一致性，他们认为中欧班列开通促进了核心站点沿线企业的产品高质量出口。

（2）竞争策略比较。

埃克尔等（Eckel et al.，2015）研究发现企业会采取不同竞争策略方式，主要为数量竞争策略和质量竞争策略：其中，数量竞争策略表示为出口产品的价格随出口额的增加而减少，两者呈反比关系；质量竞争策略表示为出口产品的价格随出口额的增加而增加，两者呈正比关系。采用质量策略的多产品企业会扩大产品分布的离散度，而成本竞争策略的多产品企业则会缩小产品分布的离散度（Eckel et al.，2015）。为了验证中欧班列开通下企业主要采取何种竞争策略，在长期是否能够改善贸易福利实现高质量发展，本节将进一步区分不同竞争策略下的企业在中欧班列开通下的出口偏度变化，中欧班列开通下，企业选择出口更多的产品数量还是投资于产品质量？

$$\ln(price_{ijt}) = \alpha_1 \ln(ranking_{it}) + \varphi_t \quad (3-12)$$

其中，i 表示企业，j 表示产品，t 表示年份，$\ln(price_{ijot})$ 表示企业 i 在 t 期 j 产品出口到 o 国的单位平均价格的对数，$\ln(ranking_{it})$ 则表示按企业 i 在 t 年的总出口额的排名，出口额越大则排名越靠前，$\ln(ranking_{it})$ 的值就越小。当 $\alpha_1 > 0$ 时，则表明出口产品价格与出口额呈现反比关系，该多产品企业实行数量竞争策略；当 $\alpha_1 < 0$ 时，则表明出口产品价格与出口额呈现正比关系，该多产品企业实行质量竞争策略。此外，φ_t 为年度固定效应。同时，加入竞争策略的虚拟变量（$competitive\_strategy_{it}$），数量竞争策略取 0，质量竞争策略取 1，以比较两种竞争策略下核心站点 300 千米范围内企业与范围外企业出口产品偏度的差异。由表 3-10 第（3）列可知，当加入 $treat_i \times post_t \times competitive\_strategy_{it}$ 交互项，在数量竞争策略下（$competitive\_strategy_{it} = 0$），中欧班列的开通使 300 千米内的企业出口偏度比范围外企业提高 2.21%，表明选择数量策略的企业比范围外企业更专注于核心产品。但是，质量竞争策略下

($competitive\_strategy_{it}=1$），中欧班列的开通使 300 千米内的企业出口偏度比范围外企业下降 1.36%[①]，企业更有动机增加产品出口，与埃克尔等（Eckel et al.，2015）的结论一致。可能的解释是：中欧班列的开通因欧洲市场消费水平较高和国内产业转移，鼓励企业出口机械制品、电子产品等具有高增加值的产品，最终导致增加了高增加值（质量竞争策略）产品的出口，而降低了低增加值（数量竞争策略）产品的出口，最终影响企业出口产品组合。

表 3-10　　　　　　　　　　竞争策略比较

变量	$\ln skewness_{it}$ 数量竞争策略	$\ln skewness_{it}$ 质量竞争策略	$\ln skewness_{it}$ 综合
$treat_i \times post_t$	0.0176 ** (0.0082)	0.0124 (0.0160)	0.0221 *** (0.0056)
$treat_i \times post_t \times competitive\_strategy_{it}$			-0.0357 *** (0.0092)
$\ln size_{it}$	-0.0038 (0.0058)	-0.0043 (0.0115)	-0.0110 *** (0.0037)
$\ln asset\_liability\_ratio_{it}$	-0.0056 (0.0045)	-0.0273 *** (0.0071)	-0.0125 *** (0.0028)
$exist_{it}$	0.0007 (0.0005)	0.0011 (0.0009)	0.0001 (0.0003)
$\ln cost_{it}$	-0.0324 *** (0.0108)	-0.0163 (0.0222)	-0.0232 *** (0.0070)
$\ln tfp_{it}$	-0.0097 (0.0107)	-0.0229 (0.0227)	-0.0194 *** (0.0070)
$\ln pgdpd_t$	0.0506 *** (0.0050)	0.0528 *** (0.0090)	0.0414 *** (0.0031)
$\ln reerd_t$	-0.0551 (0.0694)	0.0388 (0.1281)	0.0333 (0.0445)
常数项	-0.9063 *** (0.0616)	-0.9901 *** (0.1116)	-0.7010 *** (0.0399)

① $\dfrac{\partial \ln \ln skewness_{it}}{\partial (treat_i \times post_t)} = 0.0221 - 0.0357 \times competitive\_strategy_{it}$。

续表

变量	lnskewness$_{it}$		
	数量竞争策略	质量竞争策略	综合
Year Fe	是	是	是
Product Fe	是	是	是
Year × Product Fe	是	是	是
样本数	71680	18433	142693
R^2	0.2316	0.3157	0.2032

注：括号内表示聚类到企业的标准误，*、**、*** 分别表示10%、5%、1%的显著性水平。
资料来源：模型回归结果。

3.3.1.6 安慰剂检验与稳健性检验

（1）安慰剂检验。

本节进行多期 DID 的安慰剂检验，在变量年份（year）中抽取总样本10%的数据作为企业的政策时间，为企业随机抽取2007~2014年中的某一个年份作为其政策时间，重复进行500次模拟。由图3-4可以看出，安慰剂结果估计系数在0附近区间波动，而本节估计的真实系数为0.0101，两者存在显著差异，表明本节结果通过了安慰剂检验，结果是稳健可靠的。

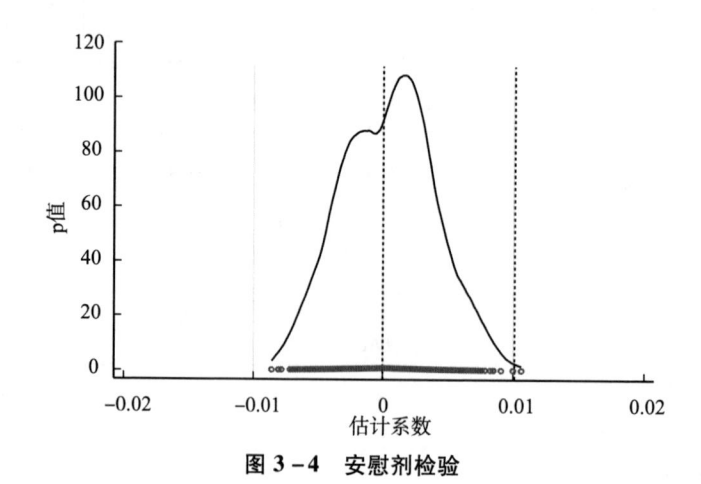

图 3-4 安慰剂检验

资料来源：模型回归结果。

(2) 稳健性检验。

为了进一步验证本节基准模型回归结果的稳健性，本节采用不同的因变量和估计模型进行回归估计。根据迈耶（Mayer et al., 2020），测算出口产品偏度（$lnskewness_{it}$）也可使用阿特金森（Atkinson）指数衡量企业 i 在行业 I 出口核心产品的比重，选取该指数是为了在量化部分对总体偏度的贡献，具有更大的灵活性。测算方式如下：

$$A_{i,d,t}^{I,\eta} = 1 - \frac{1}{\bar{x}_{idt}^I}\left[\frac{1}{N_{idt}^I}\sum_{p\in I}(x_{idt}^p)^{\frac{1}{1-\eta}}\right], \quad \bar{x}_{idt}^I \equiv \frac{\sum_{p\in I} x_{idt}^p}{N_{idt}^I} \quad 0 \leq \eta \neq 1$$

(3 – 13)

其中，i 表示企业，d 表示目的国，t 表示年份，p 表示产品，I 表示行业，而参数 η 通常称为不平等厌恶参数，因为值越高，分布低端产品的权重越大。随着 η 的增加，相对于表现最好的产品，表现较差的产品的分布更受重视。本节选取 $\eta=2$ 进行计算。同时，N_{idt}^I 表示企业 i 在 t 年出口 d 国在 I 行业总体的出口贸易种类，$\bar{x}_{idt}^I$ 表示行业 I 的出口额加总，x_{idt}^p 表示企业 i 在 t 年出口 d 国产品 p 的出口额。

同时，为了通过改变估计方法验证基准结果的稳健性并根据极大似然估计的优势——收敛性。如果样本够大，理论上可以接近无偏估计，本节采用工企海关匹配数据具备样本量大的特点；因此，本节采用高维 poisson 回归估计中欧班列开通对多产品企业出口产品偏度的影响，与普通最小二乘不同，高维 poisson 也可能导致偏差过大，因此作为次优的模型进行重新估计。由表 3 – 11 可知，替换因变量（$lnatkinson_{it}$）和估计模型（poisson 回归）后的结果与基准模型回归结果基本一致。由第（2）列可以看出，中欧班列的开通，300 千米以内的企业比范围外企业 Atkinson 指数提高 4.22%，在 1% 的水平上显著，表明企业更倾向于出口并销售其表现最好的（核心）产品。第（3）列表明，在 poisson 回归下，出口产品偏度比范围外企业提高 0.63%，在 5% 的水平性上显著。两组结果的系数方向和显著性水平与基准结果保持一致，表明本节的基准回归结果是稳健且可靠的。

表 3-11　　　　　　　　　　稳健性检验

变量	(1) 基准结果 $\ln skewness_{it}$	(2) 替换因变量 $\ln atkinson_{it}$	(3) poisson 回归 $\ln skewness_{it}$
$treat_i \times post_t$	0.0099 ** (0.0046)	0.0422 *** (0.0097)	0.0063 ** (0.0032)
$\ln size_{it}$	-0.0104 *** (0.0031)	0.0294 *** (0.0072)	-0.0057 *** (0.0021)
$\ln asset\_liability\_ratio_{it}$	-0.0141 *** (0.0023)	-0.0097 * (0.0056)	-0.0104 *** (0.0016)
$exist_{it}$	-0.0006 ** (0.0003)	-0.0010 ** (0.0005)	-0.0005 *** (0.0002)
$\ln cost_{it}$	-0.0337 *** (0.0057)	-0.0156 (0.0127)	-0.0219 *** (0.0039)
$\ln tfp_{it}$	-0.0065 (0.0056)	0.0269 ** (0.0127)	-0.0051 (0.0038)
$\ln pgdp_{dt}$	0.0391 *** (0.0027)	0.0041 (0.0026)	0.0285 *** (0.0019)
$\ln reer_{dt}$	0.0288 (0.0395)	0.0155 (0.0296)	0.0187 (0.0275)
常数项	-0.5912 *** (0.0341)	-1.3485 *** (0.0435)	-0.8055 *** (0.0238)
Year Fe	是	是	是
Product Fe	是	是	是
Year × Product Fe	是	是	是
样本数	176342	427016	176342
R^2	0.1947	0.4923	/

注：括号内表示聚类到企业的标准误，*、**、*** 分别表示10%、5%、1%的显著性水平。由于高维 poisson 回归设定中因变量必须大于等于1，因此泊松回归中采用 $\ln(skewness_{it} + 1)$ 代替原有因变量。

资料来源：模型回归结果。

3.3.1.7 小结

欧洲市场整体收入水平高、需求层次多样，是中国最大的出口目的地。

随着"一带一路"倡议推进，中欧陆路运输突飞猛进。中欧班列的开通及常态化运行拓宽了中国对外开放格局，弱化了中国企业出口对海运、空运等运输方式的依赖，扩展了我国对外贸易企业出口空间。中欧班列开通对中国企业出口欧洲市场发挥着重要的作用。

本节以多产品企业为分析对象，考察了2007~2014年中欧班列开通对中国沿线企业出口产品偏度的影响。研究结果表明，随着中欧班列核心站点的开通，站点300千米以内的企业比范围外企业缩减出口产品种类，更倾向于集中出口并销售其表现最好的产品。同时，进一步区分一般贸易和加工贸易，结果表明，对一般贸易产品，300千米以内的企业比范围外企业更倾向于出口核心产品，而加工贸易企业虽然出口种类显著增加，但对产品偏度的影响并不明显。中欧班列的开通对中国多产品企业出口偏度影响主要通过竞争效应产生作用。也就是说，中欧班列开通，加剧了出口目的国市场的市场竞争，一般贸易企业更倾向于缩减出口产品种类，出口并销售其表现最好的产品。本研究提供了中欧班列开通对多产品企业出口产品偏度（产品组合）的经验证据，丰富了相关研究。

3.3.2 目的国市场规模、二元产品市场与中国多产品企业出口产品组合

3.3.2.1 引言

多产品企业的出口产品组合与目的国市场的规模紧密相关（Mayer et al., 2014，2020）。本节提出了一个新颖且独特的影响多产品出口产品组合的视角：目的国市场规模扩大。近期的研究表明，正向目的国市场规模扩大会显著提高多产品企业的出口产品组合（袁莉琳等，2020）。然而，2001年我国加入WTO后，企业外贸出口呈现"二元产品市场"的模式：一方面，一些企业仍以人口红利优势生产并出口加价低、生产率低的产品，以短期绩效和经营利润为目的，通过出口退税政策和规模效应占据市场份额（黄先海

等，2016），"以量取胜、低价竞争"成为WTO早期企业"走出去"的主要方针；另一方面，一些企业则更加关注在国际市场"话语权"，锁定高端产品市场，更集中于出口高增加值的产品。前者位于二元产品市场分布的底端，以市场换技术；后者则越过价格竞争的门槛或天生国际化以创新、技术谋地位。本节将具有中国特色的二元产品市场融入正向目的国市场规模扩大对多产品企业出口产品组合的影响的研究，并进一步分析对劳动生产率的影响。

2019年，国家发展改革委等部门发布《进一步优化供给推动消费平稳增长促进形成强大国内市场的实施方案（2019年）》，提出着力引导企业顺应居民消费升级大趋势，加快转型升级提升供给质量和水平，以高质量的供给催生创造新的市场需求，更好满足人民群众对美好生活的向往，促进形成强大国内市场，推动消费平稳增长。该方案表明，需求水平的提高能够有助于供给侧进行产业转型升级，最终提高多产品企业的核心竞争力。随着中国多产品企业深入参与WTO，越来越多的企业更加关注自身产品价值的提升，更加注重中高端产业链市场，有助于实现我国外贸高质量发展。中国多产品企业出口200多个国家或地区，目的市场间存在着明显差异，如非洲市场和欧洲市场可能市场规模存在较大差异，最终会影响不同目的地市场的企业出口行为的调整。

然而，当前全球资源配置进展缓慢且阻力巨大。如何解决全球经济发展问题？美国、欧盟和中国提出了各自解决方案：美国——采取"自由放任"的措施，通过自由市场调节全球资源配置不合理的局面；欧盟——主动降低资源消耗，要求各国减少碳排放以维持发展平衡；中国——主动挖掘市场潜力，扩大基础设施对外投资，推动资源配置效率。以上三种方案主要基于各经济体的优势，美国通过金融市场维持美元的核心地位，而欧盟国家产业主要以碳排放低的高增加值产业为主，中国具有"产业链完备"优势，加强基础设施有利于提高目的国市场的需求潜力。当前中国处于产业升级的攻坚期，《中国制造2025》提出在未来发展阶段中国产业链将向中高端发展。因此，外部需求的变化既能带动全球经济活力，更能推动全球资源配置，我国多产品企业更多出口将更加集中于中、高端产业链的产品。

本节使用2008~2014年工业企业海关匹配数据，通过多元回归考察目的国市场需求变化对中国多产品企业出口产品组合影响。识别多产品企业出口行为是否受到目的国市场变化的影响存在挑战，因为中国工业企业和海关微观企业数据中缺少直接证据。本节根据目的国市场的GDP的变化作为目的国市场规模扩大的代理变量。进一步，为了有效识别二元产品市场的分布，本节根据在同一组HS6分位的产品单价的排序判断产品位于二元产品市场结构的位置，这么设计的依据在于：第一，单价的变化是市场需求变化的反应，能够有效捕捉目的国市场的变化。第二，同一组HS6分位下的产品在用途和分类中没有明显的差别，但价格的差异能够集中反映出产品在价值、需求层次的显著差异，如苹果手机和诺基亚手机尽管在相同的HS6位编码类别下，但是价格差异明显，本质为产品属性的差异（Bernard et al.，2011）。

本节认为目的国市场需求的变化带来的多产品出口企业产品组合调整至少存在两种可能的作用机制。第一，竞争效应。目的国市场需求提高导致更多的企业涌入出口市场，企业出口份额提高。根据迈耶等（Mayer et al.，2014）和冯等（Feng et al.，2017）的模型预测企业间纷纷挤占市场份额，加剧市场竞争，最终导致企业缩减出口产品范围，将出口集中于其销量表现最好的产品，导致出口产品组合上升。第二，数字化水平。目的国市场需求的变化能够通过数字化发展促进企业间的贸易，最终影响企业出口产品组合。主要是由于：一方面，目的国需求的提升会倒逼地区数字化贸易发展，随着目的国市场和国内市场数字化水平的提高，企业之间的贸易更加畅通，信息通畅程度不断提升，提高了企业出口的效率，最终影响出口产品组合；另一方面，目的国和国内市场的数字化水平能够在一定程度上反映贸易的便利化程度，企业通过双边跨境电商平台参与出口，有效降低企业的交易成本，实现外部经济，最终影响企业的出口行为。

本节的目的在于就目的国市场需求对产品组合的影响进行更为普遍和精确的估计，进而为评估近年来中国企业对外贸易的成效提供一个来自微观层面的证据。本节的主要贡献包括以下几个方面：第一，本节贡献于多产品企业出口产品组合优化的相关研究。已有研究分析了正向需求冲击对产品组合的影响（段文奇、刘晨阳，2020），以上学者所采用的样本为 2000~2006 年样本，而本节则考察 2008~2014 年深度参与 WTO 后的企业出口行为变化。

第二，本节基于微观数据考察目的国市场需求冲击对多产品企业出口行为的个体影响，在一定程度上打开了正向需求冲击影响贸易增长和企业提升核心竞争力的"黑箱"，重点考察了竞争效应和数字化水平，从全新的机制考察正向需求冲击与产品组合的关系。

第三，本节首次将二元产品市场理论应用到探究正向需求冲击对多产品企业产品组合调整决策上，识别同组 HS6 分类下不同属性的产品，并深度考察不同价值的产品的出口行为是否在正向需求冲击下存在差异性，丰富了正向需求冲击对企业出口行为的相关理论。

3.3.2.2 目的地市场需求冲击对多产品企业出口产品组合影响的理论分析

异质性企业贸易理论（Melitz，2003）隐含的假定为：成本加成是外生给定的，无法对成本加成进行内生化处理。这可能导致如下问题：价格弹性（σ）是恒定的，因此无法识别竞争加剧对产品决策的影响。如何内生化成本加成并识别贸易的竞争效应？相关学者进行了探究：首先，市场结构假定角度（Parenti et al.，2018）；其次，效用函数角度主要为超对数偏好（Arkolakis et al.，2012；Feenstra and Weinstein，2017）、拟线性需求函数（Melitz and Ottaviano，2008；Mayer et al.，2014）两种。同时，在正向需求冲击的视角下，迈耶等（Mayer et al.，2020）、季鹏等（2021）分别运用 MSLD（马歇尔第二需求定律）和拟线性需求模型来估计需求冲击与产品组合之间的关系。而本节则采用实证模型估计正向需求冲击对多产品企业出口产品组合的影响，同时融入二元产品市场理论进行研究。

（1）二元产品市场。

二元产品市场，本节是指同类别（HS6 分位）的产品之间在价值、质量以及知名度等方面存在较大的差异性。对于来自不同偏好的需求，马斯洛（Maslow，1943）提出马斯洛需求层次理论，将人类的需求分为五个层次：生理（食物和衣服）、安全（工作保障）、社交需要（友谊）、尊重和自我实现。这种五阶段模式可分为不足需求和增长需求：以传统汽车行业为例，价格区间差异巨大，从消费需求市场的角度进行分析，将同一类别起步价和高昂价的汽车进行对比，前者的需求偏好往往为代步、工作保障的需要，而后者则更多体现社交、自我实现的需要，尽管该两种汽车在HS6位编码上不存在差异，但在价格、质量上存在明显差异。目的国市场需求冲击发挥二元产品市场效应的逻辑（如图3-5所示）。

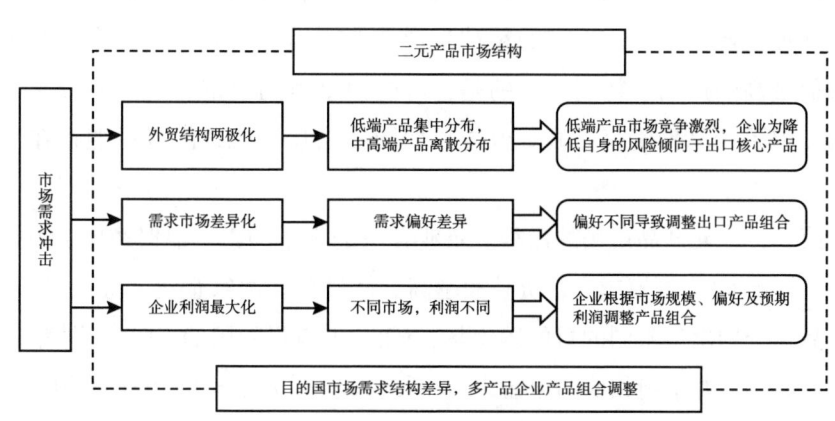

图3-5 目的国市场需求冲击、二元产品市场与出口产品组合调整的内在逻辑
资料来源：笔者整理绘制。

第一，二元产品市场的制度安排：多产品出口企业的外贸结构。一方面，2001年中国加入WTO以来，多产品企业逐步参与全球贸易分工。但是，大部分企业位于产业链、价值链的低端，通过生产加工以初级产品为主。由于我国劳动力成本较低，因此通过"人口红利"出口并销售"价低量多"的低端产品，同时市场中也存在一定进入中高端市场的企业。另一方面，在贸易开放初期，政府为鼓励企业"走出去"，实行优惠的出口退税政策，鼓励许多企业参与国际市场，同时降低了出口市场进入门槛。基于这两方面，我国

形成了显著区别于发达市场的出口产品结构，呈现"低端产品出口为主，少部分产品为中高端产品"的局面。

第二，二元产品市场的基础：目的国市场的需求偏好差异。中国多产品企业出口 200 多个国家或地区，目的国市场存在较大差异。根据非位似偏好理论，消费者对于产品的偏好具有明显差异，这种差异会改变企业出口产品决策。从需求维度来看，人均收入的变化会导致企业出口产品组合发生变化（孙林等，2019）。因此，本节通过研究 200 多个国家或地区的目的国市场差异，能够有效捕捉需求层面发生的变化。如非洲市场和欧洲市场之间可能存在明显差异，前者主要消费低增加值产品以满足自身的生存、安全需要，因此企业则主要出口并销售增加值较低的产品，而后者主要消费高增加值产品以满足更高的精神生活需要，因此企业则主要出口并销售增加值较高的产品。特别强调的是，可能两个目的地市场的产品分类是一致的，但是产品价值存在显著差异，如同样出口手机，两者可能存在明显差异。

第三，二元产品市场的途径。企业自身的根本动力。根据经典引力模型可知，两地 GDP 规模越大，贸易额越高。假设存在两家企业 i 和 j 生产相同的产品，分别出口不同的目的国市场，i 和 j 出口目的国的 GDP 分别为 g_i 和 g_j（$g_i < g_j$），并承担相同的运输成本和贸易成本。由于 i 和 j 的目的地市场间市场规模存在着差异，因此对于产品的偏好可能存在差异。从低端产品角度考虑，i 企业面临的目的地市场更加偏好该产品，能够获得更大的利润，因此对于此类市场多产品企业会出口并销售其核心低端产品，反之亦然。因此，目的地市场对于企业的出口产品组合能够通过偏好的差异或市场规模的不同造成影响。

（2）研究假说。

目的国市场需求的增加为多产品企业出口提供了更大的市场潜力，根据二元产品市场和 MSLD 理论，正向需求冲击会导致多产品企业更有动机出口并销售其核心产品，以占据更多的市场份额（见图 3-6）。

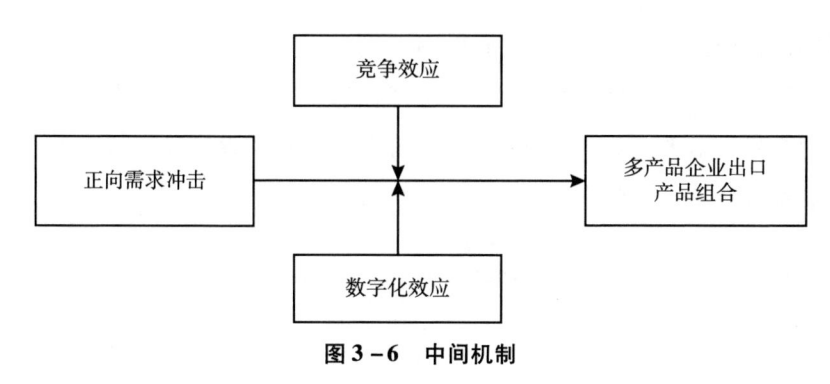

```
                  ┌──────────┐
                  │  竞争效应  │
                  └─────┬────┘
┌──────────┐            ↓             ┌──────────────┐
│ 正向需求冲击│ ──────────────────────→ │多产品企业出口 │
└──────────┘            ↑             │   产品组合   │
                  ┌─────┴────┐        └──────────────┘
                  │ 数字化效应 │
                  └──────────┘
```

图 3-6 中间机制

资料来源：笔者整理绘制。

假设 H3-4：目的国市场需求的正向冲击能够显著影响多产品出口企业的产品组合。

目的国需求的正向冲击使更多中国多产品企业涌入出口市场，加剧了在目的国的市场竞争。首先，基于低成本竞争策略，企业为降低产品的边际成本，从而专注于核心产品的出口以提高市场份额，通过规模效应提高企业的竞争力；其次，基于集中优势竞争策略，企业能够集中资源生产并销售某一种产品，尤其对于中小企业而言能够扩大其生存与发展的空间。同时，基于二元产品市场，出口企业主要以低端产品为主，产品间的差异较小，更加加剧了市场的竞争，呈现"公地悲剧"的特点——尽管市场规模不断扩大，但是涌入的企业更多，企业间采取低价竞争的恶性循环导致了竞争加剧。因此，面临激烈的市场竞争下，企业更有动机集中于核心产品的生产与销售。

假设 H3-5：目的国市场的正向需求冲击加剧了出口市场的竞争效应，多产品企业削减企业内产品种类，更加专注于核心产品的生产，预期符号为正。

目的国市场需求的增长倒逼出口市场和进口市场数字化程度提升，出口企业运用跨境电商平台具有以下优势：第一，降低交易成本。出口企业通过跨境电商平台能够降低交易成本，目的国市场能够有效锁定需要产品。第二，提高信息透明度。出口企业通过加入数字化贸易平台，能够使企业实现内部资源的优化配置，提高企业的经营效率。

假设 H3–6：目的国市场的正向需求冲击提高了企业出口市场和目的国市场的数字化水平，多产品企业能够更有效地实现资源配置，倾向于出口并销售其核心产品，预期符号为正。

3.3.2.3 数据来源和实证设计

（1）样本选择及数据来源。

由于 2007 年部分企业会计准则发生了变更，为保持数据的可比性，本节使用 2008~2014 年中国工业企业和海关数据库，参考余淼杰（2013）根据企业名称和年份进行一对多匹配。对匹配后的数据做如下处理：①剔除流动资产和固定资产大于总资产的样本量；②剔除企业名称的缺失值；③剔除企业开通月份大于 12 或小于 1 的样本；④保留出口产品的样本；⑤剔除控制变量小于 1% 分位和大于 99% 分位的观察值；⑥样本聚类到企业层面处理。工业企业海关数据匹配和处理后，共计 118134 家企业和 10087970 个观测值。

（2）变量说明。

①被解释变量（$lnskewness_{it}$）：出口产品组合测算的方法主要有四种方法，企业内产品最大销售额占总销售额比重、企业内产品最大销售额与第二销售额之比、泰尔指数和阿特金森指数。销售额最大产品占总销售额比重的优势在于直观评估核心产品销售额比重，同时便于计算对数据要求不高，局限性在于对产品所属行业不进行区分。泰尔指数和阿特金森指数一般只能计算目的国行业层面的出口产品集中度。本节参考迈耶等（Mayer et al., 2014）的方法，使用产品最大销售额占总销售额比重衡量企业的出口产品组合，并将泰尔指数作为出口产品组合的代理变量进行稳健性检验。

$$lnskewness_{it} = \frac{\max(\exp_{iht})}{\sum_{h} \exp_{it}} \quad (3-14)$$

其中，$\sum \exp_{iht}$ 和 $\max(\exp_{iht})$ 分别表示企业 i 所有产品类（h）在 t 年的总出口额和所有类别 h 中产品销售最大产品的出口额。式（3–14）表明，如果产品最大销售额占总销售额比重越大，出口产品组合更大，企业更倾向于出口并销售其销量表现最好的（核心）产品，企业内资源向核心产品配置。

②核心解释变量（GDP_{idt}）：目的国市场的需求冲击。工业企业数据库和海关数据库中缺乏目的国市场的 GDP 信息难以捕捉目的国市场的需求冲击，因为本节将世界银行数据库各国的 GDP 数据与工业企业海关数据库进行匹配。同时，由于多产品企业出口产品可能目的地对应多个市场，因此本节采用企业 i 在 t 年出口产品的目的地 d 的 GDP 中位数作为企业层面所受到的目的国市场冲击。这与迈耶等（Mayer et al.，2014）所采用的截面数据的 GDP 衡量方式存在显著差异。

③中间机制变量：本节认为目的国市场规模扩大影响多产品企业的产品组合可能的中间机制主要由竞争效应和数字化水平主导。首先，本节以企业 i 出口市场在 HS4 分位行业中市场份额作为竞争效应程度的代理变量，以识别可能的目的国市场规模扩大所带来的出口市场的竞争加剧；其次，本节以企业所在省份的数字化水平和目的国的数字化水平的耦合表示企业层面的数字化水平，能够在一定程度上识别目的国市场规模扩大下通过数字化水平的变化影响多产品企业的产品组合。

④其他控制变量：第一，企业规模对产品的进入和退出（扩展贸易边际）产生显著影响（Bernard et al.，2010），同时企业出口欧洲市场以机械、电子等资本密集型的产品为主，选取企业总资产作为企业规模的代理变量。第二，控制企业的资产负债率。面临不同财务压力的企业在出口绩效表现上存在明显差异（Feenstra and Romalis，2014），选取负债与资产的比重来控制企业经营活动的能力。第三，控制企业经营年数。新进入企业与存活企业出口行为存在差异，可能影响企业的产品决策（Bems and Giovanni，2016）。第四，控制企业间的成本差异。产品之间的成本存在差异，生产核心产品的成本最低，扩展到边缘产品成本逐渐升高呈"阶梯形"分布（Mayer et al.，2014）。第五，控制企业劳动生产率。企业的能力存在明显差异，可能会影响其出口产品决策。第六，目的国市场规模扩大也对出口企业的产品组合产生

显著影响（Mayer et al.，2020），因此加入人均收入进行控制。第七，实际有效汇率变化会影响出口产品组合（Chatterjee et al.，2013），加入目的国实际有效汇率进行控制。第八，组织效率也会影响产品组合（易靖韬和蒙双，2018），本节加入管理费用与利润的比值作为组织效率的代理变量进行控制。具体变量如表3-12所示。

表3-12　　　　　　　　主要变量说明及预期符号

变量	变量说明	数据来源	预期符号
出口产品组合（$lnskewness_{it}$）	企业i在t年最大产品出口额占总出口额的比重	中国海关数据库	/
目的国市场的需求冲击（$lnGDP_{idt}$）	企业i在t年出口产品的目的地d的GDP中位数	中国工业数据库、地图开放平台	+
企业规模（$lnsize_{it}$）	企业i在t年的总资产	中国工业企业数据库	−
资产负债率（$lnasset\_liability\_ratio_{it}$）	企业i在t年的总负债与总资本的比率	中国工业企业数据库	+
经营年数（$exist_{it}$）	企业i在t年的经营年数	中国工业企业数据库	+
主营业务成本（$lncost_{it}$）	企业i在t年的主营业务成本	中国工业企业数据库	−
组织绩效（$lnmp_{it}$）	企业i在t年管理费用与总利润的比率	中国工业企业数据库	−

资料来源：笔者整理编制。

（3）变量描述性统计。

①描述性统计。

由表3-13可知，由于企业出口组合（$lnskewness_{it}$）的范围在[0，1]之间，标准差为0.6032，表明企业之间的出口组合具有显著差异。同时，目的国市场的需求冲击（$lnGDP_{idt}$）的极差（最大值与最小值之差）为11.5306，均值为27.6204，这表明多产品企业出口的目的国市场主要以发达国家为主，同时目的国的经济水平存在显著差异，为本节考察目的国市场需求变化对多产品的产品组合的影响提供了数据支持。描述性统计结果如表 3-13 所示。

表 3-13　　　　　　　　　　　　描述性统计

变量	样本数	平均值	标准差	最小值	最大值
$lnskewness_{it}$	317808	-0.9395	0.6032	-5.4799	-0.0000
$lnGDP_{idt}$	317749	27.6204	1.2627	18.9641	30.4947
$lnsize_{it}$	317782	11.1309	1.3560	2.1972	19.1665
$lnasset\_liability\_ratio_{it}$	278584	-0.7249	0.7902	-11.9394	3.8850
$exist_{it}$	317808	10.1765	7.0844	1	114
$lncost_{it}$	317808	10.9162	1.4640	4.7621	20.1600
$lnmp_{it}$	263619	0.0948	1.7507	-9.8653	10.2725

资料来源：模型回归结果。

②典型事实。

第一，目的国市场需求与出口产品组合。

迈耶等（Mayer et al.，2014）研究认为目的国的市场规模的变化会显著提升多产品企业的出口产品组合。主要原因在于：市场规模的变化会提高出口市场的竞争强度，最终影响多产品企业的出口产品组合。由于多产品企业的销量最高的核心产品为边际成本最低的产品，因此随着市场竞争的加剧，企业为降低自身的贸易风险，往往倾向于出口并销售其边际成本最低的产品。而迈耶等（Mayer et al.，2014）主要关注是法国出口市场下多产品企业与欧盟市场贸易的出口行为的变化，而本节主要聚焦于中国出口 200 多个目的国的出口行为变化。与法国多产品企业不同，中国多产品企业覆盖的产业链、价值链范围更高，结构更加复杂，因此目的国市场需求与多产品企业出口产品组合的关系需要进一步验证。如图 3-7 所示，随着我国多产品企业目的国市场规模的扩大，中国多产品企业更倾向于出口并销售其核心产品，与迈耶等（Mayer et al.，2014）的结论一致。

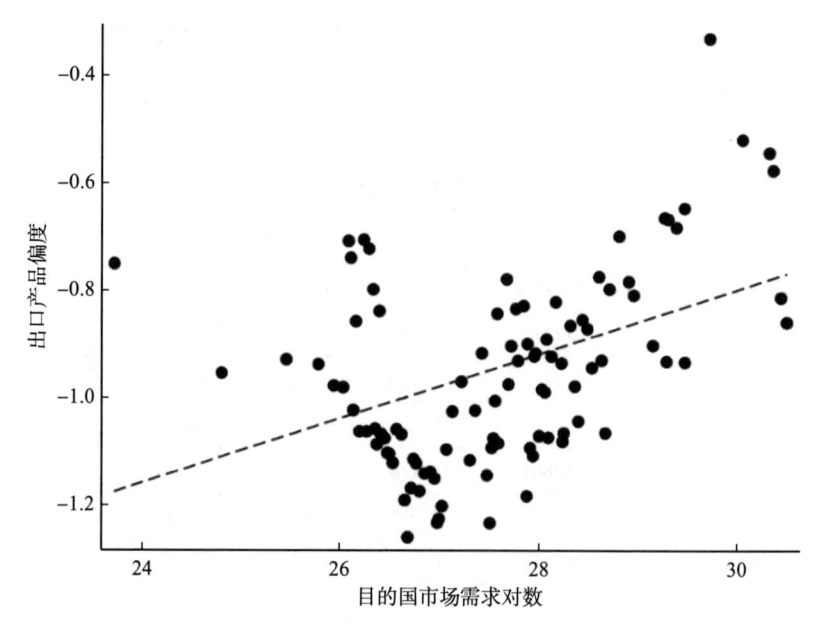

图 3–7　目的国市场需求与多产品企业出口产品组合

资料来源：笔者整理绘制。

第二，生产率与产品价值。

通过二元产品市场理论，本节认为中国多产品企业出口结构呈"正三角"形状，即为"低端产业链占比更大，高端产业链占比较小"。随着中国深度参与全球贸易分工，企业转型升级与产业链跃升相协同，低端产业链逐渐缩小而中高端产业链则逐步扩大。如图 3–8 所示，与美国产业链"空心化"（主要出口中高端产品，而低端产品向发展中国家转移），中国多产品企业主要出口中低端产品，主要表现为"生产率低、产品价值低"的特点。

进一步，是否劳动生产率低的企业所出口的产品一定是低增加值的？相关学者提出"生产率之谜"和"低加成率之谜"，认为随着中国加入 WTO，出口企业的生产率和加价率反而降低主要是因为出口退税政策和规模效应导致（黄先海等，2016）。而本节提出了不同的观点，即中国的出口结构本身就呈现"低端产品为主，中高端较少"的特点，因此随着贸易自由化或市场规模的扩大，加剧了低端产品的出口，在整体上降低了多产品企业的生产率和加价率。如图3-9所示，企业的生产率水平与产品的价值呈显著的正相关关系，这表明生产率较低的企业所出口的产品价值同样是较低的，符合本节二元产品市场理论的假设。

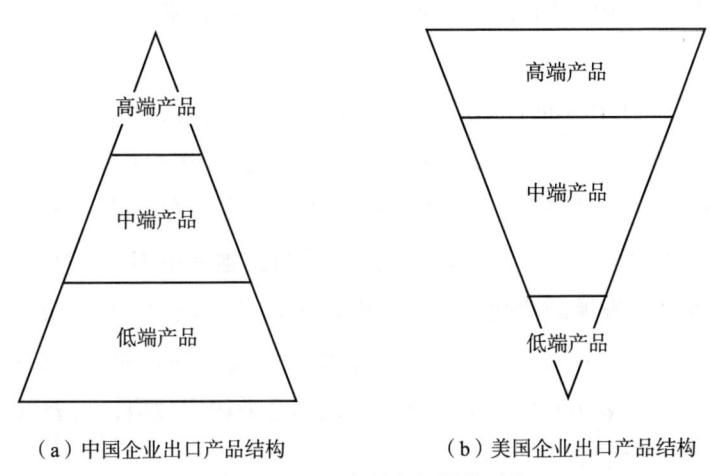

（a）中国企业出口产品结构　　　（b）美国企业出口产品结构

图3-8　二元产品市场结构对比

资料来源：笔者整理绘制。

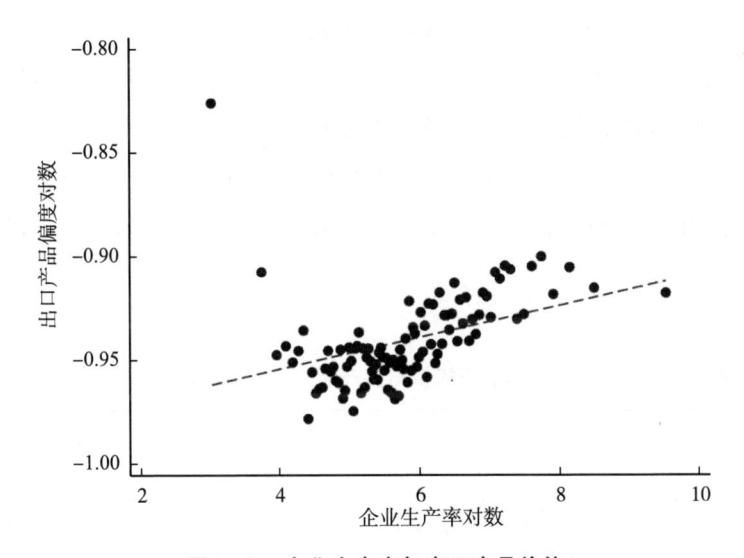

图3-9　企业生产率与出口产品价值

资料来源：笔者整理绘制。

(4) 基准模型构建。

本节通过多元回归模型评估目的国市场规模对多产品企业产品组合的影响,根据二元产品市场理论,本节认为目的国市场规模的扩大导致多产品出口企业的劳动生产率较低,因为涌入的产品主要以低端产品为主。基准模型设计如下:

$$\ln skewness_{it} = \beta_0 + \beta_1 \ln GDP_{idt} + X_{it} + \varphi_t + \lambda_c + \varepsilon_{ij} \quad (3-15)$$

其中,i 表示企业,t 表示年份,d 表示目的市场,c 表示行业。$\ln skewness_{it}$ 表示企业 i 在 t 期出口额最大的产品(核心产品)占所有产品出口额的比重的对数。$\ln GDP_{idt}$ 表示企业 i 在 t 年出口产品的目的地 d 的 GDP 中位数的对数,识别目的国市场规模的变化。同时,引入多产品企业的规模、资产负债率、经营年数、主营业务成本、劳动生产率和组织绩效等企业层面的控制变量(X_{it})。此外,φ_t 表示年度固定效应,λ_i 表示企业固定效应,ε_{it} 表示企业 i 在 t 年未被观测的随机误差项。

3.3.2.4 目的国市场规模对多产品企业产品组合影响的实证分析

(1) 目的国市场规模扩大对多产品企业产品组合影响。

本节主要研究多产品企业的出口产品组合,在借鉴二元产品市场理论的基础上,进一步验证目的国市场规模扩大对多产品企业的出口产品组合的影响。如表 3-14 所示,不断加入控制变量的多元回归实证结果研究发现,随着企业出口的目的国市场规模不断扩大,多产品企业更加倾向于出口并销售其核心产品。

表 3-14　目的国市场规模与多产品企业产品组合

变量	$\ln skewness_{it}$				
	(1)	(2)	(3)	(4)	(5)
$\ln GDP_{idt}$	0.0335 *** (0.0021)	0.0333 *** (0.0021)	0.0335 *** (0.0023)	0.0335 *** (0.0023)	0.0321 *** (0.0023)

续表

变量	ln*skewness*$_{it}$				
	(1)	(2)	(3)	(4)	(5)
ln*size*$_{it}$		-0.0207*** (0.0035)	-0.0240*** (0.0039)	-0.0240*** (0.0039)	-0.0169*** (0.0037)
ln*asset_liability_ratio*$_{it}$			-0.0011 (0.0030)	-0.0012 (0.0030)	0.0016 (0.0033)
exist$_{it}$				-0.0002 (0.0006)	-0.0000 (0.0006)
ln*cost*$_{it}$					-0.0087* (0.0046)
ln*mp*$_{it}$					-0.0066*** (0.0012)
常数项	-1.8840*** (0.0581)	-1.6533*** (0.0643)	-1.6420*** (0.0685)	-1.6404*** (0.0694)	-1.5929*** (0.0844)
Year Fe	是	是	是	是	是
Firm Fe	是	是	是	是	是
样本数	286503	286503	242444	242444	198637
R²	0.7688	0.7689	0.7748	0.7748	0.7848

注：括号内表示聚类到 CIC 行业的标准误，*、**、*** 分别表示 10%、5%、1% 的显著性水平。

资料来源：模型回归结果。

如表 3-14 第（1）~（5）列所示，当未加入任何控制变量时，企业出口目的国市场规模的扩大显著提高了多产品企业的出口产品组合，产品更加集中于核心产品。随着逐步加入企业层面的控制变量，企业层面目的国市场规模的扩大在 1% 的水平下显著提高了多产品企业的出口产品组合，结果是稳健的，与假设 H3-4 相一致。根据第（5）列结果表明，多产品企业所出口的目的国市场规模每上升 1%，企业销量最大的产品占总产品的比重上升 3.21%，市场规模的扩大使企业内资源由非核心产品向核心产品配置，提高了企业的竞争力。

(2) 进一步分析。

迈耶等（Mayer et al., 2021）构建 MSLD 模型将正向需求冲击与多产品企业产品组合相联系，研究发现来自目的国市场的需求变化会加剧市场竞争效应，边际成本更高的产品将被淘汰，企业出口的产品边际成本显著下降，最终提高出口产品组合，且提升企业的劳动生产率。因此，为了进一步间接验证市场规模变化对出口产品组合的影响，本节将考察目的国市场规模变化与企业劳动生产率之间的关系。

如表 3–15 中第（1）列、第（2）列所示，目的国市场规模的扩大在 1% 的水平上显著降低了企业的生产率，与迈耶等（Mayer et al., 2020）的研究结果大相径庭：具体而言，企业层面的目的国市场规模每上升 1%，多产品企业劳动生产率就下降 2.41%。主要原因本节考虑来自中国出口市场——二元产品市场结构，产品呈"正三角"形分布，按照产品价值分类，其中中低端产品为主，高端产品出口较少。因此，随着目的国市场规模的扩大，直接影响的企业出口产品的规模以及吸引更多的企业进入，这将加剧出口市场中低端产品的增加。由图 3–9 可以发现，企业劳动生产率与产品价值呈正比关系，因为高端产品的增加值更高，因此在 HS6 分位产品分类标准下，低端价值产品的增多会导致多产品企业整体的劳动生产率下降。

表 3–15　　　　　目的国市场规模与多产品企业劳动生产率

变量	lntfp_{it}	
	(1)	(2)
lnGDP_{idt}	-0.0765*** (0.0113)	-0.0241*** (0.0052)
控制变量	否	是
Year Fe	是	是

续表

变量	$\ln tfp_{it}$	
	(1)	(2)
样本数	314074	229538
R²	0.0216	0.3149

注：括号内表示聚类到 CIC 行业的标准误，*、**、*** 分别表示 10%、5%、1% 的显著性水平。

资料来源：模型回归结果。

进一步，为了验证二元产品市场的提前假设，本节将比较新进入企业与存活企业的生产率和产品价值。本节预期由于目的国市场规模的扩大，进入的多产品企业更多以低生产率和低增加值产品为主，因为进入门槛较低。如表 3–16 所示，新进入企业的生产率和产品价值都显著低于存活企业，这表明二元产品市场中市场规模扩大而引致的进入企业反而加剧了二元产品市场中高端产品和中低端产品的差异化。

表 3–16 新进入企业与存活企业生产率及产品价值比较

变量	新进入企业	存活企业
$\ln tfp_{it}$	5.78	5.81
product_value	14824.53	14936.37

注：括号内表示聚类到 CIC 行业的标准误，*、**、*** 分别表示 10%、5%、1% 的显著性水平。

资料来源：模型回归结果。

(3) 机制检验。

本节认为目的国市场规模扩大影响多产品企业产品组合至少存在两种可能的作用机制。第一，竞争效应。随着目的国市场的需求开放，伴随着企业的进入和市场份额的增加，显著增加了企业对欧洲出口市场占有率和扩展边际（新进入企业），从而缩减产品种类，聚焦于核心产品。第二，数字化效应。随着目的国市场需求的开放：一方面，在目的国市场视角下，市场规模的扩大能够倒逼进口企业提高数字化运用程度并扩大数字化开放，促进与出口市场的跨境贸易；另一方面，在出口市场视角下，目的国市场规模的扩大能够使多产品出口企业深入融入数字化平台，降低企业的贸易成本并促进信息传递，最终使企业内资源实现更优化的配置。

本节认为目的国市场规模扩大会加剧出口的竞争效应，借鉴刘和罗塞尔（Liu and Rosell, 2013）的做法，以企业在行业内（HS4 分类）出口额占中国对欧洲市场总出口额的比重（$share_{hs4_{it}}$）衡量竞争效应（见表3-17）。回归结果显示：在第（1）列、第（2）列中，交叉项系数均在1%的水平下显著。以上结果表明，目的国市场规模扩大对企业间（across firm）的竞争促进作用在经济上不显著，但是在竞争加剧的情况下多产品企业仍会通过专注于企业内（within firm）核心产品的生产从而提升多产品企业自身的核心竞争力，与假设H3-5基本一致。

表3-17 机制检验

变量	$lnskewness_{it}$			
	竞争效应		数字化程度	
	(1)	(2)	(3)	(4)
$lnGDP_{idt}$	0.0468 *** (0.0036)	0.0434 *** (0.0042)	0.0400 *** (0.0024)	0.0385 *** (0.0025)
$lnGDP_{idt} \times channel$	0.0012 *** (0.0003)	0.0010 *** (0.0003)	0.0057 *** (0.0014)	0.0040 ** (0.0016)
$channel$	-0.0343 *** (0.0072)	-0.0289 *** (0.0089)	-0.0005 (0.0182)	0.0117 (0.0188)
控制变量	否	是	否	是
Year Fe	是	是	是	是
Firm Fe	是	是	是	是

续表

变量	$\ln skewness_{it}$			
	竞争效应		数字化程度	
	（1）	（2）	（3）	（4）
样本数	286503	198637	272502	189892
R^2	0.7688	0.7848	0.7603	0.7763

注：括号内表示聚类到 CIC 行业的标准误，*、**、*** 分别表示 10%、5%、1% 的显著性水平。
资料来源：模型回归结果。

进一步，本节认为目的国市场规模扩大会促进进出口市场的数字化水平，本节借鉴阿里研究院发布的《2018 年全球数字经济发展指数》得到目的国层面的数字化发展指数的截面数据，该指数主要基于 150 个国家数字基础设施、数字科研、数字消费者、数字产业生态及数字公共服务 5 个指标进行测算得到。同时，为了考察国内各地区的数字经济发展程度，本节根据我国 31 个省区市（除港澳台地区）的数字基础设施、数字产业化水平、产业数字化水平、数字创新能力及数字贸易潜力 5 个指标得到中国各省数字贸易指数。通过将两种指数耦合相乘得到，进出口市场层面的数字化水平。回归结果（见表 3-17）显著：在第（3）列、第（4）列，交叉项系数均在 5% 的水平下显著。以上结果表明，目的国市场规模扩大能够提升进出口市场的数字化水平，通过数字化水平的提升使多产品企业内部资源实现优化配置，从而提升多产品企业自身的核心竞争力，与假设 H3-6 相一致。

（4）稳健性检验。

为了进一步验证本节基准模型回归结果的稳健性，本节采用不同的因变量和估计方法进行回归估计。根据迈耶等（Mayer et al., 2020），出口产品组合（$\ln skewness_{it}$）也可使用泰尔（Theil）指数衡量企业 i 在行业 I 出口核心产品的比重，选取该指数是为了在量化部分对总体组合的贡献，具有更大的灵活性。测算方式如下：

$$T_{i,d,t}^{I} = \frac{1}{N_{idt}^{I}} \sum_{s \in I} \frac{x_{i,d,t}^{s}}{\bar{x}_{idt}^{I}} \log\left(\frac{x_{i,d,t}^{s}}{\bar{x}_{idt}^{I}}\right), \quad \bar{x}_{idt}^{I} = \frac{\sum_{s \in I} x_{idt}^{s}}{N_{idt}^{I}} \qquad (3-16)$$

其中，$x_{i,d,t}^{s}$ 表示企业 i 在 t 年出口至 d 国的 s 产品总额，N_{idt}^{I} 表示行业 I 中的产品种类，$\bar{x}_{idt}^{I}$ 表示行业 I 中的企业 i 在 t 年出口至所有目的国的平均贸易额。同时，根据极大似然估计的优势——收敛性，采用高维泊松（$poisson$）回归估计目的国市场规模扩大对多产品企业出口产品组合的影响，与普通最小二乘不同，泊松回归也可能导致偏差过大，因此作为次优的模型进行重新估计。

由表 3-18 可知，替换因变量（$\ln atkinson_{it}$）和估计模型（泊松回归）后结果与基准回归结果基本一致，即在第（2）列、第（3）列中，GDP_{idt} 的系数分别为 0.0401（t = 6.08）和 0.0074（t = 2.18），在 1% 的水平下显著为正。结果表明，目的国市场规模扩大对多产品企业出口产品组合的促进作用是显著且稳健的。

表 3-18　　　　　　　　　　稳健性检验

变量	（1）基准结果 $\ln skewness_{it}$	（2）替换因变量 $\ln Theil_{it}$	（3）泊松回归 $\ln(skewness_{it}+1)$
GDP_{idt}	0.0321 *** (0.0023)	0.0401 *** (0.0066)	0.0238 *** (0.0014)
控制变量	是	是	是
Year Fe	是	是	是
Firm Fe	是	是	是
Year × Industry Fe	是	否	是
样本数	198637	96025	198637
R^2	0.7848	0.5770	—

注：括号内表示聚类到 CIC 行业的标准误，*、**、*** 分别表示 10%、5%、1% 的显著性水平。由于泰尔指数主要衡量行业层面的产品组合，为防止多重共线性没有加入年份－行业的交叉固定效应，同时高维泊松回归设定中因变量必须大于等于1，因此泊松回归中采用 $\ln(skewness_{it}+1)$ 代替原有因变量。

资料来源：模型回归结果。

3.3.2.5 小结

本节以多产品企业为分析对象,考察了2008~2014年目的国市场规模扩大对中国多产品企业出口产品组合的影响。研究结果表明,企业层面的目的国的市场规模每扩大1%,核心产品占比将上升3.21%,企业更倾向于集中出口并销售其表现最好的产品。同时,目的国市场规模的扩大对中国多产品企业出口组合影响主要通过数字化效应和竞争效应渠道产生作用。也就是说,目的国市场规模的扩大加剧了出口目的国市场的市场竞争,集中于销量表现最好的产品。本研究提供了目的国市场规模扩大对多产品企业出口产品组合(产品组合)的经验证据,丰富了相关研究。

第 4 章
中国自由贸易区战略与中国外贸产品质量

4.1 中国 FTA 战略与中国出口产品质量升级

4.1.1 引言

进入 21 世纪以来,美国金融危机、欧债危机、英国"脱欧"、中美贸易摩擦等各种"黑天鹅"事件纷至沓来,使得全球政治经济环境不稳定性显著增加,贸易政策不确定性[①]也由此急剧攀升。据贝克(Baker,2016)所构建的经济政策不确定指数(economic policy uncertainty,EPU)显示,2016 年全球经济政策不确定性已达到了历史最高位。面临这一窘境,以 WTO 为代表的全球多边贸易协调机制未能发挥降低贸易壁垒、削弱贸易政策不确定性的作用,相反它遭遇了重创而陷入停滞,全球贸易摩擦愈演愈烈。而以自由贸易区(FTA)为代表的区域协调机制却进展迅猛,并在区域范围内显著降低了

---

① 本节所指的贸易政策不确定性是指国家之间的贸易所处的无规则状态。

贸易政策的不确定性。中国政府近年来也加快了 FTA 战略的推进。截至 2018 年 3 月，中国政府已签署了 16 个自由贸易协定，涉及 24 个国家和地区。① 中国 – 东盟自由贸易区（China-ASEAN Free Trade Area，CAFTA）是发展中国家间规模最大的 FTA，2002 年 11 月 4 日双方通过《中国 – 东盟全面经济合作框架协议》（以下简称《框架协议》）且于 2003 年 7 月 1 日开始实施标志着 CAFTA 正式确定建立，2010 年 1 月正式建成中国 – 东盟自由贸易区。FTA 所带来的区域贸易政策不确定性的降低已经成为全球贸易复苏的重要砝码。

中国政府日益重视出口企业的产品质量。当前，中国经济已进入新常态，但中国出口企业的产品质量的提升却较为缓慢，"低质量、低价格"现象广泛存在（黄先海等，2016，2017），同欧美企业的出口产品质量相比较还存在较为明显的差距（孙林等，2014），甚至有陷入"低质量陷阱"的危险（李坤望等，2014）。为了尽快扭转这一不利现实，加快推进中国出口企业产品质量的提升，党的十八大提出要全面提高开放型经济水平，推动对外贸易从规模扩张向质量效益提高转变；党的十八届三中全会进一步提出"以周边为基础加快实施自由贸易区战略，形成面向全球的高标准自由贸易区网络"，推动中国对外贸易向全球价值链高端跃升。CAFTA《框架协议》在区域范围带来了贸易政策不确定性的显著降低。那么一个值得关注的问题是，在 CAFTA 框架下的贸易政策不确定性降低能否显著提升中国出口企业产品质量呢？

当前，贸易政策不确定性在国际贸易的研究中受到了越来越多的关注，通过对已有文献进行梳理发现，目前主流学界对于这一问题的关注主要集中在贸易政策不确定性对出口贸易、企业出口行为等方面的影响上（Osnago et al.，2015；Handley and Limao，2015，2017；Pierce and Schott，2016；钱学锋、龚联梅，2017；Feng et al.，2017；Carballo et al.，2018），此外，还有部分学者也开始关注贸易政策不确定性对产品价格、产品创新、就业及社会福利等的影响（佟家栋、李胜旗，2015；Pierce and Schott，2016；Handley and Limao，2017；Feng et al.，2017；Schott et al.，2017；Steinberg，2017）。

---

① 中华人民共和国商务部，https：//www.mofcom.gov.cn/index.html。

虽然有学者已经开始关注多边贸易体制下贸易政策不确定性对出口产品质量的影响，例如苏理梅（2016）、冯等（Feng et al.，2017）实证研究了中国入世所带来的贸易政策不确定性降低对中国出口美国的产品质量变动，但其研究仍然不够充分；另外，研究视角仍然是依赖于WTO多边贸易体系，且只考虑了贸易不确定性降低对中国销往美国的产品质量变动，而忽略了其对中国出口其他国家及地区的产品质量影响。这是本节研究问题的焦点。

虽然加入WTO可以在一定程度上降低贸易政策的不确定性，但实际上在WTO框架体系下的贸易仍旧存在巨大的贸易政策不确定性，集中表现为WTO的约束关税（bound tariff，BT）同最惠国关税税率（most favoured nation rate of duty，MFN）的差额（以下简称"水率"①）巨大（Handley，2014）。以2011年为例，全球平均进口商品的水率高达18%，由高收入国家的4%到中低收入国家的24%不等（Groppo and Piermartini，2014），这意味着出口企业面临的真实关税很可能在"水率"的范围内上下浮动，由此给出口企业带来了非常大的真实进口关税不确定性。而FTA的设立却可以以区域贸易协定的形式对成员国内部的关税、非关税壁垒进行更为严格的约束，进而有效降低乃至完全消除区内的贸易政策不确定性。这与中国建立自由贸易区比较晚有一定的关系。

本节将利用2001~2007年的中国工业数据库、海关微观企业贸易数据库，运用双重差分模型（DID）实证分析区域合作框架下贸易政策不确定性对企业出口产品质量的影响。

4.1.2 贸易政策不确定性与出口产品质量关系的理论分析与模型构建

本部分在汉德利（Handley，2014）、冯等（Feng et al.，2017）的模型框架基础上分析了贸易政策不确定性与出口产品质量之间的关系。

---

① 根据tariff water rate直译得到。

4.1.2.1 进口国代表性消费者的需求

我们分别用下标 c、j、f 来表示出口国、进口国、出口国企业，其中 c，$j \in 1, \cdots, N$，$f \in 1, \cdots, K$，国家 j 拥有消费者 M_j，这些消费者可以购买的商品集合为 Ω_j，Ω_j 对不同的国家不尽相同，我们假定进口国 j 代表性消费者的消费效用函数表示为

$$U_j = \left\{ \int_{\nu \in \Omega} \left[q_{cjf}(\nu) x_{cjf}(\nu) \right]^{\frac{\sigma-1}{\sigma}} d\nu \right\}^{\frac{\sigma}{\sigma-1}} \quad (4-1)$$

式 (4-1) 中，σ 表示种类之间的替代弹性，并且假定其满足 $\sigma > 1$；ν 表示产品种类；Ω_j 表示 j 国国内消费者可以得到的所有产品种类簇（包括国内生产和进口）；$q_{cjf}(\nu)$ 表示 c 国 f 企业出口到 j 国的产品种类 ν 的质量；$x_{cjf}(\nu)$ 表示 j 国对 c 国 f 企业种类 ν 的需求量。

对式 (4-1) 求解消费者效用最优化，得到关于种类 ν 的需求函数：

$$x_{cjf}(\nu) = Y_j q_{cjf}(\nu)^{\sigma-1} p_{cjf}(\nu)^{-\sigma} P_j^{\sigma-1} \quad (4-2)$$

式 (4-2) 中，$p_{cjf}(\nu)$ 表示 c 国 f 企业出口到 j 国的产品种类 ν 的价格；P_j 表示 j 国价格总指数，$P_j \left\{ \int_{\nu \in \Omega_j} \left[p_{cjf}(\nu) / q_{cjf}(\nu) \right]^{1-\sigma} \right\}^{\frac{1}{1-\sigma}}$；$Y_j$ 表示 j 国的总支出。

4.1.2.2 出口国代表性企业的供给

我们假定企业面临的是垄断竞争市场，且不同企业具有不同生产率 φ 和不同的产品质量 q，并进一步假定每个企业 f 选择生产一个异质产品种类 ν，仅需要劳动力这一种要素投入。从而，在 c 国，生产率为 φ、产品质量为 q 的企业 f 的边际生产成本函数可以表示为

$$C_{cjf}(\varphi, q) = \frac{q_{cjf}^{\eta} w_c}{\varphi_{cjf}} x_{cjf}(\nu) \quad (4-3)$$

式 (4-3) 中的参数 η，表示边际生产成本对产品质量的弹性，$\eta > 0$，因为产品质量提高会导致企业的边际成本也随之上涨；w_c 代表 c 国的工资水平，从而出口企业的可变利润可以表示为

$$V_{cif}(p,\varphi,q,\tau) = p_{cif}x_{cif}(\nu)/\tau_{cj} - \frac{q_{cif}^{\eta}w_c}{\varphi_{cif}}x_{cif}(\nu) \quad (4-4)$$

进一步得到利润最大化条件下，出口企业最优定价表达式：

$$p_{cif} = \frac{\sigma}{(\sigma-1)}\frac{\tau_{cj}q_{cj}^{\eta}w_c}{\varphi_{cif}} \quad (4-5)$$

由式（4-5）可以得到，j 国代表性消费者向 c 国企业 f 所支付的产品价格，主要受企业 f 的产品质量水平 q、生产率 φ、c 国的工资水平 w 及 j 国的进口关税 $\tau(\tau>1)$ 等因素的影响。

进一步将式（4-2）、式（4-5）代入式（4-4）进行整理得到出口企业的可变利润 $V_{cif}(\tau,\varphi,q)$：

$$V_{cif}(\tau,\varphi,q) = Y_j\left[\frac{1}{(\sigma-1)}\right]^{1-\sigma}\sigma^{-\sigma}\tau_{cj}^{-\sigma}\varphi_{cif}^{\sigma-1}P_j^{\sigma-1}q_{cif}^{(\sigma-1)(1-\eta)}w_c^{1-\sigma} \quad (4-6)$$

式（4-6）便是每一期 c 国企业 f 出口产品到 j 国的可变利润函数，容易得出可变利润是关于 φ、q 的增函数，但同时也是关于 τ 减函数。

4.1.2.3 出口国代表性企业出口决策分析及命题提出

我们借鉴汉德利（Handley,2014）的做法，引入参数 $\lambda(0<\lambda<1)$ 表示贸易政策冲击发生的概率，用来模拟区域贸易政策不确定性。参数 λ 取值越大，则说明贸易政策不确定性程度越高。并进一步假定在 c 国同 j 国之间在达成区域自由贸易协定之前，j 国可以在约束关税 τ_{max} 之内，对来自 c 国的产品征收任意关税 τ，τ 可以从区间 $[1,\tau_{max}]$ 随机抽取且服从 $H(\tau)$ 分布。当 $\tau=1$ 时，代表自由贸易；当 $\tau=\tau_{max}$ 时，代表最高约束关税。最后，假定企业在出口决策过程中，企业 f 始终知晓 j 国当前的关税。c 国同 j 国之间在达成区域自由贸易协定之后，将按照双方区域贸易协定框架所约定的特惠税（preferential tariff）执行，通常这个区域贸易协定下的特惠税要比 WTO 框架下的 MFN 关税更低，更为重要的是其波动范围非常小且具有可预见性，但其他非区域内国家却无法享受。

在出口固定费用的设计上，我们在参考樊海潮等（Fan et al.,2015）的做法基础上，假定企业一旦决定出口，需要支付一笔金额为 $q_{cif}^{\psi} f_e$ 的固定费用，其中 $\psi(\psi>0)$ 表示生产产品质量 q 的困难系数，其大小取决于 j 国消费者的偏好程度差异，ψ 越大表示生产产品质量的难度越大，由此面临的固定费用就越高。

在此基础上，我们设定当前进口关税税率为 τ_t，于是企业是否出口就取决于可变利润现值和出口固定费用的比较。借鉴冯等（Feng et al.，2017）的做法，对一个生产率为 φ、质量为 q 的企业，其出口可变利润的现值 $V_{cif}^p(\tau_t, \varphi, q)$ 可以表示为

$$V_{cif}^p(\tau_t, \varphi, q) = V_{cif}(\tau_t, \varphi, q) + \beta[(1-\lambda)V_{cif}^p(\tau_t, \varphi, q) \\ + \lambda E_{\tau_{t+1}} V_{cif}^p(\tau_{t+1}, \varphi, q)] \tag{4-7}$$

式（4-7）中，$\beta(0<\beta<1)$ 为贴现率，由式（4-7）可以得出，出口企业的可变利润现值由当期（t）出口利润 $V_{cif}(\tau_t, \varphi, q)$ 和下一期（$t+1$）出口利润的现值两个部分构成。下一期（$t+1$）出口利润的现值取决于两种情况，第一种是下一期未受到贸易政策不确定性冲击，此种情况发生的概率为 $1-\lambda$，那么，下一期的利润为 $V_{cif}^p(\tau_t, \varphi, q)$；第二种情况是遭受贸易政策不确定冲击，$\lambda$ 表示遭受到政策冲击的概率，关税水平变为 τ_{t+1}，此种情况下，下一期利润则变为 $E_{\tau_{t+1}} V_{cif}^p(\tau_{t+1}, \varphi)$。故而，将这两种情况综合起来容易得到

$t+1$ 期可变利润现值 $=\beta[(1-\lambda)V_{cif}^p(\tau_t, \varphi, q) + \lambda E_{\tau_{t+1}} V_{cif}^p(\tau_{t+1}, \varphi, q)]$

进一步在关税水平变为 τ_{t+1} 的情况下，对式（4-7）两边同时取期望，可以得到

$$E_{\tau_{t+1}} V_{cif}^p(\tau_{t+1}, \varphi, q) = E_{\tau_{t+1}} V_{cif}(\tau_{t+1}, \varphi, q) \\ + \beta[(1-\lambda) E_{\tau_{t+1}} V_{cif}^p(\tau_{t+1}, \varphi, q) \\ + \lambda E_{\tau_{t+1}} V_{cif}^p(\tau_{t+1}, \varphi, q)] \tag{4-8}$$

通过对式（4-8）进行化简整理可得

$$E_{\tau_{t+1}} V_{cif}^p(\tau_{t+1}, \varphi, q) = \frac{1}{1-\beta} E_{\tau_{t+1}} V(\tau_{t+1}, \varphi, q) \tag{4-9}$$

其中 $0<\beta<1$，再将式（4-9）代回式（4-8），整理得到

$$V_{cif}^p(\tau_t, \varphi, q) = \frac{1}{1-\beta}[\Phi_1 V_{cif}(\tau_t, \varphi, q) + \Phi_2 E_{\tau_{t+1}} V_{cif}(\tau_{t+1}, \varphi, q)]$$

(4-10)

式（4-10）中，$\Phi_1 = \frac{1-\beta}{1-\beta(1-\lambda)}$，$\Phi_2 = \frac{\beta\lambda}{1-\beta(1-\lambda)}$，且有 $\Phi_1 + \Phi_2 = 1$。通过式（4-10）得到出口企业的可变利润现值是一个关于建立在当前进口关税税率 τ_t 基础上的当期可变利润和建立在未来进口关税税率不确定基础上的期望利润两项的加权平均数。

进一步将可变利润式（4-6）代入式（4-10），得到

$$V_{cif}^p(\tau_t, \varphi, q) = \frac{A}{1-\beta}\varphi^{\sigma-1} q_{cif}^{(\sigma-1)(1-\eta)} T_t \qquad (4-11)$$

式（4-11）中，$T_t = \Phi_1 \tau_t^{-\sigma} + \Phi_2 E_{\tau_{t+1}}(\tau_{t+1}^{-\sigma})$，$A = Y_j \left[\frac{1}{\sigma-1}\right]^{1-\sigma} \sigma^{-\sigma} P_j^{\sigma-1} w_c^{1-\sigma}$

据此，可以得到出口企业的临界条件（cut-off condition），即

$$\pi_{cif}^p(\tau_t, \varphi, q) = \frac{A}{1-\beta}\varphi^{\sigma-1} q_{cif}^{(\sigma-1)(1-\eta)} T_t - q_{cif}^\psi f_e = 0 \qquad (4-12)$$

从而可以得到出口企业临界内生质量 q_{cif}^* 的表达式为

$$q_{cif}^*(\lambda, \varphi, \tau_t) = [A\varphi^{\sigma-1} T_t/(1-\beta)f_e]^{1/[\psi-(\sigma-1)(1-\eta)]} \qquad (4-13)$$

从式（4-13）能够发现，影响 q^* 的因素主要包括 φ、τ_t、λ。本节最关注的是贸易政策不确定性 λ 对出口企业临界内生质量的边际影响，为了得到边际影响的表达式，对式（4-13）求 q 关于 λ 的导数，可得

$$\frac{dq^*}{d\lambda} = -\frac{\beta(1-\beta)\{A\varphi^{\sigma-1}T_t/(1-\beta)f\}^{\frac{1}{[\psi-(\sigma-1)(1-\eta)]}}[\tau_t^{-\sigma} - E_{\tau_{t+1}}(\tau_{t+1}^{-\sigma})]}{T_t[\psi-(\sigma-1)(1-\eta)] \times [1-\beta(1-\lambda)]^2}$$

(4-14)

式（4-14）清晰地显示，区域贸易政策不确定性 λ 对出口企业临界内生质量的边际影响，取决于公式中两个项目的正负号：第一，式（4-14）分子上的最后一项。这一项可以通过冯等（Feng et al., 2017）的逻辑推理结论获取：$\tau_t^{-\sigma} > E_{\tau_{t+1}}(\tau_{t+1}^{-\sigma})$。第二，分母中 $[\psi-(\sigma-1)(1-\eta)]$ 的正负。考虑到当条件 $0 < \psi < (\sigma-1)(1-\eta)$ 成立时，有结论 $\partial q^*/\partial \varphi < 0$ 成立，即，

企业生产率越高,企业出口产品的质量越低,这显然与已有理论及实证分析结论相违背(Kugler and Verhoogen,2012;施炳展,2014;樊海潮,2015),故而排除这种可能,也就是说 $\psi > (\sigma-1)(1-\eta) > 0$。当上面两项的符号确定之后,可以轻易得到

$$\frac{\mathrm{d}q^*}{\mathrm{d}\lambda} < 0 \qquad (4-15)$$

由此可以获得本节核心的命题:

命题 在纳入质量生产困难系数 ψ 的情况下,区域贸易政策不确定性与出口产品质量呈反比关系,即,区域贸易政策不确定性降低能够显著提高出口企业的产品质量。

4.1.3 模型、变量与数据

4.1.3.1 计量模型

在《框架协议》付诸实施前后,中国企业出口的HS6位码产品在东盟各国所遭受的贸易政策不确定性程度呈现出显著差异。以2001年为例,通过对贸易政策不确定性进行测算,结果发现,中国出口企业HS6分位产品在东盟各国所遭受的贸易政策不确定性的最小值为-28.33%,而最大值则高达545%。但根据《框架协议》所确立的规则,自2003年7月1日《框架协议》正式实施开始,CAFTA各成员国之间的所有HS6分位产品的关税税率必须以各自在2003年7月1日所执行的MFN实际关税税率为基础征收,从而使得约束税率与实际关税率之间的差异被消除,东盟各国对中国出口企业的区域贸易政策不确定性也由此降低为零。在此背景下,为识别贸易政策不确定性对中国出口产品质量的影响,本节结合理论部分式(4-14)的分析结果,最终构建了以下倍差法(DID)回归模型:

$$\ln quality_{hfjt} = \beta_0 + \beta_1 post_{2003} \times ptpu_{hfj2001} + \beta_2 Z_{hfjt} + F_h + F_f + F_j + F_t + \zeta_{hfjt}$$

$$(4-16)$$

式（4-16）中，下标 h、f、j、t 分别表示产品、企业、进口国[①]、时间。$quality$ 表示出口企业的产品质量；交叉项 $post_{2003} \times ptpu_{hfj2001}$ 用来反映政策不确定性对出口企业产品质量的影响，其中 $post_{2003}$ 是一个时间虚拟变量，2003 年及以后年份取值为 1，其他年份为 0，$ptpu_{hfj2001}$ 是一个连续变量，用来衡量企业 f 出口产品 h 到 j 国在《框架协议》实施前所面临的贸易政策不确定性的大小。这种按照连续变量分组的思路借鉴了陆和余（Lu and Yu, 2015）关于 DID 实验组和控制组分类的做法；Z_{hfjt} 为控制变量集合；F_h、F_f、F_j、F_t 分别为产品、企业、进口国、时间固定效应，ζ_{hfjt} 为误差项。

4.1.3.2 变量说明

（1）出口产品质量的测度。本节借鉴坎德维尔（Khandelwal, 2013）的需求方程来对出口企业的产品质量进行测度。首先对上述理论模型（4-2）两边取对数并整理可得：

$$\ln x(\omega) + \sigma p(\omega) = \ln Y + (\sigma - 1)\ln q(\omega) + (\sigma - 1)\ln P \quad (4-17)$$

在此基础上，引入进口国-时间、HS6 分位产品固定效应分别控制宏观因素、产品间差异的影响，对于替代弹性 σ 的取值，本节借鉴布罗达（Broda, 2006）的估算，将 σ 的值设置为 3[②]。由此我们构造出本节所需的质量测度方程：

$$\ln q_{hfjt} + \sigma \ln p_{hfjt} = \alpha_h + \alpha_{jt} + e_{hfjt} \quad (4-18)$$

其中，q_{hfjt} 和 p_{hfjt} 分别表示 t 年由 f 企业出口到 j 国产品 h 的数量和价格，α_h 和 α_{jt} 产品分别表示产品固定效应和进口国-时间固定效应，e_{hfjt} 为误差项。通过对式（4-18）进行 OLS 回归得到残差项 e_{hfjt}，并进一步通过式（4-19）最终得到企业-产品-进口国-年份层面的出口产品质量。

$$quality_{hfjt} = \ln(\lambda_{hfjt}) \equiv \hat{e}_{hfjt}/(\sigma - 1) \quad (4-19)$$

[①] 本节实证部分所讨论的进口国均指：印度尼西亚、新加坡、马来西亚、文莱、泰国、菲律宾、缅甸等东盟 7 国（以下称"东盟各国"），除此之外，越南、柬埔寨、老挝 3 国因关税数据严重缺失，故加以剔除。

[②] 后续的稳健性检验中也设置了参数的其他取值。

（2）核心解释变量 $ptpu_{hfj2001}post_{2003}$。本节借鉴奥斯纳戈等（Osnago et al., 2015）的做法，通过运用 2001 年东盟各国的关税数据计算出企业 f 出口 j 国的每一种 HS6 分位产品 h 的税率差距，用以测度《框架协议》实施前东盟各国的贸易政策不确定性①。具体计算公式如下，$ptpu_{hfj2001} = \tau_{bt} - \tau_{mfn2001}$，其中，$\tau_{bt}$ 表示东盟各国 HS6 分位产品的约束性关税（BT），τ_{mfn} 表示东盟各国 2001 年所实施的 HS6 分位产品的最惠国关税（MFN），这两种关税的税率差距越大，那么就表示《框架协定》实施后该产品的区域贸易政策不确定性的降低程度就越显著。这种测度方法的显著优势主要体现在，不同产品之间的区域贸易政策不确定性主要源自东盟各国依据 WTO 规则所确立的约束关税，这对于 2003 年前后中国与东盟各国之间的贸易来说，便是一个严格的外生变量，由此，使用该种方法测度区域贸易政策不确定性不存在内生性的问题，并且出口产品质量同区域贸易政策不确定性变量之间也不存在逆向因果关系。

（3）控制变量 Z_{hfjt}。实证模型中，考虑的控制变量包括：①全要素生产率（tfp），通过莱文森和佩特林（Levinsohn and Petrin，2003）的方法进行回归分析获得；②关税（tar），用东盟各国最惠国关税税率（MFN）来表示；③劳动规模（$labor$）用全部从业人员年平均人数来代表；④资本密度（kl）用固定资产年平均余额与全部从业人员年平均人数比值来测度；⑤补贴比率（sub）用补贴收入与产品销售收入比值来计算；⑥企业年龄（age）用当年年份与企业成立年份的差值加一来代替；⑦融资约束（$finance$），用利息支出与资产总额的比值来衡量；⑧研发强度（rd）采用无形资产在总资产中的比率来作为代理变量；⑨公有资本比率（soe）采用国有资本同集体资本总额在实收资本中的比率来量化。

4.1.3.3 数据来源与处理

本节实证部分的数据来源于 2001~2007 年的中国工业数据库、中国海关

---

① 本节也运用 2002 年的关税数据测算东盟各国贸易政策不确定性的大小，回归结果依然是稳健的。

进出口数据库、世界银行 WITS 数据库及 WTO 关税数据库（WTO Tariff Download Facility）。

在对工业数据库的处理上，我们采用勃兰特（Brandt，2012）、蔡和刘（Cai and Liu，2009）、许家云（2017）的做法，一是对明显不合理的观测值进行了剔除，具体包括：重要变量缺失的样本，诸如，从业人数、工业增加值、销售收入等数据的缺失；违反会计准则要求的样本，诸如，总资产不等于总负债与所有者权益之和等错误的样本；明显错误的样本，诸如从业人数为零的样本。二是对从业人数少于 8 人的企业进行了剔除。三是对固定资产净值、工业增加值、利润、中间品投入等重要变量取分位数，剔除了上下各 0.5% 的数据；最后对工业增加值、中间品投入、固定资产净值等相关变量进行了以中国 2001 年为基础的 CPI 指数进行了平减。

在对海关数据库的处理上，一是对缺失企业名称的样本进行剔除，同时对所有的贸易公司进行了剔除①。二是由于海关数据为月度数据，考虑测度出口产品质量的需要，本节将数据规整到"企业 – 产品 – 目的地 – 年度"的层面；在月度内，按照"企业 – 产品 – 目的地"进行加总；在同一年度内，按照税号将不同月份的数据进行匹配，进一步按照"企业 – 产品 – 目的地"进行加总。三是考虑到中国海关数据在样本年份间所使用的 HS 编码不尽一致，在 2000 年以前，中国海关数据所使用的 HS 编码为 HS96 版，在 2000~2006 年使用的为 HS02 版，而 2007 年以来则使用 HS07 版，本节选用 United Nation 网站所提供的 HS6 分位码上的转换码，将海关数据统一转换为 HS96 版。四是对出口额按照工业数据库的处理方式进行相应平减。

最后，借鉴田巍和余淼杰（2013）的做法按照企业名称，进一步按照邮政编码和电话号码后 7 位匹配两大数据库，然后进一步合并东盟各国的产品关税数据，从而最终得到本节实证分析所需的数据库。为直观起见，表 4 – 1 给出了主要变量的统计描述。

---

① 剔除企业名称中含有"进口""出口""进出口""外贸""外经""贸易"等字段的样本。

表 4-1 主要变量的统计性描述

变量	样本量	均值	标准差	25%分位数	50%分位数	75%分位数
ln$quality$	1027906	0.02387	1.758049	-0.9784047	0.054663	1.021422
$ptpu_{2001}$	1027906	0.16393	0.1432822	0.075	0.1	0.25
$post_{2003}$	1027906	0.7706911	0.4203885	1	1	1
$post_{2003} \times ptpu_{2001}$	1027906	0.1258711	0.1409769	0	0.1	0.2
lnmfn	1027906	0.0704679	0.0782313	0	0.0487902	0.117783
lntfp	1027906	1.433289	0.27803	1.310138	1.466143	1.608035
ln$labor$	1027906	4.918888	1.159952	4.094345	4.836282	5.700444
lnrd	1027906	0.0160752	0.0465556	0	0	0.0005657
lnkl	1027906	3.579256	1.423249	2.653242	3.650739	4.520066
sub	1027906	0.0043099	0.1270164	0	0	0
lnage	1027906	2.135663	0.8405608	1.609438	2.079442	2.564949
ln$finance$	1027906	0.0466904	0.145326	0.0000898	0.0252133	0.0821795
soe	1027906	0.1710731	0.3524374	0	0	0

注：变量前缀"ln"表示取自然对数值，同时，因为最惠国关税变量、研发变量存在部分零值，所以对这两个变量分别在加1后再取对数。

资料来源：模型回归结果。

值得注意的是，在倍差法的使用中，一个关键性的支撑条件便是符合"共同趋势"假定。就本节而言，必须保证在《框架协议》实施之前，按照不同贸易政策不确定性变动程度分成的 treat 组和 control 组，出口企业的产品质量必须保持变化趋势的基本一致。为了验证 DID 的这个基本假设，本节首先以东盟各国在《框架协议》实施前的贸易政策不确定性程度的均值作为界点，且将出口企业划分为高贸易政策不确定企业组（treat 组，$ptpu_{2001} \geq 16\%$）和低贸易政策不确定企业组（control 组，$ptpu_{2001} < 16\%$），然后观察中国制造业产品出口到东盟各国平均质量的变化趋势。

本节的出口产品质量在 KSW（2013）基础上测算 [见本节式（4-19）]，然后参照施炳展（2014）的做法，对式（4-19）所得到的出口企业 HS6 分位产品质量进行标准化处理，具体质量标准化公式如下：

$$r\_quality_{hfjt} = \frac{quality_{hfjt} - \min quality_{hfjt}}{\max quality_{hfjt} - \min quality_{hfjt}} \quad (4-20)$$

其中，min、max 分别表示最小值和最大值，是针对某一 HS6 分位的产品，在所有年度、所有企业、所有进口国层面上求最值，然后进一步利用式（4-21）得到每一个出口企业在每一年的质量：

$$TQ_{ft} = \sum_{ft \in \Omega} \frac{value_{hfjt}}{\sum_{ft \in \Omega} value_{hfjt}} \times r\_quality_{hfjt} \quad (4-21)$$

其中，TQ_{ft} 代表出口企业 f 每一年 t 的出口总质量，$value_{hfjt}$ 代表样本的价值量，Ω 代表某一层面的样本集合。

最终，利用式（4-21）的结果得到每一年出口企业的质量均值，具体如图 4-1 所示，可以发现，两组企业在《框架协议》实施前保持了整体出口质量变动的一致性，而且高贸易政策不确定性组和低贸易政策不确定性组在政策冲击发生之前的差距很小。在《框架协议》实施后，高贸易政策不确定性企业组（$ptpu_{2001} > 16\%$）的出口产品质量提升程度快于低贸易政策不确定性组，而且两者之间的差距拉大。这在一定程度上说明了本节实证模型构建的合理性。

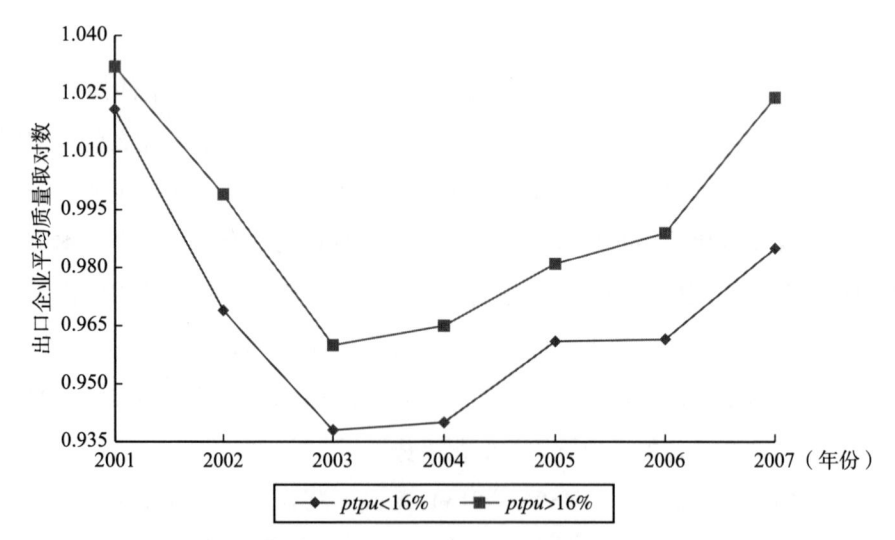

图 4-1　高贸易政策不确定企业组与低贸易政策不确定企业组的平均出口产品质量变动

资料来源：笔者整理绘制。

4.1.4 《框架协议》实施影响中国出口企业产品质量的实证分析

4.1.4.1 基础模型回归结果

基于模型（4-16）估计区域贸易政策不确定性对出口企业产品质量的影响效应，最终结果如表4-2所示。可以看出，无论是否控制固定效应影响，抑或选取不同控制变量，实证结果均表明，《框架协议》实施之前的区域贸易政策不确定性与中国出口企业的产品质量之间存在显著正向关系，即《框架协议》的实施所带来的区域贸易政策不确定性降低极大促进了中国出口企业的产品质量提升，从而有力支撑了理论部分所得结论，同时也与冯等（Feng et al., 2017）所得实证结果一致。其中原因可能主要体现为以下三个方面：首先，从"竞争激励效应"来看，随着区域贸易政策不确定性的降低，贸易成本开始显著下降，出口企业所面临的市场竞争更为激烈，从而迫使其不断提高自身生产效率和出口产品质量；其次，从"出口学习效应"来看，随着区域贸易政策的稳定性持续增强，出口企业能够更好地向国外企业学习先进的管理经验和技术，从而极大提升了自身的技术水平，从而有利于生产出更高质量的产品；最后，随着区域贸易政策不确定性降低，中国同东盟各国之间的经贸关系更加稳固，东盟各国的贸易政策的可预见性因此也大为增强，从而极大促进了中国出口企业对东盟出口、投资的持续性和稳定性，并由此带来出口企业产品质量的跃升。进一步，在剔除加工贸易样本后，其效果更为明显。这说明，加工贸易在一定程度上拉低了区域贸易政策不确定性下降对中国出口企业产品质量的拉升作用，这可能是由于长期以来中国从事加工贸易的企业大都以初级加工为主，长期处于微笑曲线底端所致。

表 4 – 2　　　　　　　　　　　基本回归结果

变量	(1)	(2)	(3)	(4)
	全体样本			剔除加工贸易样本
$post_{2003} \times ptpu_{2001}$	0.132 *** (0.0187)	0.105 *** (0.0192)	0.104 *** (0.0192)	0.144 *** (0.0222)
$\ln mfn$		-0.215 *** (0.0358)	-0.215 *** (0.0358)	-0.202 *** (0.0381)
$\ln tfp$		0.0737 *** (0.0224)	0.0623 *** (0.0232)	0.0572 ** (0.0255)
$\ln labor$			0.0117 (0.0113)	0.0111 (0.0125)
$\ln rd$			0.00115 (0.108)	0.0737 (0.113)
$\ln kl$			-0.00289 (0.00743)	-0.0153 * (0.00804)
sub			0.600 ** (0.273)	0.652 ** (0.291)
$\ln age$			-0.0475 *** (0.0142)	-0.0486 *** (0.0149)
$\ln finance$			0.0924 ** (0.0429)	0.0862 * (0.0496)
soe			0.0143 (0.0215)	0.0255 (0.0222)
常数项	-0.0205 *** (0.00281)	-0.108 *** (0.0323)	-0.0459 (0.0813)	-0.0595 (0.0879)
产品固定效应	是	是	是	是
企业固定效应	是	是	是	是
进口国固定效应	是	是	是	是
年份固定效应	是	是	是	是
样本数	1013640	1013640	1013640	873217
R^2	0.254	0.254	0.254	0.251

注：括号内为 t 值，*、**、*** 分别表示 10%、5%、1% 的显著性水平。
资料来源：模型回归结果。

在控制变量方面，关税、企业年龄都显著为负，这说明关税下降有利于出口企业产品质量的提高，企业年龄为负，可能是由于存续时间长的企业面临的体制僵化较为严重，从而不太利于出口企业产品质量的提升。全要素生产率、补贴、融资约束均显著为正，这说明全要素生产率、补贴的提高能够显著提高出口企业的产品质量，融资约束则会对出口企业的产品质量产生显著抑制作用。除此之外，包括劳动规模、资本密度、研发及公有资本比率在内的控制变量则不显著。

4.1.4.2 不同所有制类型、出口地区

主流学界普遍认同出口企业的产品质量会因企业所有制类型、出口地区不同而呈现出显著异质性（施炳展、邵文波，2014；张杰、郑文平，2014），那么区域贸易政策不确定性对中国出口企业产品质量影响是否会因为企业所有制类型、出口地区不同而得到类似结论呢？为此，本节分别按照不同所有制类型、出口地区进行分别回归（见表4-3），得到以下结论：首先，从企业所有制来看，区域贸易政策的不确定性的回归结果均显著为正，这表明区域贸易政策的不确定性降低对国有企业、私营企业及外资企业的出口产品质量均有显著拉动作用。同时我们也发现国有企业的提升效果最为显著。这可能源于区域贸易政策不确定性降低所带来的市场进入门槛降低，导致国有企业传统的市场优势遭受到了巨大竞争压力，最终迫使国有企业加快了出口产品质量升级的步伐。

同时，从出口地区来看，区域贸易政策不确定性对东部及中西部地区出口企业的产品质量均有提升作用，但同时也注意到东部地区出口企业的产品质量提升效果非常显著，大大超过了中西部地区的出口企业。主要原因在于东部地区是中国经济最为发达、市场化程度最高的区域，人力、资本、技术等要素资源在此形成了高度集聚，随着区域贸易政策不确定性降低，会使得东部地区的出口企业能够充分利用这些优势快速实现出口产品质量升级，而中西部地区是中国经济发展较落后、市场化程度较低的地区，要素资源相对匮乏，区域贸易政策不确定性降低对于这些地区的出口企业产品质量的提升作用就相对较低。

表4-3　　　　　　　　不同所有制类型、出口地区回归结果

变量	(1) 国有企业	(2) 私营企业	(3) 外资企业	(4) 东部地区	(5) 中西部地区
$post_{2003} \times ptpu_{2001}$	0.107*** (0.0289)	0.0740* (0.0441)	0.0862* (0.0469)	0.130*** (0.0248)	0.0575* (0.0322)
lnmfn	-0.306*** (0.0531)	-0.140* (0.0831)	-0.113 (0.0773)	-0.197*** (0.0408)	-0.250*** (0.0766)
lntfp	0.0474 (0.0433)	0.137** (0.0625)	0.0574* (0.0336)	0.0818*** (0.0265)	0.0314 (0.0482)
ln$labor$	0.0701*** (0.0222)	0.00121 (0.0266)	0.0501*** (0.0180)	0.00950 (0.0124)	0.0273 (0.0267)
lnrd	0.270 (0.207)	0.00611 (0.212)	0.0638 (0.185)	0.161 (0.124)	-0.372* (0.220)
lnkl	-0.0311* (0.0161)	-0.0253* (0.0151)	-0.0187 (0.0117)	-0.0107 (0.00812)	0.0252 (0.0180)
sub	0.506 (0.505)	0.759* (0.455)	0.130 (0.554)	0.540* (0.319)	0.525 (0.529)
lnage	-0.0327 (0.0225)	-0.0382 (0.0341)	-0.0305 (0.0298)	-0.0451*** (0.0155)	-0.0586* (0.0351)
ln$finance$	0.00463 (0.0887)	0.0606 (0.109)	0.169*** (0.0589)	0.114** (0.0474)	0.000558 (0.0996)
soe	0.0376 (0.0297)	0.0150 (0.0717)	0.0283 (0.0510)	0.0380 (0.0261)	0.0335 (0.0386)
常数项	-0.490*** (0.162)	-0.247 (0.196)	-0.0205 (0.135)	-0.105 (0.0894)	0.0386 (0.192)
产品固定效应	是	是	是	是	是
企业固定效应	是	是	是	是	是
进口固定效应	是	是	是	是	是
年份固定效应	是	是	是	是	是
样本数	442570	180827	245179	769908	243371
R^2	0.150	0.345	0.377	0.263	0.257

注：括号内为t值，*、**、*** 分别表示10％、5％、1％的显著性水平。
资料来源：模型回归结果。

4.1.4.3 不同要素密集度和进入、退出企业

为验证区域贸易政策不确定性对出口企业的产品质量的影响在不同产品类型间是否存在差异,本节采用劳尔(Lall,2000)的分类方法将样本数据分为劳动密集型、资本密集型、技术密集型三类进行异质性检验,回归结果表明[见表4-4方案(1)~(3)],区域贸易政策不确定性下降对劳动密集型出口企业的产品质量有显著提升作用,但对资本密集型、技术密集型出口企业的质量提升作用则不显著。这可能是由于中国目前向东盟各国出口的企业中,劳动密集型企业占据了较高比例,且中国企业在这一块的竞争力很强(金碚、李鹏飞,2013),伴随着贸易政策的不确定性降低,这部分出口企业的产品质量更容易实现质量升级。

表4-4　不同要素密集度和进入、退出、持续出口企业回归结果

变量	(1)	(2)	(3)	(4)	(5)
	不同要素密集度			进入、退出企业	
	劳动密集型	资本密集型	技术密集型	进入企业	退出企业
$post_{2003} \times ptpu_{2001}$	0.186*** (0.0332)	0.024 (0.0498)	0.030 (0.0926)	0.169*** (0.0443)	0.116*** (0.0244)
$\ln mfn$	-0.155*** (0.0518)	-0.0769 (0.0867)	-0.273 (0.176)	-0.0145 (0.0800)	-0.363*** (0.0459)
$\ln tfp$	0.0788** (0.0333)	0.0865* (0.0488)	0.0351 (0.0839)	0.0316 (0.139)	0.133* (0.0767)
$\ln labor$	0.0153 (0.0151)	0.0465** (0.0233)	0.00559 (0.0424)	0.0810 (0.0690)	0.0947** (0.0376)
$\ln rd$	0.190 (0.160)	0.0553 (0.210)	0.319 (0.422)	0.137 (0.681)	0.311 (0.334)
$\ln kl$	-0.0194* (0.00996)	-0.0172 (0.0160)	-0.0170 (0.0294)	-0.00383 (0.0536)	-0.000407 (0.0264)
sub	1.221*** (0.460)	0.448 (0.499)	1.004 (1.167)	0.234 (3.224)	0.0653 (0.761)
$\ln age$	-0.0307 (0.0209)	-0.0496* (0.0280)	-0.0889* (0.0527)	-0.248** (0.113)	-0.0590 (0.0394)

续表

变量	(1)	(2)	(3)	(4)	(5)
	不同要素密集度			进入、退出企业	
	劳动密集型	资本密集型	技术密集型	进入企业	退出企业
ln*finance*	0.0657 (0.0549)	0.188** (0.0945)	0.0434 (0.185)	0.336 (0.268)	0.0229 (0.164)
soe	0.0166 (0.0317)	0.0353 (0.0432)	0.0777 (0.0842)	0.692*** (0.236)	0.0270 (0.0464)
常数项	-0.0813 (0.112)	-0.327* (0.170)	0.166 (0.313)	-0.0631 (0.528)	-0.183 (0.244)
产品固定效应	是	是	是	是	是
企业固定效应	是	是	是	是	是
进口国固定效应	是	是	是	是	是
年份固定效应	是	是	是	是	是
样本数	446888	306794	91627	229275	615929
R^2	0.328	0.273	0.349	0.378	0.189

注：括号内为 t 值，*、**、*** 分别表示 10%、5%、1% 的显著性水平。
资料来源：模型回归结果。

对海关数据库相关数据进行测算，中国出口东盟各国的企业总数从 2001 年的 23054 家左右逐年递增到 2007 年的 69862 家左右，这意味着在这 7 年间，存在着大量的企业进入和退出行为。由此，我们不禁思考区域贸易政策不确定性下降对中国进入、退出企业的产品质量是否存在差异化影响呢？本节借鉴迪斯尼（Disney，2003）的经验，即假定企业 i 如果在 $t-1$ 期不存在而在 t 期存在，本节认定企业 i 为进入；假定企业 i 如果在 t 期存在而在 $t+1$ 期不存在，本节认定企业 i 为退出。据此，我们可以得到 2001～2007 年，中国进入、退出东盟市场的全体企业样本。回归结果表明［见表 4-4 方案 (4)~(5)］，区域贸易政策不确定性下降对于进入、退出企业的产品质量都有显著正向影响，但对进入企业的拉动作用最为显著。主要原因在于，随着区域贸易政策不确定性降低，进入企业能够通过"出口学习效应""竞争激励效应"等途径获得更多的经验、技术和更广阔的市场,从而能够更快实现产品质量的提升。

4.1.4.4 稳健性检验

为验证基础回归结论的稳健性,本节设计了以下几个方案:第一,利用汉德利(Handley,2014)对贸易政策不确定性度量的方法,来重新测度贸易政策不确定性,具体公式为,$ptpu = 1 - (\tau_{mfn2001}/\tau_{bt})^{\sigma}$,其中,对于公式中 σ 的取值则参照佟家栋、李胜旗(2015)的做法,分别取 2 和 4,其他参数含义与前文描述一致[结果见表 4-5 方案(1)和方案(2)];第二,参照布罗达(Broda,2006)的做法,对出口质量方程中的 σ 分别取值 4 和 6[结果见表 4-5 方案(3)和方案(4)],重新测算企业出口产品质量,以观测在不同参数取值情况下,回归结果的稳健性[见表 4-5 方案(3)和方案(4)];第三,利用式(4-20)对质量进行标准化[结果见表 4-5 方案(5)]。

表 4-5 汉德利(Handley,2014)贸易政策不确定性测度法、
布罗达(Broda,2006)不同 σ 取值及标准化质量 q 回归结果

变量	(1) 汉德利(Handley,2014)贸易政策不确定性测度法 $\sigma=2$	(2) 汉德利(Handley,2014)贸易政策不确定性测度法 $\sigma=4$	(3) 布罗达(Broda,2006)出口产品质量测算 σ 取值 $\sigma=4$	(4) 布罗达(Broda,2006)出口产品质量测算 σ 取值 $\sigma=6$	(5) 标准化质量 q
$post_{2003} \times tpu_{2001}$	0.00386** (0.00155)	0.00466** (0.00202)	0.0647*** (0.0168)	0.0330** (0.0153)	0.00851*** (0.00171)
lnmfn	-0.247*** (0.0352)	-0.259*** (0.0348)	-0.110*** (0.0313)	-0.0254 (0.0286)	-0.0258*** (0.00318)
lntfp	0.0627*** (0.0232)	0.0628*** (0.0232)	0.0476** (0.0203)	0.0358* (0.0186)	0.00728*** (0.00207)
ln$labor$	0.0117 (0.0113)	0.0116 (0.0113)	0.00404 (0.00989)	0.00205 (0.00902)	0.000929 (0.00100)
lnrd	0.000672 (0.108)	0.000585 (0.108)	0.0292 (0.0947)	0.0517 (0.0863)	0.00448 (0.00961)

续表

变量	(1) 汉德利（Handley, 2014）贸易政策不确定性测度法 $\sigma=2$	(2) $\sigma=4$	(3) 布罗达（Broda, 2006）出口产品质量测算 σ 取值 $\sigma=4$	(4) $\sigma=6$	(5) 标准化质量 q
lnkl	-0.00276 (0.00743)	-0.00276 (0.00743)	-0.00335 (0.00650)	-0.00372 (0.00593)	-0.000547 (0.000660)
sub	0.618** (0.273)	0.617** (0.273)	0.533** (0.239)	0.479** (0.218)	0.0467* (0.0242)
lnage	-0.0478*** (0.0142)	-0.0478*** (0.0142)	-0.0404*** (0.0124)	-0.0346*** (0.0114)	-0.00419*** (0.00126)
ln$finance$	0.0916** (0.0429)	0.0916** (0.0429)	0.0689* (0.0375)	0.0501 (0.0342)	0.0120*** (0.00381)
soe	0.0141 (0.0215)	0.0141 (0.0215)	0.0141 (0.0188)	0.0140 (0.0171)	0.00110 (0.00191)
常数项	-0.0332 (0.0812)	-0.0301 (0.0812)	-0.00205 (0.0712)	0.0330 (0.0649)	0.537*** (0.00723)
产品固定效应	是	是	是	是	是
企业固定效应	是	是	是	是	是
进口国固定效应	是	是	是	是	是
年份固定效应	是	是	是	是	是
样本数	1013640	1013640	1013640	1013640	1013640
R^2	0.254	0.254	0.264	0.270	0.428

注：括号内为 t 值，*、**、*** 分别表示 10%、5%、1% 的显著性水平。
资料来源：模型回归结果。

研究结果表明，无论是选取不同的区域贸易政策不确定性测度方式，还是选取不同的进口产品替代弹性 σ，抑或选择标准化的企业出口产品质量，区域贸易政策不确定性下降都对中国企业出口产品质量有显著提升作用。回归结果均显示了基础回归结果的稳健性。

4.1.5 小结

本节分别从理论与实证两个层面探讨了区域自由贸易协定框架下贸易政策不确定性对中国出口企业产品质量的影响。在理论层面通过将区域贸易政策不确定性、出口企业的产品质量及生产质量困难度等因素纳入异质性企业贸易模型，论证了区域自由贸易协定框架下贸易政策不确定性对出口企业产品质量的作用机理。在此基础上，以 CAFTA 为例，通过实证研究，得到以下结论：第一，区域贸易政策不确定性的降低显著提升了中国出口企业的产品质量，在剔除加工贸易样本后，效果更为显著。第二，区域贸易政策不确定性降低对中国企业出口产品质量的提升存在异质性。这主要体现在：分所有制类型异质，不同类型企业的出口产品质量均获得了明显改善，其中，国有企业最为明显；东部及中西部地区出口企业的产品质量提升效果均十分明显，但东部地区最为显著；同时，实证结果还表明，劳动密集型企业的出口产品质量呈现显著增强态势，但资本、技术密集型企业则不显著；同时，对进入企业的出口产品质量影响最大。

4.2 中国 FTA 战略与中国进口产品质量升级

4.2.1 引言

随着世界经济的迅速发展，各国经济发展水平不断提高，经济开放程度不断提升，全球经济一体化趋势明显。另外，世界贸易组织（WTO）框架下的多哈回合谈判屡屡受阻，促使各国纷纷转向于建设区域合作组织，自由贸易区便应运而生，以期在小范围内消除贸易壁垒，实现自由贸易。截至 2017

年底，区域自由贸易协定达到了 455 个[①]，其中直接与产品贸易相关的区域自由贸易协定有 286 个。中国也在积极推进自由贸易区的建设，2007 年在党的十七大上把自由贸易区战略确定为国家战略，并在党的十八大上提出要加快实施自由贸易区战略。截至 2016 年，中国已与东盟、智利、巴基斯坦等 10 多个国家或地区签订自由贸易区协议（见表 4 – 6），中国与海合会、日本、韩国、斯里兰卡等 6 个国家或地区的自由贸易区也在加紧谈判中，更有中国与哥伦比亚、摩尔多瓦、斐济等 9 个国家的自由贸易区正在研究当中。

表 4 –6　　　　　　　　　　中国自由贸易区战略进程

自由贸易区安排	协定签署时间	类型
曼谷协议	2001 年 5 月，签署《曼谷协议》，2006 年 7 月，各国对 4000 多个产品实施关税削减	南南型
内地与港澳更紧密经贸关系安排（CEPA）	2003 年，内地与香港、澳门特别行政区政府分别签署内地与香港、澳门《关于建立更紧密经贸关系的安排》（CEPA），2004 年、2005 年、2006 年又分别签署了《补充协议》、《补充协议二》和《补充协议三》	南南型
中国 – 东盟 FTA	2002 年 11 月签署《中国与东盟全面经济合作框架协议》，自由贸易区建设正式启动。2004 年 1 月，中国 – 东盟自由贸易区早期收获计划实施，11 月，签署《货物贸易协议》和《争端解决机制协议》，2005 年 7 月，《货物贸易协议》降税计划开始实施，2010 年 1 月正式建立	南南型
中国 – 智利 FTA	2005 年 11 月签署《中国 – 智利自由贸易协定》，2006 年 7 月开始实施货物贸易降税计划	南南型
中国 – 巴基斯坦 FTA	2006 年 11 月签署《中国 – 巴基斯坦自由贸易协定》，2007 年 7 月开始实施	南南型
中国 – 新西兰 FTA	2008 年 4 月签署《中国 – 新西兰自由贸易协定》，10 月正式生效，这是我国与发达国家达成的第一个自由贸易协定	南北型
中国 – 新加坡 FTA	2006 年 8 月谈判启动，2008 年 10 月签署《中国 – 新加坡自由贸易协定》	南南型

---

① WTO, https://search.wto.org/。

续表

自由贸易区安排	协定签署时间	类型
中国－秘鲁 FTA	中秘自贸协定谈判于 2007 年 9 月正式启动，2009 年 4 月 28 日签署《中国－秘鲁自由贸易协定》，这是中国与拉美国家签署的第一个"一揽子"自由贸易协定	南南型
中国－哥斯达黎加 FTA	2008 年 1 月启动中哥自由贸易区联合可行性研究，经过 5 轮谈判，于 2010 年 4 月 8 日签署《中国－哥斯达黎加自由贸易协定》，这是中国与中美洲国家签署的第一个"一揽子"自由贸易协定	南南型
中国－冰岛 FTA	中国－冰岛自由贸易区谈判于 2006 年 12 月启动并进行了 4 轮谈判，后又经 2 轮谈判，双方于 2013 年 4 月签署《中国－冰岛自由贸易协定》，这是中国与欧洲国家签署的第一个自由贸易协定	南北型
中国－瑞士 FTA	中瑞两国于 2009 年下半年开始双边自由贸易区联合可行性研究，经过 8 轮谈判，2013 年 8 月签署《中国－瑞士自由贸易协定》	南北型
中国－韩国 FTA	2003 年 3 月启动中韩自由贸易区联合可行性研究，经过 14 轮谈判，2015 年 6 月签署《中国－韩国自由贸易协定》。中韩自由贸易协定是中国迄今为止对外签署的覆盖议题范围最广、涉及国别贸易额最大的自贸协定	南南型
中国－澳大利亚 FTA	中澳自由贸易协定谈判于 2005 年 4 月启动，历时 10 年，于 2015 年 6 月正式签署《中国－澳大利亚自由贸易协定》	南北型

注：为了与本研究的样本期基本保持一致，数据搜集截至 2016 年。
资料来源：笔者整理编制。

中国与特定国家或地区签订自由贸易协定，伴随的是小范围内市场的进口产品关税大幅削减。以中国－东盟自由贸易区为例，2004 年 1 月 1 日开始实施早期收获计划，下调农产品关税，到 2006 年，约 600 项农产品的关税降为 0。

与此同时，中国进口食品规模在逐年增加，从 1992 年的 25.8 亿美元快速增长到 2015 年的 884 亿美元（见图 4-2），尤其在 2006~2013 年，相较于中国食品出口增长，中国食品进口增长更快。在中国进口食品大幅增长的背景下，中国进口食品的总体质量如何？中国自由贸易区战略的实施对中国进口食品质量会产生怎样的影响？这些都是本节所关注的重点。

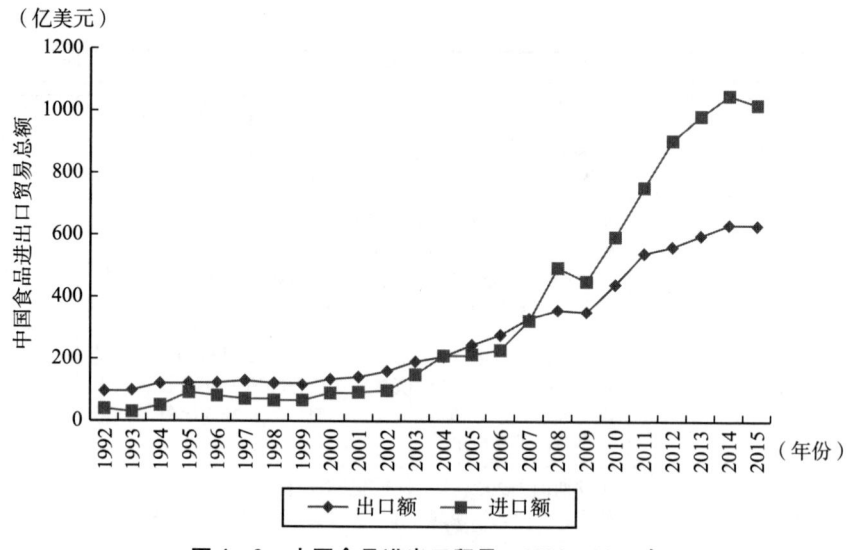

图 4-2 中国食品进出口贸易：1992~2015 年

资料来源：国家统计局，https：//www.stats.gov.cn/。

基于上述事实，本节认为有必要对中国自由贸易区战略的产品质量效应展开深入研究。特别是在中国加入 WTO 多年之后，中国多边贸易进口关税已经降低到很低的水平的情况下，有必要去探究区域小范围内的贸易开放，能否促进中国进口产品质量的提升。本节将首先使用嵌套 Logit 模型，测算中国进口食品质量，然后基于 DID 双重差分模型，实证分析实施中国自由贸易区战略对中国进口食品质量的影响。

4.2.2 中国进口食品质量测算

4.2.2.1 中国进口食品质量测算方法：嵌套 Logit 模型

本节利用第 2 章介绍过的坎德维尔（Khandelwal，2010）提出的 Nested Logit 模型，测算中国进口食品质量。本研究中用来测算在 t 年中国从 i 国进口的产品 h 的质量的方程式如下：

$$\ln(s_{hit}) - \ln(s_{ot}) = \zeta_{1,hi} + \zeta_{2,t} + \zeta_{3,hit} - \alpha p_{hit} + \sigma \ln\left(ns_{\frac{hit}{g}}\right) + \gamma \ln gdp_{it}$$

(4-22)

其中，s_{hit} 代表中国内部产品的整体市场份额，被定义为 $s_{hit} = \dfrac{q_{hit}}{MRT_t}$，$q_{hit}$ 代表中国从 i 国进口产品 h 的数量，$MKT_t = \sum ih \neq 0 \dfrac{q_{hit}}{(1-s_{ot})}$ 为行业规模。外部产品市场份额 s_{ot} 代表进口产品的国内替代品的市场份额，用进口国生产和消费的产品占进口的和本国生产消费的所有产品的比率来表示。$\zeta_{1,hi}$ 为国家-产品的固定效应，代表了产品中不随时间变化的部分。$\zeta_{2,t}$ 为时间固定效应，代表了产品中只随时间变化而不随产品种类变化的部分。$\zeta_{3,hit}$ 为残差，代表了产品中其他能够观测到的但无法量化的部分。$ns_{\frac{hit}{g}}$ 为在 t 年中国从 i 国进口的产品 h 在其分组 g 中所占的市场份额。gdp_{it} 为出口国 i 在 t 年的经济规模水平，可以用来控制产品中的隐含特征，这是因为大国生产的产品拥有更大的市场份额，可能因为他们出口更多具有不可观察或隐藏特征的产品，即不同国家出口的产品具有不同的水平特征。因此，从式（4-23）中，可以推出在 t 年中国从 i 国进口的产品 h 的质量为

$$\zeta_{hit} = \widehat{\zeta_{1,hi}} + \widehat{\zeta_{2,t}} + \widehat{\zeta_{3,hit}}$$

(4-23)

因此，获得的质量为两个固定效应和一个残差的总和。式（4-23）背后的整体思想为，进口产品的质量由进口产品的市场份额剔除出口国经济规模的因素和产品的价格因素后得出。

4.2.2.2 中国进口食品质量及变化趋势

按照 Nested Logit 方法，本节测算了中国进口食品的质量，为了便于对比，本节选取子大类食品中的水果作为细分行业。

从图 4-3 中可以看出，在 2001~2015 年，中国进口食品行业的质量总体上呈现上升趋势，但是变化幅度总体不大，这说明在这个时间段内，中国进口食品的质量在不断地上升。并且食品行业的质量总体大于水果行业。另

外，通过观察可以发现，图4-3中中国进口食品质量都呈现出负值，究其原因，可以追溯到坎德维尔（Khandelwal，2010）嵌套Logit方法上。该研究中，用进口种类产品的市场份额剔除掉产品的价格，以及POP所代表的产品种类的水平性差异后，便得到了进口产品的质量。但是由于上述几项的系数正负及大小的不同，所以测算出来的质量便呈现出了负值。从图4-3的结果可以看出，中国的产品质量基本上落在-12.5和-11.5之间。只是在2004~2008年，中国进口食品质量有一定的下滑趋势，而2008~2015年的中国进口食品质量呈现增长趋势。

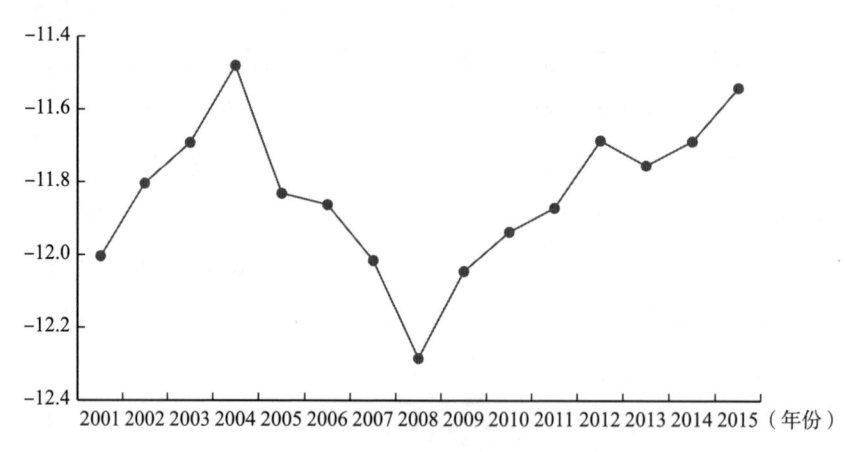

图4-3　2001~2015年中国进口食品质量

资料来源：笔者根据嵌套Logit模型测算。

表4-7给出了2001~2015年蔬菜、肉类、糖等细分食品的质量。在这几种食品中，进口奶粉和糖的质量始终较高，而进口蔬菜的质量始终最低，进口肉类和进口玉米的质量居中等水平。从质量变化的角度来看，2001~2015年，中国进口蔬菜、进口肉类的质量变化很小，进口糖和进口玉米质量有明显提高，进口玉米的质量提高速度较快，在样本期内提高了19.4%，进口糖质量提升速度较慢，只提高6.9%左右。而进口奶粉质量却出现了略微下降。

表4-7　　　　　2001~2015年中国细分种类的进口食品质量

年份	蔬菜	肉类	糖	玉米	奶粉
2001	-15.34	-11.03	-10.32	-14.11	-9.47
2005	-15.55	-11.81	-9.73	-13.14	-10.60
2010	-15.55	-12.10	-9.96	-11.56	-10.97
2015	-15.01	-11.05	-9.61	-11.37	-10.61

注：这里每个细分种类的进口食品质量根据HS6位的进口产品质量加权得到。
资料来源：笔者根据嵌套Logit模型测算。

4.2.3　FTA影响中国进口食品质量的实证模型

4.2.3.1　实证模型的设定

本节使用双重差分模型（difference-in-differences，DID）对研究主题进行实证研究。双重差分模型的原理是基于一个反事实的框架来评估政策发生前后因变量的差别。外生的政策冲击将样本分为受政策干预的Treatment组和未受政策干预的Control组，且假定在政策冲击之前两组因变量发展趋势相同。

选择合适的实验组（Treatment）和对照组（Control）十分重要。由于本研究的目标是确定区域自由贸易协定中的关税削减对进口产品质量的影响，故而选择按照进口食品关税高低来确定实验组。陆和余（Lu and Yu，2015）、刘和丘（Liu and Qiu，2016）采取连续分组的方法，而经典的DID双重差分模型采用间断分组的方式，即把全样本分成两组，Treatment组取值为1，Control组取值为0。本节比较中国在实施自由贸易区战略前后进口食品质量变化情况。基于以上的实证策略考虑，参照戴觅和茅锐（2015）、毛其淋和许家云（2016）、余淼杰和梁中华（2014）等的研究，本节采用间断分组的方式，根据2002年中国进口食品关税的中位数，把总体食品划分为高关税食品和低关税食品，高关税食品取值为1，为Treatment组，低关税食品为0，为Control组。选择2002年中国进口食品关税作为参照点，这主要是考虑到：第一，中国-东盟FTA建设2002年正式启动并开始降税计划。第二，中国在2002年已经加入WTO，相关产品的关税已经有过大幅下降。

DID中另一个关键问题是确定FTA政策冲击（Post）的时间。本节选择2007年作为参照点，设置$Post_{2007}$作为FTA政策冲击虚拟变量，把2007年及以后的年份，取值为1，否则为0。选择2007年作为FTA政策冲击起始年份，这是因为在2007年召开的党的十七大首次将自由贸易区上升为国家战略。

依据上述的考虑，构建了DID的实证模型为①

$$q_{hit} = \beta_h + \alpha_i + \beta Treatment \times Post_{2007} + \delta X_{hit} + \lambda_t + \varepsilon_{hit} \quad (4-24)$$

式（4-24）中，q_{hit}是中国从i国进口食品h的质量，$Treatment \times Post_{2007}$为实验组和FTA政策冲击变量的交互项，$\beta$即为双重差分估计量。$X_{hit}$是一系列控制变量，主要包括：①进口食品关税水平ln$duties$。该变量很好地反映了贸易的竞争效应，尤其是中国自由贸易区战略实施后伴随的关税削减，可以很大程度上刺激中国市场的竞争，从而增加中国进口食品质量，预期符号为负。②运输成本ln$freightcost$。根据胡梅尔斯和希巴（Hummels and Skiba, 2004）华盛顿苹果效应的论证，进口国倾向于从更远市场进口更高质量的产品，故而预期符号为正。③质量前沿邻近程度ln$qfront$。参照阿密特和坎德维尔（Amiti and Khandelwal, 2013）的研究，位于质量前沿的产品，在贸易自由化的情况下，更容易实现质量升级，预期符号为正。④中国人均收入水平ln$perincome$。随着中国人均收入水平的提高，消费者质量偏好提高，导致对高质量产品需求增加，从而引致进口产品质量提升（Hepenstrick and Tarasov, 2015; Simonovska, 2015），预期符号也为正。该变量的加入可以控制需求收入增加对中国进口食品质量的影响。⑤中国进口食品的sps数量lnsps。该变量使用中国HS2食品编码下年末累积的sps措施数量，包括该时段内发起（initiated）和实施的（enforce）sps两种类型。β_h是产品固定效应，加入产品固定效应可以控制来自产品层面某些不随时间变化的冲击的影响。α_i是进口来源国固定效应，用来控制来自进口来源国的特殊性差异可能对结果造成的影响。λ_t是

---

① 由于嵌套Logit方法测算的产品质量可能为负数，故而因变量不取自然对数。另外，由于采用固定效应模型进行估计，故而没有设置Post和Treatment的单独变量。

时间固定效应，加入时间固定效应则可以剔除由某种运行趋势或者特定年份的特殊事件可能导致的影响。固定效应的加入还可以在某种程度上解决因遗漏变量导致的内生性问题。ε_{ijh}是误差项。

实证模型内含一个隐含假设，对高进口关税食品 – 实验组（Treatment），经过中国实施 FTA 战略，将会出现关税的更大幅度的削减，事实确实如此吗？从图 4 – 4 可以看到，HS6 分位上的 2002 年关税水平和 2002 ~ 2015 年关税削减幅度呈现出显著正相关，这说明在中国实施自由贸易区之前拥有更高进口关税的食品，此后经历了更大幅度的关税削减。虽然自由贸易区成立之后，需要逐步削减关税来达到其承诺的关税水平，但最终的结果依然是 2002 年高进口关税的食品，关税削减幅度越大。

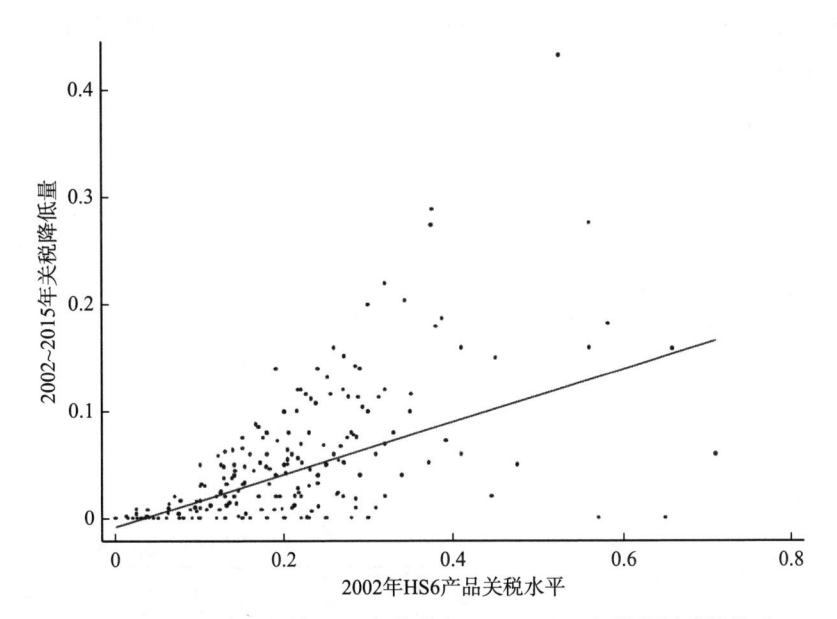

图 4 – 4　HS6 分位上的 2002 年关税和 2002 ~ 2015 年关税削减的关系

资料来源：笔者整理绘制。

4.2.3.2　数据描述

本节采用 WTO 对食品的定义，将 SITC 第 0 类（食品及活动物）、第 1 类

（饮料及香烟）、第 4 类（动植物油、脂及腊）和第 2 类第 22 章（油籽及含油果实）中的商品列入食品范围。通过使用联合国贸易数据库中的 SITC3 与 HS92 对照表，得到食品范畴的 HS92 的 6 分位编码①。按照这个标准，HS6 分位数的食品总计有 617 类。

本节模型因变量为中国进口食品质量，采用嵌套 Logit 模型测算获得，模型的关键变量 *Post* 和 *Treatment* 设置已经在前一个部分做详细阐释，在此不做赘述。模型其他控制变量和数据来源分别为：

（1）进口关税（*duties*）。该数据主要涉及两个部分，一个是 WTO 框架下各个细分产品的最惠国税率，这个数据来自世界银行数据库（World Bank Database）；另一个是 FTA 框架下的自贸区税率，每个自贸区都有一个详细的关税减让方案和时间表，该数据来自中国自由贸易区网站。具体 WTO 和 FTA 框架下的关税减让情况见图 4-5。

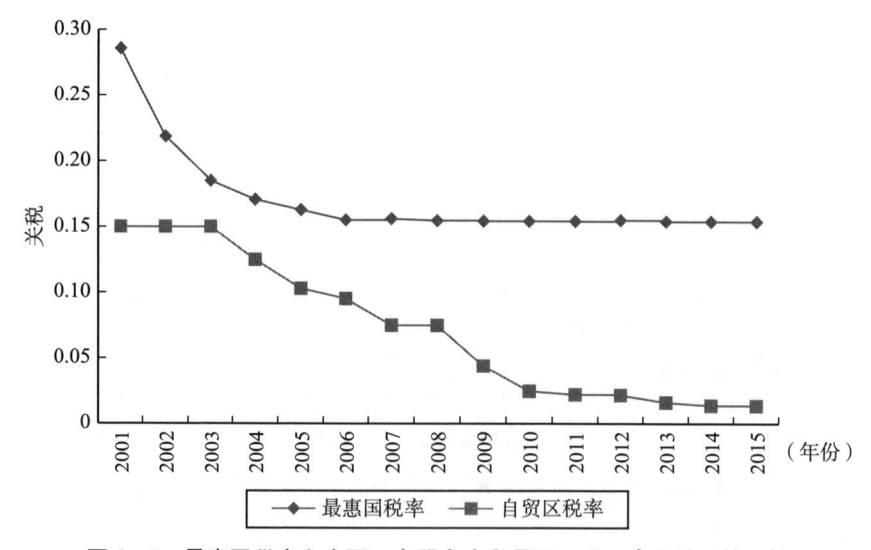

图 4-5 最惠国税率和中国-东盟自由贸易区下进口食品关税的比较

资料来源：中国自由贸易区服务网，http://fta.mofcom.gov.cn/。

---

① 感兴趣的读者可以向笔者索取详细的食品分类和 HS 和 SITC 编码食品对照表。

(2) 运输成本。由于运输成本数据不能直接获得，故而本节参照文洋（2011）、万晓宁（2016），把运输成本定义为距离乘以油价，其中距离数据来自 CEPII 数据库，油价数据用美国能源信息管理局网站上的布伦特原油价格来衡量（单位：美元/桶）。

(3) 质量前沿邻近程度（proximity to the frontier）。该数据来自阿密特和坎德维尔（Amiti and Khandelwal, 2013）文章中的定义，被定义为取指数 exp 的质量与每个 HS6 分位下的最高质量产品的比值，即 $qfront = \frac{\exp(q_{hit})}{\max_h(\exp(q_{hit}))}$。

(4) 人均收入（per capita income）。根据中国国内生产总值 GDP 和中国人口数量 POP 计算中国人均收入水平。中国各年 GDP 和 POP 数据来自世界银行发展指标数据库（world develop indicator）。

(5) 中国食品进口 sps 数量。该数据来自 WTO 非关税措施（non-tariff measures）数据库，该机构仅提供 HS2 位数层面 sps 的统计数据。

4.2.3.3 平行性假设检验

值得一提的是，只有在满足政策冲击前 Treatment 组和 Control 组的进口产品质量在时间上拥有相同的发展趋势（即平行性假定）的条件下，基于 DID 分析得到的双重差分估计量才是无偏的，因为只有有效控制了研究对象间的事前差异，政策影响的真正结果才可以被有效分离出来。即

$$E[\varepsilon_{it} \mid Treatment \times Post_{2007}, \beta_h, \lambda_t, X_{hit}] = E[\varepsilon_{it} \mid \beta_h, \lambda_t, X_{hit}]$$

(4-25)

也就是说，如果没有中国自由贸易区战略的冲击，实验组中高关税的中国进口食品质量和对照组中低关税的中国进口食品质量在 FTA 政策冲击之前应该有相同的发展趋势，才意味着满足了平行性假定。中国自由贸易区战略对中国进口食品质量的影响是否满足平行性假定呢？

一个简单验证数据是否满足平行性假定的方法是用图形来直观反映。我们可以将中国进口食品质量按照 2002 年的进口关税高低分成两组：高关税食

品种类和低关税食品种类，然后分别看两者随时间变化的趋势，直观观测是否满足平行性假定。通过观察图4-6可以发现，2007年之前，高关税组和低关税组进口食品质量差异较小，但2007年之后，两者之间的质量存在较大差异，且持续存在，这也间接说明，实验组和对照组拥有相同的发展趋势，满足平行性假设。

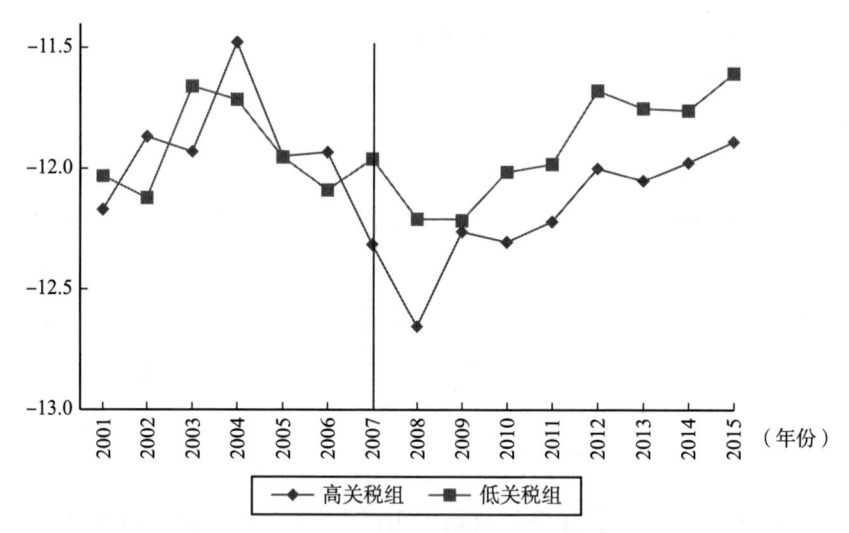

图4-6 中国进口食品质量：高、低关税产品比较（平行性假定检验）

资料来源：笔者整理绘制。

4.2.4 DID实证研究结果及讨论

4.2.4.1 总体结果

双重差分模型（DID）的回归结果如表4-8所示。从表4-8中可以看到，在控制时间固定效应、产品固定效应和国家固定效应的情况下，交互项系数显著为正且在1%水平上显著，并且这个结果在加入控制变量后依旧成立，这表明，中国实施自由贸易区战略后，与未实施自由贸易区战略前相比，中国2002年所属高关税食品质量提升显著高于低关税食品。区域自由贸易区战略实施过程中，按照区域关税减让计划和时间表进行减税，直接降低了进口食品关税，这无疑增加了中国市场的竞争程度，进而促使出口国企业提高其出口食品质量。对于高关税食品来说，中国自由贸易区的建立使之受到的政策冲击更加强烈，即关税下降幅度更大，从而高关税食品比低关税食品质量提升幅度更大。

表4-8　　　　中国FTA战略与进口食品质量：DID+总体结果

变量	(1)	(2)	(3)
$Treatment \times Post_t$	0.350 *** (13.728)	0.344 *** (13.457)	0.389 *** (12.925)
ln$duties$		-0.407 ** (-2.446)	-0.359 ** (-2.215)
ln$freightcost$		0.036 *** (20.507)	0.026 *** (10.732)
ln$qfront$			0.197 *** (9.601)
ln$perincome$			0.014 (0.40)
lnsps			-0.116 *** (-9.159)
常数项	-10.823 *** (-14.268)	-11.001 *** (-13.999)	-10.706 *** (-13.844)
时间固定效应	是	是	是
产品固定效应	是	是	是
国家固定效应	是	是	是
样本数	56385	56385	49154
Adj R^2	0.895	0.896	0.911

注：括号内为T统计量。*、**、*** 分别表示10%、5%、1%的显著性水平。
资料来源：模型回归结果。

4.2.4.2 特定区域市场的结果

为了全面反映中国实施的 FTA 战略对中国进口食品质量的影响,我们选择了两个特定市场:

(1) 共建"一带一路"国家。研究结果显示,在控制其他影响中国进口食品质量因素的情况下,中国实施的 FTA 战略(Post)也会对高关税产品(Treatment)的食品质量提升更为显著正向影响,见表 4-9 第(1)列、第(2)列。

表 4-9　中国 FTA 战略与进口食品质量:DID + 特定市场结果

变量	(1)	(2)	(3)	(4)
	共建"一带一路"国家		中国 - 东盟自由贸易区国家	
$Treatment \times Post_{2007}$	0.376 *** (8.806)	0.383 *** (7.632)	0.288 *** (4.502)	0.172 ** (2.241)
ln$duties$		-0.764 *** (-4.150)		-1.788 *** (-4.455)
ln$freightcost$		0.031 *** (7.314)		0.035 *** (5.174)
ln$qfront$		0.153 *** (3.773)		0.109 * (1.666)
ln$perincome$		0.036 (0.358)		0.208 (1.333)
lnsps		-0.163 *** (-7.830)		-0.242 *** (-7.423)
常数项	-9.930 *** (-11.080)	-9.826 *** (-7.149)	-7.067 *** (-40.885)	-7.992 *** (-6.004)
时间固定效应	是	是	是	是
产品固定效应	是	是	是	是
国家固定效应	是	是	是	是
样本数	18063	15389	7854	6652
Adj R^2	0.890	0.906	0.892	0.909

注:括号内为 T 统计量。*、**、*** 分别表示 10%、5%、1% 的显著性水平。
资料来源:模型回归结果。

（2）中国-东盟自由贸易区国家。这个研究结果与"一带一路"共建国家的结果类似。实际上，中国-东盟自由贸易区是中国建立的第一个区域自由贸易协定，相应的产品关税降低的也最多，特别是农业方面的合作非常深入，例如双方确定的"早期收获计划"，大幅降低了水果和蔬菜的进口关税，另外在开放过程中还特别体现了对东盟不发达国家（越南、缅甸、老挝、柬埔寨）在开放农产品市场上的"照顾"。表4-9第（3）列、第（4）列结果同样显示，中国实施的FTA战略会对高关税（Treatment）的进口食品质量提升产生更为显著正向影响。

4.2.4.3 安慰剂检验

安慰剂检验（placebo test）最初被广泛运用在医学领域，指的是在不让病人知情的情况下服用完全没有药效的假药或者其他没有实际疗效的诊疗，但病人却被暗示"预料"或"相信"治疗有效，而让病患症状得到舒缓的现象。后来该检验被运用到经济学中，主要是用于对某一政策效果的检验。该检验基于反事实思路，假设这个政策不存在，实验组和对照组是否会产生显著区别。本节的安慰剂检验设计了两套方案（见表4-10）。

表4-10　　　　　　　　　　安慰剂检验

变量	(1)	(2)	(3)
$D_{nofta} \times Treatment \times Post_{2007}$	0.009 (0.574)	0.007 (0.442)	
ln$qfront$	0.501*** (38.632)	0.502*** (38.609)	0.501*** (38.897)
ln$charge$	0.004** (2.191)	0.004** (2.162)	0.004** (2.208)
ln$perincome$	-2.059*** (-20.484)	-2.059*** (-20.486)	-1.694*** (-17.805)
ln$tariff$	-1.880*** (-5.471)	-1.878*** (-5.468)	-1.887*** (-5.522)

续表

变量	(1)	(2)	(3)
lnunitsps	1.007*** (24.014)	1.008*** (24.019)	1.009*** (24.165)
$D_{Brazil} \times Treatment \times Post_{2007}$		0.054 (0.875)	0.057 (0.922)
$D_{Spain} \times Treatment \times Post_{2007}$		0.017 (0.455)	0.020 (0.530)
常数项	0.044 (0.041)	0.046 (0.043)	-2.985*** (-2.845)
时间固定效应	是	是	是
产品固定效应	是	是	是
样本数	56385	56385	56385
Adj R²	0.893	0.893	0.893

注：括号内为 T 统计量。*、**、*** 分别表示 10%、5%、1% 的显著性水平。
资料来源：模型回归结果。

（1）设置未与中国建立自由贸易区的国家样本设定为虚拟变量 D_{nofta}，将该虚拟变量与 $Treatment \times Post_{2007}$ 相乘得到交互项并进行回归，可以预期，如果这个"安慰剂"设置正确，那么 2007 年中国政府实施的自由贸易区战略，不会对这类国家的产品质量产生显著影响，故而该交互项是不显著的。观察研究结果可以发现，$D_{nofta} \times Treatment \times Post_{2007}$ 的系数为正数且不显著，说明如果中国自由贸易区战略的政策冲击对未与中国建立自由贸易区国家的质量影响，高关税食品组和低关税食品组质量并没有显著性差别。这一方面说明本节的双重差分模型设置合理，另一方面也进一步证实了 2007 年实施的中国自由贸易区战略的质量影响差异可能确实存在。

（2）FTA 政策冲击对进口来源国食品质量异质性影响。在中国实施自由贸易区战略时期，只有一部分国家与之建立了自由贸易区，而未与中国建立自由贸易区的国家，中国从其进口的食品质量依旧保持良好的发展态势，这就为我们进行安慰剂检验提供了良好的条件。本节选取了两个具有代表性的出口国，巴西（D_{Brazil}）和西班牙（D_{Spain}）。从表 4-10 中可以看到，所有代表性国家虚拟变量与 $Treatment \times Post_{2007}$ 的交互项均未能通过 10% 水平下的显著性检验，说明与中国未实施自由贸易区战略之前相比，中国实施的自由贸易区战略对中国从这两个国家进口食品质量并未发生显著变化。

4.2.5 小结

本节利用 Nested Logit 模型测算了 2001~2015 年中国进口食品质量，基于中国自由贸易区建立这一自然试验，采用 DID 双重差分模型，实证检验了中国实施自由贸易区战略对中国进口食品质量的异质性影响。研究发现：第一，中国实施区域自由贸易区战略提升了中国进口食品质量；第二，中国 FTA 战略对高关税食品质量的促进作用强于低关税食品，在"一带一路"共建国家和中国-东盟自由贸易区国家两类特定市场上，都呈现出同样的结果。本节的研究结论为中国自由贸易区建立背景下，通过进一步深化贸易自由化，提高中国进口食品质量，解释中国大幅增加高质量食品进口提供了实证依据。

第 5 章
中国自由贸易区战略与中国出口产品组合

5.1 中国自由贸易区战略与中国出口产品种类决策

5.1.1 引言

产品种类的增长是构成企业规模扩张和出口增长的重要来源。在当前贸易摩擦加剧、保护主义抬头的背景下，拓宽产品种类还有助于企业提升抵御外部风险的能力（Brambilla，2009；Manova and Yu，2017）。特别是就微观企业而言，作为创新主体，通过开发新产品不断拓展产品范围，有助于企业满足国外消费者不断变化的需求、建立新的市场势力进而提升企业盈利能力（Baldwin and Gu，2006；陆菁等，2019）。最为重要的是，企业内产品种类的扩张还有助于企业更加灵活地调整产品结构、通过产品转换实现资源的优化配置（Hummels and Klenow，2005；Bernard et al.，2009；Mayer et al.，2014）。

而在国际贸易中，多产品企业占有相当大的份额。钱学锋等（2013）发现中国多产品企业数量占比为75%，其出口额占出口总值的95%以上。对美国（Bernard et al.，2007）、比利时（Bernard，2014）、法国（Berthou and Fontagne，2016）的经验研究均得到类似的结论。

2008年以来，美国金融危机、英国脱欧、中美贸易争端等事件，导致全球政治和经济不稳定，贸易政策不确定性也急剧上升。特别是从2017年中美爆发贸易摩擦以来，世界多边贸易体制对于降低贸易政策不确定性的作用逐渐下降。

在多边贸易体制受阻的情况下，跨国区域合作正发挥越来越大的作用。中国积极实施自由贸易区战略，中国于2002年11月4日签署了《中国与东盟全面经济合作框架协议》，2010年1月1日，中国-东盟自由贸易区正式建成。同时，中国"一带一路"倡议在加快实施，2020年中国签署了《区域全面经济伙伴关系协定》（RCEP），跨国自由贸易区的区域协调机制大大减少了区域内的贸易政策不确定性。这为研究区域贸易政策不确定性下降对中国多产品企业出口行为提供了良好的外部条件。

尽管有大量文献从贸易政策不确定性变动对生产率（Handley，2014；Feng et al.，2017）、价格加成（Handley，2017）、投资（孙林等，2020）与创新（佟家栋等，2015）等不同角度的影响进行了探讨，但现有研究仍需从两个方面进行拓展，一是区域贸易政策不确定性的相关研究需增强；二是对区域贸易政策不确定性对多产品企业内部产品种类调整的影响仍知之甚少。党的十七大提出自由贸易区战略，致力于布局区域自由贸易合作，这使区域层面的贸易政策不确定性大幅下降，同时中国对外贸易也在加快转型升级步伐，在新发展理念下践行贸易高质量发展。在此背景下，探索区域贸易政策不确定性下降对中国多产品企业内部出口种类调整的影响具有重要的学术价值和丰富的政策含义。

本节研究与伯纳德（Bernard，2011）的研究结果密切相关。伯纳德（Bernard，2011）通过理论模型推导得出，随着开放经济，贸易自由化之后，可变贸易成本（τ）的降低，会导致现有出口商出口到特定国家的产品份额增加，现有出口商向其供应特定产品的预期国家数量增加，出口企业的份额也会增加。另外,存活的出口企业会放弃国内市场低属性的产品,在出口市场增加高属性的产品,从而提高多产品企业生产率。伯纳德(Bernard,2011)是基于美国与加拿大的自由贸易协定这一准自然实验,验证了以上假说,但是对于多产品企业采取不同竞争策略下的行为没有深入分析。

与现有文献相比,本节试图从以下几个方面体现创新:第一,现有关于贸易政策不确定性的研究主要集中在 WTO 多边贸易框架下,本节从区域贸易政策不确定性着手,研究区域跨国自贸协定签订的促进效应。第二,目前国内外学者对多产品企业出口行为的研究主要集中在平均效应,本节研究了区域贸易政策不确定性对采用质量竞争策略和数量竞争策略的两类多产品企业进行区分,研究区域贸易政策不确定性对不同类型多产品出口企业产品调整的影响。第三,相关研究在分析贸易政策不确定性问题时还在异质性企业贸易模型或者 MO 的框架下展开,本节创造性地将其扩展到多产品企业理论框架,是对现有研究的重要补充。

5.1.2 区域贸易政策不确定性测算、企业类型识别与典型事实

5.1.2.1 多边贸易政策不确定性测算

现有文献对贸易政策不确定性的度量主要有两种:一种是从理论上推导出的度量方式。汉德利(Handley,2014)根据模型推导在实施 WTO 约束关税(τ_{pt}^{BT})和最惠国关税(τ_{pt}^{MFN})下,出口行业所能获得的收益,推导出的 t 年产品 p 的贸易政策不确定性度量公式是

$$TPU_{pt} = 1 - (\tau_{pt}^{MFN}/\tau_{pt}^{BT})^{\sigma} \qquad (5-1)$$

其中,$\sigma > 1$ 是产品的替代弹性。

另一种是直接差分法。皮尔斯和斯科特(Pierce and Schott,2016)利用 2002 年美国给予中国永久正常贸易伙伴关系(PNTR)待遇作为准自然实验。2002 年以前美国国会每年都会就是否给予中国最惠国待遇而进行表决,虽然中国每年都能拿到最惠国待遇,但是其关税上限仍然为"斯姆特 - 霍利"

（Smoot-Hawley）关税，也即非正常关系国家关税税率（non NTR rate）。即贸易政策不确定性可以用关税上限和关税下限的差额（gap）来衡量，其对贸易政策不确定性的度量方式是：

$$TPU_{jpdt} = NonNTRRate_{jpdt} - NTRRate_{jpdt} \qquad (5-2)$$

其中，j 表示出口国，p 表示产品、d 表示目的国、t 表示年份，$NonNTRRate_{jpdt}$ 表示出口国 j 在 t 年将产品 p 出口到 d 国的非正常贸易伙伴关税，$NTRRate_{jpdt}$ 表示出口国 j 在 t 年将产品 p 出口到 d 国的正常贸易伙伴关税。

5.1.2.2 区域贸易政策不确定性测算

由于本节数据跨越了 2002 年签署《中国－东盟全面经济合作框架协议》（以下简称《框架协议》）前后，其间包含了成员国多回合的谈判及推进进程的不同阶段，区域贸易政策不确定性也会随之改变，因此上述文献中单一测度方法并不适用本节情况。参照汉德利（Handley，2014）、龚联梅和钱学锋（2018）、谢杰等（2021）的研究，本节结合了两种测度方法：在签署前，区域贸易政策不确定性用 WTO 约束关税与最惠国关税之间的比重表示；而在签署之后，则用最惠国关税和优惠关税之间的比重测度，即 TPU 始终表示当前关税逆转到关税上限（worst-case）的风险。

具体计算公式为

$$TPU_{pdt} = \begin{cases} 1 - (\tau_{pt}^{MFN}/\tau_{pt}^{BT})^{\sigma}, & \text{签订自由贸易协定前} \\ 1 - (\tau_{pdt}^{PRE}/\tau_{pt}^{MFN})^{\sigma}, & \text{签订自由贸易协定后} \end{cases} \qquad (5-3)$$

其中，由于本节只研究中国企业出口问题，只有一个出口国，故省略下标 j，τ_{pt}^{BT} 表示产品－年份层面的 WTO 约束性关税（BT），τ_{pt}^{MFN} 表示产品－年份层面的最惠国关税（MFN），τ_{pdt}^{PRE} 是产品－目的国－年份层面的优惠关税。而 σ 的取值根据汉德利和利茂（Handley and Limão，2018）可取 2、3、4，本节基准回归等实证结果一律将 σ 取值为 2。

需要注意的是，上述计算得到的是产品层面的区域贸易政策不确定性指标（TPU_{pdt}），为了研究的需要，需计算多产品企业出口不同目的国市场的区域贸易政策不确定性，对同一企业–目的国–年份层面的所有产品的 TPU 按出口额权重求得加权平均，从而获得企业–目的地–年份层面的区域贸易政策不确定性（TPU_{fdt}），即：

$$TPU_{fdt} = \sum_{p=1}^{n} \left(\frac{export\ value_{fpdt} TPU_{pdt}}{\sum_{p=1}^{n} export\ value_{fpdt}} \right) \quad (5-4)$$

其中，n 表示 f 企业 t 年出口到目的国 d 的产品种类数量。

这种测度方法的显著优势主要体现在，区域贸易政策不确定性指标由目的国关税来度量，单一出口企业无法影响进口国关税制度，这说明区域贸易政策不确定性是一个严格外生的变量（Feng et al.，2017；Liu and Ma，2020）。由此，使用该种方法测度区域贸易政策不确定性不存在内生性的问题，并且多产品企业出口产品种类同区域贸易政策不确定性变量之间也不存在逆向因果关系。

5.1.2.3　多产品企业质量竞争策略和数量竞争策略的识别

埃克尔等（Eckel et al.，2015）认为企业内产品间价格和销售额呈正向关系，则该企业采取质量竞争，反之则选择数量竞争。参照钟腾龙等（2020）的研究，本节采用如下公式测算得到每个多产品企业的选择策略：

$$\ln price_{pt} = \delta_0 + \delta_1 \log(Ranking_{pt}) + v_p + v_t + \varepsilon_{pt} \quad (5-5)$$

其中，p、t 分别表示产品和年份；$\ln price_{pt}$ 是中国多产品企业产品 p 在 t 年出口价格的对数值；$Ranking_{pt}$ 是对中国多产品企业出口全球的各个产品 p 在 t 年出口额从大到小排序，核心产品 $Ranking_{pt}$ 的数值取 1，逐级递增，$Ranking_{pt}$ 的数值越大，表明离核心产品的距离越远；v_p 是产品固定效应；v_t 是年份固定效应；ε_{pt} 是随机误差项。根据埃克尔等（Eckel et al.，2015）的定义，当系数 $\delta_1 < 0$ 时，则多产品企业采取质量竞争；当系数 $\delta_1 > 0$ 时，则多产品企业采取数量竞争。

5.1.2.4　典型事实

本节使用的样本是 2001~2013 年中国工业企业数据库、海关数据库和

WITS关税数据库匹配得到的制造业企业相关数据。我们对样本期间中国多产品企业出口东盟的统计数据（见图5-1）显示，样本内每一年，中国出口东盟的多产品企业比重明显高于单产品企业比重。具体来说，每年平均约有20010家出口企业，其中，多产品企业的出口额占到了94%以上，这说明多产品出口企业的平均出口额要高于单一产品出口企业。对于多产品企业来说，平均每个企业出口的产品数为5.8个。

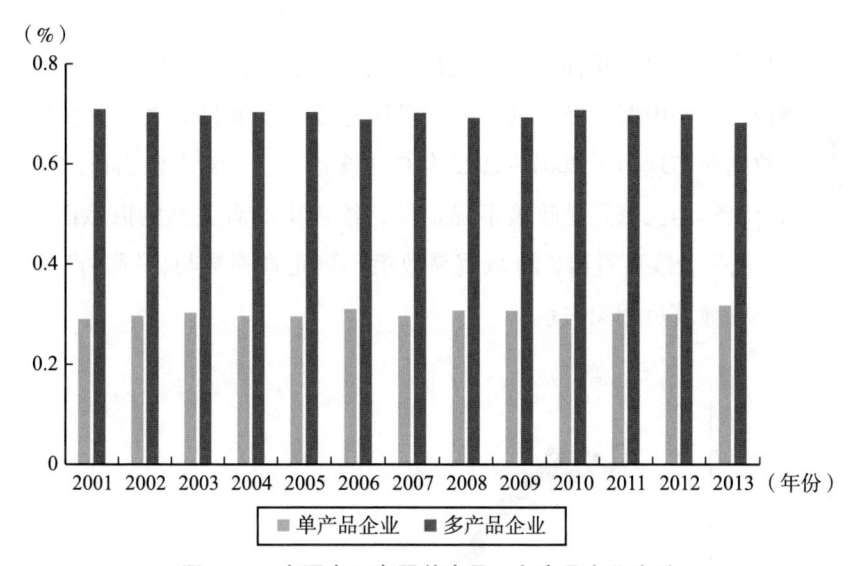

图5-1 中国出口东盟单产品、多产品企业比重

资料来源：笔者整理绘制。

表5-1给出了采取质量竞争策略和数量竞争策略的多产品企业比重、平均产品范围和平均出口额。产品范围是指多产品企业HS6位码层面的出口产品种类，由表5-1可知，采取质量竞争策略的多产品企业平均出口种类大于采取数量竞争策略的多产品企业，这表明采取质量竞争策略的企业普遍会有较大的产品范围。

表5-1 多产品企业竞争策略分析

项目	质量竞争 (quality sorting)		数量竞争 (efficiency sorting)	
	数值	比重	数值	比重
企业数	23134	58.76%	16239	41.24%
平均出口产品范围	7.3	—	4.75	—
平均出口额（美元）	203251.7	—	153037.4	—

资料来源：笔者整理编制。

多产品企业出口产品种类多样化是中国对外贸易健康、稳定、有序发展的重要路径，也是中国积极推进自由贸易区建设的重要目的之一。本节根据中国海关数据库整理出了 2001~2013 年中国多产品企业对东盟出口的产品种类数，结合测算的区域贸易政策不确定性，绘制出两者关系的散点图①（见图 5-2）。从拟合线可看出，区域贸易政策不确定性指数与中国多产品企业出口种类存在显著负相关关系。

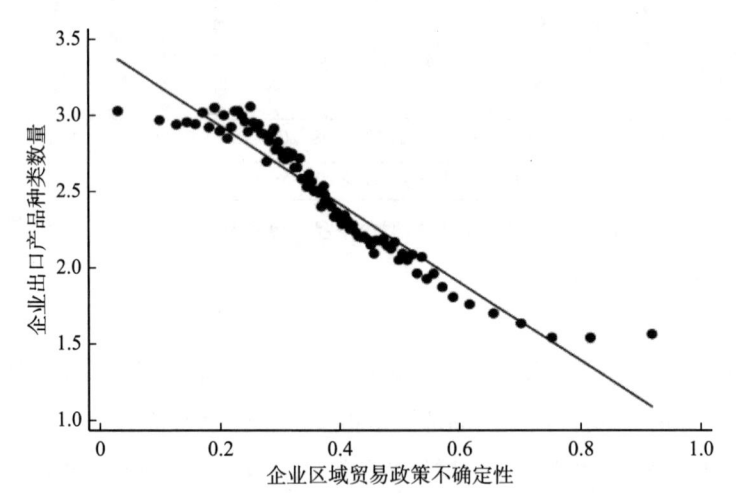

图 5-2 区域贸易政策不确定性与中国多产品企业出口种类的散点图

资料来源：笔者整理绘制。

---

① 由于拟合线易被过多散点遮盖，故用 Stata 的 binscatter 命令将样本分为 100 个 bins 而绘制出 bin 散点图。

5.1.3 模型构建与数据说明

本节基于典型事实和分析,提出了区域贸易政策不确定性变动影响多产品企业出口种类的研究假说,这个假说需要通过严格的计量实证进行检验。本部分将从计量模型构建、数据说明等方面介绍本节的实证研究设计过程。

5.1.3.1 计量模型构建

(1) 方案一:区域贸易政策不确定性影响中国多产品企业出口产品种类的基准模型。

设定如下:

$$variety_{fdt} = \alpha_0 + \alpha_1 tpu_{fdt} + \alpha_2 X_{ft} + \alpha_3 X_{dt} + \upsilon_f + \upsilon_d + \upsilon_t + \varepsilon_{fdt} \quad (5-6)$$

其中,f 表示多产品企业,d 表示目的国,t 表示年份。$variety_{fdt}$ 是企业出口产品种类数量;tpu_{fdt} 是企业-目的地-年份层面的区域贸易政策不确定性。α_1 衡量了中国多产品企业面对区域贸易政策不确定性下降对出口种类变动的影响。υ_f、υ_d、υ_t 分别表示企业、目的国、时间固定效应,ε_{fdt} 表示没有观察到的随机误差项。本节使用行业层面的聚类稳健标准误(cluster robust standard error)。

本节借鉴丹尼斯和谢泼德(Dennis and Shepherd, 2011)、卡多等(Cadot et al., 2011)的做法,$variety_{fdt}$ 表示多产品企业 f 在 t 年出口到目的地 d 的 HS6 分位产品种类数量。

tpu_{fdt} 为企业 f 在 t 年出口到目的地 d 所面临的区域贸易政策不确定性。首先计算出口国-HS6 分位产品-进口国层面上的区域贸易政策不确定性,最后对同一企业-目的国-年份层面的所有产品的区域贸易政策不确定性按出口额权重求得加权平均,从而获得企业-目的地-年份层面的区域贸易政策不确定性。

X_{ft}、X_{dt} 分别表示企业和目的地相关的随时间而变化的变量,这些变量可能对企业出口产品种类也会有影响,因而作为控制变量纳入以上计量模型。

实证模型中，考虑的控制变量包括：

①目的国人均收入（$pergdp_{dt}$）。马诺娃和俞（Manova and Yu, 2017）认为在市场规模较小的目的国中，多产品企业会通过减少低质量的外围产品，而将销售转向高利润的高质量产品，从而将销售集中在核心产品上。企业在更富裕的国家出口更多的产品，因此本节加入了目的国人均收入作为控制变量，$pergdp_{dt}$ 表示目的地 d 在 t 年的人均 GDP。

②企业生产率（tfp_{ft}）。伯纳德等（Bernard et al., 2011）发现，多产品企业的出口产品种类调整主要是由企业生产率和产品属性共同决定的。企业生产率越高，能够出口的产品种类越多。由于 2008 年之后，中国工业企业数据库不提供中间品投入数据，借鉴俞等（Yu et al., 2021）、李卫兵等（2019）的做法，用 f 企业在 t 年的劳均产出来表示。

③企业规模（$employment_{ft}$）。芬斯特拉和马（Feenstra and Ma, 2007）对多产品企业出口范围的研究发现，经过市场竞争效应幸存下来的企业拥有较大的规模和出口产品范围，因此用 $employment_{ft}$ 表示企业规模，采用 f 企业在 t 年的从业人数来表示。

④资本劳动比（kl_{ft}）。伯纳德等（Bernard et al., 2007）发现，出口企业相对于只供应国内市场的企业，具有更高的资本劳动比，有利于多产品企业规模的扩大。kl_{ft} 表示 f 企业在 t 年的资本劳动比，采用固定资产净值与从业人员年平均人数的比值来测度。

⑤企业的年龄（age_{ft}）。企业的年龄表示企业的经营时间，企业成立的时间越长，得到的市场经验和管理经验越丰富，有利于多产品企业的出口产品范围的扩大，因此用 age_{ft} 来表示 f 企业在 t 年的年龄，采用当年年份与企业成立年份的差值加一来衡量。

⑥企业补贴（sub_{ft}）。安德森（Anderson, 1992）和德帕尔玛（De Palma, 2006）的研究表明市场上的企业生产产品范围没有达到最优。对市场上的企业给予补贴，可以促进产品种类的增加，因此用 sub_{ft} 表示 f 企业在 t 年的补贴比率，采用补贴收入与产品销售收入比值来计算。

⑦企业所有制（$firmtype_{ft}$）。企业所有制差异决定了企业会如何分配资

源、管理机制等问题（Jensen and Meckling，1976）。国有企业的背后拥有强大的政策优势和资金上的扶持，这使得国有出口企业相对于其他企业拥有更加强大的资金、人才及政策方面的优势，有助于其迅速发挥自身优势，从而迅速拓展自己的产品出口种类，从而使得其能够获得较多的利润。本节将多产品企业为国有企业的取1，反之取0。

（2）方案二：检验 TPU 变动对不同竞争策略多产品企业出口产品种类的差异化影响效应。

$$variety_{fdt} = \alpha_0 + \alpha_1 tpu_{fdt} + \alpha_2 tpu_{fdt} \times Comp_f + \alpha_3 X_{ft} \\ + \alpha_4 X_{dt} + \upsilon_f + \upsilon_d + \upsilon_t + \varepsilon_{fdt} \quad (5-7)$$

式（5-7）中，$Comp_f$ 是企业 f 所采取的竞争策略，$Comp_f$ 取 0 表示多产品企业 f 采取质量竞争策略，$Comp_f$ 取 1 表示多产品企业 f 采取数量竞争策略；α_1 和 $\alpha_1 + \alpha_2$ 分别衡量了采取质量竞争策略和数量竞争策略的多产品企业面对区域贸易政策不确定性下降、多产品企业出口种类变动的影响。其他变量的解释与式（5-6）一致。

5.1.3.2 数据来源和处理

本节实证部分的数据源于2001~2013年的中国工业企业数据库、中国海关企业数据库及 WITS 关税数据库（World Integrated Trade Solution）。

在对中国工业企业数据库的处理上，本节借鉴勃兰特（Brandt，2012）、蔡和刘（Cai and Liu，2009）、许家云（2017）、李胜旗和毛其淋（2018）的做法，一是对样本观测值进行了相应的剔除处理，具体包括：关键变量存在严重缺失的样本；明显存在错误的样本，诸如从业人数为零的样本。二是对从业人数少于 8 人的企业进行了剔除处理。三是对工业生产总值、实收资本、固定资产净值、利润、从业人数等重要变量取分位数，剔除了上下各 0.5% 的数据。

在对中国海关企业数据库的处理上，首先对缺失企业名称的样本进行剔除处理；其次由于中国海关企业数据为月度数据，考虑测度出口产品种类的需要，本节将数据规整到"企业－产品－目的地－年份"的层面。另外考虑到中国海关企业数据在样本年份间所使用的 HS 编码不尽一致,在 2002 年以前,中国海关数据所使用的 HS 编码为 HS96 版,在 2002~2006 年使用的为 HS02 版,而 2007 年以来则使用 HS07 版,本节用联合国网站(www.unstats.un.org)所提供的 HS6 分位上的转换码,将海关数据统一转换为 HS96 版。最后是删除目的地不是东盟成员国的数据,按照"企业 – 产品 – 目的地 – 年份"删除重复值,从而得到本节所需要的标准海关数据。

在对中国出口到东盟各国的 HS6 分位产品的关税数据处理上。考虑到在样本年份间所使用的 HS 编码版本不尽一致,本节用联合国网站所提供的 HS6 分位码上的转换码,将其统一转换为 HS96 版。紧接着,求取中国出口到东盟各国 HS6 分位产品层面上的区域贸易政策不确定性,然后再根据产品 – 目的地 – 年份将其匹配到海关数据。

最后,为了匹配尽可能多的企业数据,本节先将以上处理好的中国工业企业数据、中国海关企业数据库,借鉴田巍和余淼杰(2013)的做法按照企业名称,进一步按照邮政编码和电话号码后 7 位匹配两大数据库,然后进一步对企业 – 目的地 – 年份内的所有产品区域贸易政策不确定性指标按出口额做加权平均,得到企业面临的区域贸易政策不确定性。从而最终得到本节实证分析所需的数据库。为直观起见,表 5 – 2 给出了主要变量的统计描述。

表 5 – 2　　　　　　　　主要变量的统计性描述

变量	观测值	平均值	标准差	1% 分位数	99% 分位数
$variety_{fdt}$	260132	5.80	19.17	1.00	80.00
tpu_{fdt}	260132	0.36	0.33	0.01	1
$Comp_f$	260132	0.40	0.49	0.00	1.00
$\ln pergdp_{dt}$	260132	8.53	1.20	6.01	10.90
$\ln tfp_{ft}$	214563	5.75	1.08	3.25	8.66
$\ln kl_{ft}$	260109	3.90	1.43	0.15	7.20
$\ln employment_{ft}$	260132	5.64	1.31	2.83	9.00
$\ln age_{ft}$	260081	2.26	0.70	0.69	4.03

续表

变量	观测值	平均值	标准差	1%分位数	99%分位数
sub_{ft}	260066	0.16	0.64	0.00	1.00
$firmtype_{ft}$	260132	0.13	0.34	0.00	1.00
$lnfinance_{ft}$	233758	1.34	0.88	0.04	4.011
$lnleverage_{ft}$	232562	0.08	0.20	-0.04	0.945

资料来源：模型回归结果。

5.1.4　TPU 影响多产品企业出口种类的实证分析

5.1.4.1　基础回归

本节首先检验了区域贸易政策不确定性对所有企业的出口产品种类的平均影响效率，表5－3第（1）列、第（2）列报告了计量模型（5－6）的回归结果，在引入了控制变量后，TPU 对中国所有多产品企业的出口产品种类的平均影响显著。具体来说，区域贸易政策不确定性下降0.1单位，则中国多产品企业出口种类上升0.59个。但是，这个结果并不能清楚区分两类竞争策略企业对于 TPU 的差异化影响效应。

表5－3　　　　　　　　　基础回归结果

变量	(1)	(2)	(3)	(4)
tpu_{fdt}	-5.8883*** (-25.460)	-5.8103*** (-25.803)	-6.7346*** (-22.476)	-6.5841*** (-22.580)
$tpu_{fdt} \times Comp_f$			2.0533*** (8.814)	1.8772*** (8.086)
$lnpergdp_{dt}$		8.4223*** (11.558)		8.4011*** (11.553)
$lntfp_{ft}$		0.1451** (2.376)		0.1434** (2.342)

续表

变量	(1)	(2)	(3)	(4)
$\ln kl_{ft}$		-0.0210 (-0.650)		-0.0210 (-0.654)
$\ln employment_{ft}$		0.1451** (1.974)		0.1441** (1.964)
$\ln age_{ft}$		0.0401 (0.419)		0.0363 (0.382)
sub_{ft}		0.0125 (0.559)		0.0119 (0.545)
$firmtype_{ft}$		2.8182*** (4.201)		2.8191*** (4.202)
固定效应	控制	控制	控制	控制
样本数	254883	209010	254883	209010
R^2	0.691	0.694	0.691	0.694

注：括号中的数字为行业聚类标准误；*、**、***分别表示在10%、5%以及1%的水平上显著；固定效应是指企业、目的国、时间固定效应。

资料来源：模型回归结果。

表5-3第（3）列、第（4）列报告了计量模型（5-7）的回归结果，根据引入控制变量的第（4）列的回归结果进行分析。TPU对采取质量竞争（$Comp_f$取值为0）的企业出口产品种类的影响在1%的水平上显著为负，与预期一致。即采取质量竞争的多产品企业，在面对TPU下降时，多产品企业出口种类增加。区域贸易政策不确定性对采取数量竞争的多产品企业出口产品种类的影响检验表明，虚拟变量$Comp_f$取值为1，TPU估计系数在1%的水平上显著为-4.7069，说明相较于质量竞争的多产品企业，采取数量竞争的多产品企业TPU对多产品企业出口范围的影响较小。这与冯等（Feng et al.，

2017)分析多边贸易政策不确定性影响的结论基本一致,中国加入 WTO 之后,TPU 下降,中国对美国出口贸易迅速发展,主要是通过扩展边际的扩张。但是本节通过多产品企业理论框架,就多产品企业竞争策略进行差异化分析发现实行质量竞争的多产品企业面对 TPU 下降,中国多产品出口企业会采取出口多样化策略,增加出口产品种类。出口更多种类的产品,有助于中国企业的转型升级,实现经济高质量发展。

此外,采取质量竞争策略的多产品企业,效率更高,出口更多的产品(Manova and Yu,2017)。可以预期,随着 TPU 的下降,它对出口范围更广的多产品企业出口种类的影响更大。为了验证这个猜想,本节进一步采用分位数回归的方法探究 TPU 对不同出口范围分位数下的多产品企业出口产品种类的影响。本节将从企业出口种类分布的 30 分位点、50 分位点、70 分位点和 90 分位点分别进行检验,回归结果见表 5-4。

表 5-4　　　　　　　　　　分位数回归结果

变量	(1) q(30)	(2) q(50)	(3) q(70)	(4) q(90)
tpu_{fdt}	-1.5630 *** (-164.973)	-1.5630 *** (-164.973)	-2.0871 *** (-107.012)	-3.2823 *** (-33.386)
控制变量	控制	控制	控制	控制
固定效应	控制	控制	控制	控制
样本数	214512	214512	214512	214512
R^2	0.393	0.393	0.213	0.033

注:括号中的数字为行业聚类标准误;*、**、*** 分别表示在 10%、5% 以及 1% 的水平上显著;控制住了企业-目的国、时间固定效应。
资料来源:模型回归结果。

结果显示，TPU 对多产品企业出口产品种类的影响在各个分位数下显著为负，且随着分位数的增加，TPU 下降对多产品企业出口种类的促进效应不断增强。这一估计结果表明，原本出口种类较多的多产品企业，在应对 TPU 下降时，会更加积极地增加出口产品种类，出口多样化以分摊风险，谋求更高的利润。

5.1.4.2 因果识别

根据本节前段部分的回归结果，区域贸易政策不确定性对中国多产品企业出口种类有显著的负向影响很有可能只是一个负相关关系，然而这种负相关关系未必是因果关系。在本部分，将重点评估回归结果的相关性是否是因果关系。首先，我们试图构建双重差分模型（DID），来避免内生性问题。其次，考虑到中国多产品企业出口种类增加主要受资产负债率、融资约束等问题影响，在回归中进一步控制相应变量，排除竞争性解释。最后，考虑到部分影响出口产品种类的变量无法观察或者依旧存在遗漏变量的情况，借鉴阿尔通吉（Altonji，2005）使用的方法，通过对可观测性变量选择的偏误可以用来评估不可观测变量的潜在偏误，构建比例可以评估残差项中还没控制的变量的效应。

（1）使用双重差分法。

参照余淼杰等（2014）的做法，我们将从事加工贸易的多产品企业作为控制组，将 2003 年区域贸易政策不确定性降低的一般贸易企业作为处理组[①]。本节将加工贸易和一般贸易的多产品企业面临的区域贸易政策不确定性进行测算，得到了图 5-3 的结果。可以看到从事加工贸易的多产品企业面临的区域贸易政策不确定性波动较小，而从事一般贸易的多产品企业在《框架协议》签订后，面临的区域贸易政策不确定性明显减少。这也预示着本节选取加工贸易作为控制组是合理的。

---

① 根据钱学锋等（2013）的研究，将贸易方式为出口加工区进口设备、出料加工贸易、进料加工贸易、来料加工装配进口的设备以及来料加工装配贸易的企业归结为加工贸易企业，其余为一般贸易企业。

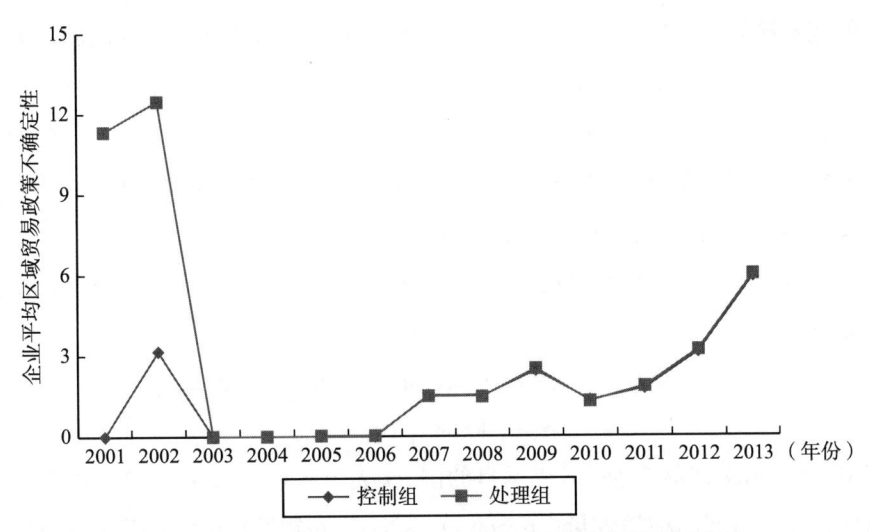

图 5-3　控制组与处理组的区域贸易政策不确定性变动趋势

资料来源：笔者整理绘制。

使用双重差分法进行实证分析的一个重要前提是处理组与控制组满足"共同趋势"假定，即如果不存在政策冲击处理组与控制组朝着一个共同的趋势变动。图 5-4 展示了 2001~2013 年处理组与控制组的平均出口产品种

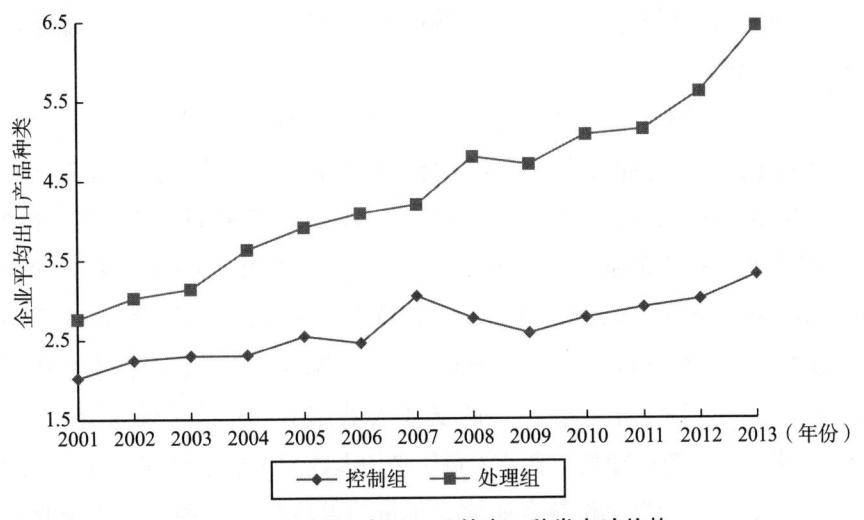

图 5-4　控制组与处理组的出口种类变动趋势

资料来源：笔者整理绘制。

类的变动趋势。可以看出，2001~2003年，处理组和控制组的变动趋势基本相同，并未呈现显著的差异。而在2003年之后，处理组的平均出口种类急速增长，特别是在2007年之后，上升速度远远大于控制组。这表明，本节设定的处理组与控制组满足"平行趋势"假定。另外，这也表明2003年《框架协议》签订之后，与控制组相比，处理组的出口产品种类显著上升。

中国－东盟自由贸易区建立影响中国多产品企业出口种类的DID模型构建如下：

$$variety_{fdt} = \alpha_0 + \alpha_1 treatment_f \times post2003_t + \alpha_2 X_{ft} + \alpha_3 X_{dt} + v_f + v_t + v_d + \varepsilon_{fdt} \quad (5-8)$$

其中，f表示多产品企业，d表示目的国，t表示年份。$variety_{fdt}$是中国多产品出口企业出口产品种类数量；$treatment_f$为多产品企业f是否属于处理组的虚拟变量，多产品企业f从事一般贸易时$treatment_f$取值为1，企业f从事加工贸易时$treatment_f$取值为0；$post2003_t$为中国签订《框架协议》是否发生的虚拟变量，若年份t在2003年之前则$post2003_t = 0$，否则$post2003_t = 1$；政策冲击的虚拟变量和处理组虚拟变量的交互项$treatment_f \times post2003_t$前面的系数$\alpha_1$，表示2003年《框架协议》签订对多产品企业出口种类的处理效应（treatment effect），α_1的预期符号为正，即《框架协议》签订促进了中国多产品企业出口种类的扩张。

X_{dt}、X_{ft}分别表示企业和目的地相关的随时间而变化的特征变量，这些变量可能对中国多产品企业出口种类也会具有影响，因而作为控制变量纳入以上计量模型，包括：①目的国人均收入（$pergdp_{dt}$），采用目的地d在t年的人均GDP来衡量；②企业－目的地关税（$tariff_{fdt}$），采用目的国对应于HS6分位产品的MFN关税，以出口额为权重计算企业－目的地层面的加权平均关税；③企业生产率（tfp_{ft}），用f企业在t年的劳均产出来表示；④企业规模（$employment_{ft}$），用f企业在t年的从业人数来表示；⑤企业资本劳动比（kl_{ft}），采用固定资产净值与从业人员年平均人数的比值来测度；⑥企业的年龄（age_{ft}），采用当年年份与企业成立年份的差值加一来衡量；⑦企业补贴（sub_{ft}），采用补贴收入与产品销售收入比值来计算；⑧企业所有制（firm-

$type_{ft}$），将多产品企业为国有企业取 1，反之取 0。v_f、v_t、v_d 分别表示企业、年份、目的国固定效应，以控制可能存在的遗漏变量问题，ε_{fdt} 表示没有观察到的随机误差项。本节使用行业层面的聚类稳健标准误（cluster robust standard error）。

表 5-5 显示了 DID 模型的回归结果。第（1）列表明，《框架协议》签订后，与控制组（加工贸易企业）相比，处理组（非加工贸易企业）的企业出口产品种类显著上升。第（2）列加入了出口目的国层面的控制变量和企业层面的控制变量后，结果仍是显著的；《框架协议》签订后，与加工贸易企业（控制组）相比，非加工贸易企业（处理组）的企业出口产品种类上升，与第（1）列核心变量系数相比没有明显变化。第（3）列和第（4）列分别汇报了采取数量竞争、质量竞争策略的中国多产品企业面对《框架协议》签订对中国多产品企业出口种类的影响。结果发现，在其他变量保持不变的情况下，采取质量竞争策略的多产品企业面对《框架协议》签订，其出口种类相较于采取数量竞争的多产品企业增长更多。由上述分析可知，DID 模型的回归结果与基准回归结果一致，从而证明了基准回归结果的可靠性。

表 5-5　　　　　　　　　　DID 模型的回归结果

变量	(1)	(2)	(3) efficiency sorting	(4) quality sorting
$treatment_f \times post2003_t$	0.2328 *** (0.057)	0.1973 *** (0.073)	0.1265 * (0.070)	0.2276 ** (0.109)
$\ln pergdp_{dt}$		4.4110 *** (0.607)	1.2417 *** (0.477)	6.4928 *** (0.919)
$\ln tariff_{fdt}$		0.1698 *** (0.052)	0.1160 *** (0.041)	0.1824 ** (0.079)
$\ln tfp_{ft}$		0.2631 *** (0.075)	0.1106 (0.087)	0.3834 *** (0.111)
$\ln kl_{ft}$		-0.0077 (0.039)	-0.0106 (0.032)	-0.0026 (0.063)

续表

变量	(1)	(2)	(3) efficiency sorting	(4) quality sorting
$lnemployment_{ft}$		0.3148*** (0.091)	0.2584*** (0.094)	0.3638*** (0.137)
$lnage_{ft}$		0.0286 (0.107)	0.0545 (0.097)	0.0416 (0.178)
sub_{ft}		0.0143 (0.053)	-0.0277 (0.057)	0.0308 (0.076)
$firmtype_{ft}$		3.1294*** (0.737)	2.3933*** (0.896)	3.6120*** (0.982)
常数项	5.9377*** (0.041)	-35.9748*** (5.248)	-8.9391** (4.204)	-53.9308*** (7.983)
时间固定效应	是	是	是	是
企业固定效应	是	是	是	是
目的国固定效应	是	是	是	是
样本数	258352	182148	72655	109493
R²	0.704	0.714	0.708	0.717

注：括号中的数字为行业聚类标准误；*、**、***分别表示在10%、5%以及1%的水平上显著；控制住了企业等层面的固定效应。
资料来源：模型回归结果。

作为进一步分析的证据，本节借鉴陆和余（Lu and Yu，2015）、孙林等（2020）的研究，采用连续变量分组的方法识别政策效果。将区域贸易政策不确定性 tpu_{fd} 直接替换 $treatment_f$ 这一虚拟变量，构建 $tpu_{fd} \times post2003_t$ 交互项来识别区域贸易政策不确定性下降对多产品企业出口产品决策的影响，表5-6汇报了回归结果。第（1）列中交互项的系数在1%的水平显著为正，这表明在《框架协议》签订之后，与控制组企业（即初始面临低TPU的企业）相比，处理组企业（即初始面临高TPU的企业）的出口产品范围和新增产品种类实现了更大幅度的增长，即区域贸易政策不确定性下降显著促进了多产品企业出口产品范围；第（2）列加入了控制变量，结果依然在1%的水平显著，表明区域贸易政策不确定性下降确实提升了多产品企业出口产品的范围，本节的结果是稳健的。

表 5-6　　　　　　　　　选用连续的处理变量的回归结果

变量	(1) $variety_{fdt}$	(2) $variety_{fdt}$
$tpu_{fd} \times post2003_t$	0.0231*** (0.005)	0.0211*** (0.005)
控制变量	否	是
时间固定效应	是	是
企业固定效应	是	是
目的国固定效应	是	是
样本数	258352	182148
R²	0.704	0.714

注：括号中的数字为行业聚类标准误；*、**、*** 分别表示在 10%、5% 以及 1% 的水平上显著；控制住了企业等层面的固定效应。
资料来源：模型回归结果。

此外，我们还需要排除 2003 年《清洁生产标准》实施和纺织品配额取消等其他政策的干扰。

①《清洁生产标准》的实施。2003 年是中国贸易政策密集实施的一年。除了《框架协议》签订之外，2003 年，为了贯彻实施《中华人民共和国环境保护法》和《中华人民共和国清洁生产促进法》，进一步推动中国的清洁生产，防止生态破坏，国家环境保护总局发布了《清洁生产标准石油炼制业》等 3 项标准为环境保护行业标准。企业生产成本增加（Bai et al.，2017），这可能会导致一部分出口企业退出中国出口市场。那么前文通过实证分析得到的 2003 年处理组多产品企业出口产品种类的扩张很可能是由《清洁生产标准》的实施导致旧企业的大量退出，竞争减少引起的。本节需要排除这一政策的干扰以确保中国多产品企业出口产品种类的扩张是由《框架协议》签订

引起的。本节剔除了 2003 年及 2003 年以后退出的企业样本并进行回归。表 5-7 第（1）列和第（2）列的结果表明，在排除《清洁生产标准》实施对实验的干扰后，核心变量的系数在 1% 的水平上仍然显著，表明 2003 年处理组的多产品企业出口产品种类的扩张不是由《清洁生产标准》的实施引起的。

表 5-7　　　　　　　　　排除清洁政策干扰的回归结果

变量	(1)	(2)
	$variety_{fdt}$	$variety_{fdt}$
$treatment_f \times post2003_t$	0.2281 *** (0.056)	0.1982 *** (0.072)
控制变量	否	是
时间固定效应	是	是
企业固定效应	是	是
目的国固定效应	是	是
样本数	237739	165815
R^2	0.686	0.692

注：括号中的数字为行业聚类标准误；*、**、*** 分别表示在 10%、5% 以及 1% 的水平上显著；控制住了企业等层面的固定效应。

资料来源：模型回归结果。

②纺织品配额。1986 年，乌拉圭回合谈判将纺织品贸易列入谈判议程，最后达成：逐步废止《多种纤维协定》（MFT），将纺织品与服装贸易纳入 GATT 体系的纺织品与服装协议（ATC）规定。根据 ATC 第 2 条第 6 款、第 8 款规定，在 1995 年 1 月 1 日至 2004 年 12 月 31 日的过渡期内，进口方将分三个阶段逐步取消所有数量限制，最终实现纺织品贸易自由化。纺织品配额对纺织品出口的增长起了限制作用，当一个国家纺织品行业的劳动力成本低，产品竞争力较强。在没有配额的情况下，其纺织品和服装出口可以更快地增长，多产品企业出口种类增加。那么前文通过实证分析得到的 2003 年处理组多产品企业出口产品种类的扩张很可能是由纺织品配额的取消导致多产品企

业大量进入目的地市场引起的。本节需要排除这一政策的干扰以确保中国多产品企业出口产品种类的扩张是由《框架协议》签订引起的。

由于行业编码在2003年进行了调整，本节将行业编码统一转换为2003年版，根据中国国民经济行业分类（2003年版）的定义，剔除第17部门纺织业和第18部门纺织服装、鞋、帽制造业进行回归，表5-8的第（1）列、第（2）列汇报了《框架协议》签订对于多产品企业出口产品范围的影响结果。回归结果表明，在排除纺织品配额对实验的干扰后，核心变量的系数在1%的水平上仍然显著，表明2003年处理组的多产品企业出口产品范围的扩张不是由纺织品配额的取消引起的。

表5-8　　　　　　　　排除其他政策干扰的回归结果

变量	(1)	(2)
	$variety_{fdt}$	$variety_{fdt}$
$treatment_f \times post2003_t$	0.2395*** (0.060)	0.2163*** (0.075)
控制变量	否	是
时间固定效应	是	是
企业固定效应	是	是
目的国固定效应	是	是
样本数	228876	161644
R²	0.700	0.710

注：括号中的数字为行业聚类标准误；*、**、***分别表示在10%、5%以及1%的水平上显著；控制住了企业等层面的固定效应。
资料来源：模型回归结果。

为了进一步确保DID估计结果的可靠性，我们使用中国签订《框架协议》之前的样本进行安慰剂检验。其基本思路是，由于多产品企业面临的区域贸易政策不确定性在中国签订《框架协议》之前的年份变化幅度十分微小，因此，由此进行的OLS估计得到核心变量 tpu_{fdt} 的估计系数应当不显著，否则意味着存在其他非观测因素对回归结果产生干扰,那么在此情形下前文基准 DID 估计结果是有偏的。表 5-9 报告了安慰剂检验结果,从中可以看到,变量 tpu_{fdt} 的估计系数为正,但未能通过 10% 水平的显著性检验,这表明在中国签订《框架协议》之前,企业出口种类决策未能产生明显的变动,进一步印证了本节 DID 估计结果的可靠性。

表 5-9　　　　　　　　　　安慰剂效应

变量	(1) $variety_{fdt}$	(2) $variety_{fdt}$
tpu_{fdt}	0.6251 (0.558)	0.9465 (0.744)
控制变量	否	是
时间固定效应	是	是
企业固定效应	是	是
目的国固定效应	是	是
样本数	22167	18380
R^2	0.759	0.762

注:括号中的数字为行业聚类标准误;*、**、*** 分别表示在 10%、5% 以及 1% 的水平上显著;控制住了企业等层面的固定效应。
资料来源:模型回归结果。

(2) 处理遗漏变量带来的内生性问题。

根据努恩 (Nunn, 2011) 的结论,如果缺失关键变量,则可能导致:自变量和因变量存在相关关系,而不是因果关系。所以在进行因果识别时,首先考虑遗漏变量问题。在分析 TPU 变动对多产品企业出口产品种类的影响上,最重要的潜在遗漏变量是企业维度上的一些指标。实际上,2001~2013年,随着中国经济飞速发展,企业在财务指标有明显的改善,导致企业多产品出口的能力显著增强。一个竞争性的解释是,中国多产品企业出口种类的增加,是因为企业负债率的提高、解决融资约束等关键因素改善导致的。为

了排除这种竞争性解释,本节在原有的控制变量基础上,进一步增加了以下两个变量:

①融资约束($finance_{ft}$),采用企业利息支出与资产总额比值的对数衡量。融资约束会限制企业出口市场的开拓与生产规模的扩大,进而影响企业出口产品类别与范围的选择。②资产负债率($leverage_{ft}$),采用企业负债总额除以企业资产总额的对数衡量。该指标越高,企业能运用的资金越多,越有能力扩展其产品范围。

回归结果汇报在表 5-10,其中表 5-10 第(1)列不加入控制变量,第(2)列的回归中加入了目的国人均 GDP,研究结果显示,TPU 对中国多产品企业的出口产品种类影响系数显著为负,同时目的国人均 GDP 越高,多产品企业出口产品种类越多,与预测一致。表 5-10 第(3)列的方案与表 5-3 第(4)列一致,表 5-10 第(4)列在第(3)列方案的基础上同时放入企业负债率、融资约束这两个企业层面的控制变量,回归结果依旧表明 TPU 对中国多产品企业的出口产品种类影响系数显著为负。

表 5-10　　　　　　　　增加可观测遗漏变量

变量	(1)	(2)	(3)	(4)
tpu_{fdt}	-5.8883*** (-25.460)	-6.0724*** (-26.117)	-5.8103*** (-25.803)	-5.8595*** (-25.543)
$lnpergdp_{dt}$		8.3624*** (12.719)	8.4223*** (11.558)	8.4337*** (11.519)
$lntfp_{ft}$			0.1451** (2.376)	0.1563** (2.360)
$lnkl_{ft}$			-0.0210 (-0.650)	-0.0441 (-0.890)
$lnemployment_{ft}$			0.1451** (1.974)	0.1462* (1.873)
$lnage_{ft}$			0.0401 (0.419)	0.0473 (0.474)
sub_{ft}			0.0125 (0.559)	0.0192 (0.678)

续表

变量	(1)	(2)	(3)	(4)
$firmtype_{ft}$			2.8182*** (4.201)	2.8251*** (4.190)
$lnfinance_{ft}$				-0.2284* (-1.792)
$lnleverage_{ft}$				-0.0128 (-0.230)
固定效应	控制	控制	控制	控制
样本数	254883	254883	209010	203543
R^2	0.691	0.692	0.694	0.694

注：括号中的数字为行业聚类标准误；*、**、*** 分别表示在10%、5%以及1%的水平上显著；控制住了企业等层面的固定效应。
资料来源：模型回归结果。

前面的实证研究中，已经通过加入尽量多的控制变量，但仍然可能存在不可观测变量，导致遗漏变量问题，从而引起内生性问题，影响文章结果的准确性。因此，为了进一步检验结果的稳健性，本节借鉴阿尔通吉等（Altonji et al., 2005）、努恩等（Nunn et al., 2011）的研究方法，用对可观测变量的选择（selection on observables）来估计忽略不可观测变量对估计结果造成的可能偏差（potential bias unobservables），结果在表5-11中。ratio 的值在22.17~74.49之间，表明对不可观测样本的选择至少是对可观测样本的选择的22.17倍，才能证明本节的结果是完全由来自不可观测变量的选择偏误引起的。本节的结果中的值均大于1，表明区域贸易政策不确定性下降对企业出口种类的影响是完全由样本选择偏误导致的可能性较小。

表5-11　　　　　　　不可观测变量对估计结果的影响评估

项目	控制变量约束集 (restricted set of control variables)	控制变量全集 (full set of control variables)	比值 (ratio)
方案（1）	无	X_{dt}	32.98
方案（2）	无	X_{dt}、X_{ft}	74.49

续表

项目	控制变量约束集 (restricted set of control variables)	控制变量全集 (full set of control variables)	比值 (ratio)
方案（3）	X_{dt}	X_{dt}、X_{ft}	22.17
方案（4）	X_{dt}	X_{dt}、X_{ft}、X'_{ft}	27.52

注：X_{dt}表示目的国层面的控制变量（目的国人均 GDP）；X_{ft}表示基准模型中企业层面的控制变量（企业生产率、企业规模、企业年龄、资本密集度、补贴、企业所有制）；X'_{ft}表示新加入的企业层面的控制变量（资产负债率、融资约束）。

资料来源：模型回归结果。

5.1.4.3 机制检验

基准模型的回归结果已经证实，区域贸易政策不确定性的下降会导致中国多产品企业拓宽其出口产品范围。那么区域贸易政策不确定性的下降是通过什么机制来促进中国多产品企业增加其出口产品种类的呢？本节拟从学习效应、创新效应来讨论区域贸易政策不确定性下降对中国多产品企业出口范围的传导机制。本节借鉴巴伦和肯尼（Baron and Kenny，1986）的方法，构建如下模型来分析影响机制。

首先，检验区域贸易政策不确定性对中国多产品企业出口种类的影响，如表5-3所示。其次，检验区域贸易政策不确定性对学习效应、创新激励效应的影响，模型构建如下：

$$\ln M_{ft} = \beta_0 + \beta_1 tpu_{fdt} + \beta_2 X_{ft} + \beta_3 X_{dt} + \upsilon_f + \upsilon_d + \upsilon_t + \varepsilon_{fdt} \quad (5-9)$$

其中，$\ln M_{ft}$表示中介变量。学习效应用企业生产率（$\ln tfp_{ft}$）表示，采用f企业t年的生产率的对数；创新激励效应借鉴佟家栋、李胜旗（2015）的做法，采用f企业t年新增产品出口额占企业总出口额的比重（$innov_{ft}$）。β_1预计系数为负，即区域贸易政策不确定性下降，多产品企业通过不断学习提升生产率，同时激励多产品企业参与创新活动。X_{ft}表示企业层面控制变量，与式（5-6）一致。

最后，在式（5-6）中加入学习效应的代理变量$\ln tfp_{ft}$，创新激励效应

的代理变量 $innov_{ft}$，一方面检验学习效应、创新激励效应对多产品企业出口范围的影响；另一方面可以观测在控制企业生产率、新增产品出口额比重的条件下，区域贸易政策不确定性调整对多产品企业出口产品种类的影响，构建模型如下：

$$variety_{fdt} = \gamma_0 + \gamma_1 \ln M_{ft} + \gamma_2 tpu_{fdt} + \gamma_3 X_{ft}$$
$$+ \gamma_4 X_{dt} + \upsilon_f + \upsilon_d + \upsilon_t + \varepsilon_{fdt} \qquad (5-10)$$

预期式（5-10）中 γ_1 显著为正，表明学习效应、创新激励效应增强将提升多产品企业出口范围；如果 γ_2 显著为负、与式（5-6）相比式（5-10）中区域贸易政策不确定性对中国多产品企业出口种类影响显著减小，则说明存在部分中介效应，学习效应、创新激励效应是区域贸易政策不确定性影响中国多产品企业出口种类的机制。若 γ_2 不显著，γ_1 显著为正，说明存在完全中介效应，区域贸易政策不确定性对中国多产品企业出口种类的影响全部由学习效应或创新激励效应传递；若 γ_1 不显著则不能证明存在中介效应。

表5-12给出了机制检验的回归分析结果。第（2）列、第（4）列分别表示以学习效应、创新激励效应为被解释变量的回归，对应式（5-9）的估计结果。根据表5-12第（2）列的回归分析结果发现，TPU的系数显著为负，表明区域贸易政策不确定性下降的情况下，显著增强了多产品企业的学习效应。表5-12第（3）列的回归结果表明，学习效应的系数显著为正，由此表明，学习效应显著提升了多产品企业出口产品种类的数量。表5-12第（4）列的回归分析结果发现，TPU的系数显著为负，表明区域贸易政策不确定性下降的情况下，显著增强了多产品企业的创新激励效应。表5-12第（5）列的回归结果表明，创新激励效应的系数显著为正，由此表明，创新激励效应显著提升了多产品企业出口产品种类的数量。表5-12第（6）列将以上两个中介变量放入回归模型进行回归分析，TPU的系数仍然显著，数值大小也明显下降，进一步证明了区域贸易政策不确定性是通过学习效应和创新激励效应来促进多产品企业出口种类的扩张。

表 5-12　机制检验

变量	(1) $variety_{fdt}$	(2) $\ln tfp_{ft}$	(3) $variety_{fdt}$	(4) $innov_{ft}$	(5) $variety_{fdt}$	(6) $variety_{fdt}$
tpu_{fdt}	-6.0377*** (-36.656)	-0.0277*** (-6.649)	-5.8103*** (-36.118)	-0.0260*** (-7.381)	-6.0304*** (-36.613)	-5.8057*** (-36.083)
$\ln tfp_{ft}$			0.1451*** (3.273)			0.1549*** (3.511)
$innov_{ft}$					0.2785*** (7.097)	0.2139*** (5.390)
控制变量	控制	控制	控制	控制	控制	控制
固定效应	控制	控制	控制	控制	控制	控制
样本数	254741	209010	209010	254741	254741	209010
R²	0.693	0.903	0.694	0.510	0.693	0.694

注：括号中的数字为行业聚类标准误；*、**、*** 分别表示在 10%、5% 以及 1% 的水平上显著；控制住了企业等层面的固定效应。
资料来源：模型回归结果。

5.1.4.4　稳健性检验

改变 TPU 计算方法。在回归过程中出于对稳健性的考虑，产品的替代弹性 σ 的取值借鉴汉德利和利茂（Handley and Limão，2018）取 4 进行了回归分析，结果见表 5-13 第（1）列、第（2）列。区域贸易政策不确定性测度方式不同，可能导致估计结果的差异，因此导致只选择一种方法测度区域贸易政策不确定性的做法可能存在瑕疵，进而也很难保证回归结果的稳健性。考虑到这一实际情况，本节还运用皮尔斯和斯科特（Pierce and Schott，2016）的直接差分法来对区域贸易政策不确定性进行重新测度，并使用该测算方法得到的 TPU 与企业出口产品种类做回归，结果在表 5-13 第（3）列、第（4）列。回归结果表明，在选用不同区域贸易政策不确定性测度方式的情况下，所得结果仍然十分显著，也由此论证了基础回归的稳健性。

表 5-13　　　　　稳健性检验：改变 TPU 的计算方法

变量	(1)	(2)	(3)	(4)
	Handley (2014) $\sigma = 4$		Pierce and Schott (2016)	
tpu_{fdt}	-7.1274 *** (-33.287)	-6.9338 *** (-33.566)	-0.2001 *** (-15.437)	-0.2162 *** (-15.108)
$tpu_{fdt} \times Comp_f$	2.4184 *** (12.263)	2.1896 *** (11.149)	0.1032 *** (8.022)	0.1151 *** (7.760)
控制变量	否	控制	否	控制
固定效应	控制	控制	控制	控制
样本数	254883	209010	254883	209010
R^2	0.691	0.694	0.686	0.689

注：括号中的数字为行业聚类标准误；*、**、*** 分别表示在 10%、5% 以及 1% 的水平上显著；控制住了企业等层面的固定效应。
资料来源：模型回归结果。

选取企业出口到目的地内的产品种类数大于等于 5 的企业。为了避免回归结果受到企业内产品种类数范围的影响，借鉴埃克尔等（Eckel et al., 2015）的做法，仅保留出口产品种类数至少为 5 的多产品企业样本，然后对计量模型（5-7）进行回归。表 5-14 第（1）列、第（2）列回归结果与基准回归结果基本一致，这表明多产品企业出口产品范围差异不会影响本节的主要结论。

表 5-14　　稳健性检验：缩小出口产品范围差异和改变企业生产率的计算方法

变量	(1)	(2)	(3)	(4)
	多产品企业 出口种类数≥5		改变企业生产率 的计算方法（LP）	
tpu_{fdt}	-49.8962 *** (-15.349)	-48.1717 *** (-14.092)	-9.6145 *** (-17.966)	-9.4592 *** (-18.132)
$tpu_{fdt} \times Comp_f$	17.9903 *** (4.837)	16.5773 *** (3.744)	3.1304 *** (7.168)	3.0827 *** (7.177)

续表

变量	(1)	(2)	(3)	(4)
	多产品企业 出口种类数≥5		改变企业生产率 的计算方法（LP）	
控制变量	否	控制	否	控制
固定效应	控制	控制	控制	控制
样本数	48599	38006	141437	141321

注：括号中的数字为行业聚类标准误；*、**、*** 分别表示在 10%、5% 以及 1% 的水平上显著；控制住了企业等层面的固定效应。
资料来源：模型回归结果。

改变企业生产率的计算方法。由于 2008 年之后，中国工业企业数据库不提供企业中间投入的数据，故计算生产率常用的半参数估计方法囿于数据缺失无法测量。本节利用 2001～2007 年的数据，借鉴莱文森和佩特林（Levinsohn and Petrin, 2003）的方法（以下简称 LP）重新测算企业生产率，用测算得到的企业生产率来进行回归分析。表 5-14 第（3）列、第（4）列显示，无论使用哪种计算方法，TPU 与多产品企业出口种类都显著负相关，证实本节结果对于生产率指标的选取不敏感。

5.1.4.5 异质性检验

（1）不同所有制企业的回归结果。

由于区域贸易政策的不确定性下降对出口企业出口产品种类的行为选择作用的发挥也有赖于出口企业自身实力的提升，一直以来，国有企业的背后拥有强大的政策优势和资金上的扶持，这使得国有出口企业相对于私营企业拥有更加强大的资金、人才及政策方面的优势，随着区域贸易政策不确定性的降低有助于其迅速发挥自身优势，从而加速其对拓宽产品种类的步伐。相较而言，私营企业和外资企业，资金及人才欠缺，虽然面临区域贸易政策下降的状况，但受制于自身条件，出口产品种类增加较少。

参考聂辉华等（2012）的研究，本节用实收资本的比例来定义企业所有制，外资企业的实收资本比例不低于25%。表5-15第（1）列、第（3）列、第（5）列汇报了区域贸易政策不确定性对多产品企业出口产品种类的平均影响，第（2）列、第（4）列、第（6）列汇报了区域贸易政策不确定性对不同竞争策略的多产品企业出口产品种类的差异化影响。按企业所有制依次为国有企业、外资企业、私营企业，分别按照不同所有制类型进行分组回归，得到以下结论：区域贸易政策的不确定性降低对国有企业、外资企业和私营企业对出口产品种类有显著提升作用。进一步发现国有出口企业的提升效果最为显著。另外，在不同所有制下，区域贸易政策不确定性对采取不同竞争策略的多产品企业出口产品种类的差异化影响仍然显著。

表5-15　　　　　　　　异质性检验：不同企业所有制

变量	(1)	(2)	(3)	(4)	(5)	(6)
	国有企业		外资企业		私营企业	
tpu_{fdt}	-17.6668*** (-14.239)	-20.1869*** (-11.675)	-4.1257*** (-17.447)	-4.5207*** (-15.862)	-4.5194*** (-15.510)	-5.1261*** (-13.871)
$tpu_{fdt} \times Comp_f$		7.0192*** (4.502)		1.0508*** (5.043)		1.3876*** (4.840)
控制变量	控制	控制	控制	控制	控制	控制
固定效应	控制	控制	控制	控制	控制	控制
样本数	32750	26008	58516	58516	59592	59592
R^2	0.752	0.747	0.648	0.648	0.706	0.706

注：括号中的数字为行业聚类标准误；*、**、***分别表示在10%、5%以及1%的水平上显著；控制住了企业等层面的固定效应。
资料来源：模型回归结果。

（2）不同贸易方式的回归结果。

长期以来中国从事加工贸易的企业大都以初级加工为主，在接受买方订单后根据其要求采购原材料或者进行来料加工生产，最终将产品发往买方企业。他们的出口产品范围更多取决于买方，所以不容易受到区域贸易政策不确定性的影响。因此，多产品企业的出口贸易方式的差异会影响到区域贸易政策不确定性对多产品企业出口种类调整的效应。

根据海关数据库来划分一般贸易和加工贸易子样本,加工贸易大致包括出口加工区进口设备、出料加工贸易、进料加工贸易、来料加工装配进口的设备、来料加工装配贸易等贸易方式。表5-16第(1)列、第(3)列显示,在一般贸易样本中,对出口产品种类的拟合系数为-10.8135,加工贸易的拟合系数分别为-3.4483,说明一般贸易样本的多产品企业对于区域贸易政策不确定性变动,出口产品种类变化更大。第(2)列、第(4)列显示,采取不同竞争策略的多产品企业对于区域贸易政策不确定性变动,出口产品种类变化也不同。其中,采取质量竞争策略的多产品企业出口产品种类变化更多。

表5-16　　　　　　　　　异质性检验:不同贸易方式

变量	(1)	(2)	(3)	(4)
	一般贸易		加工贸易	
tpu_{fdt}	-10.8135*** (-18.128)	-12.4942*** (-16.500)	-3.4483*** (-14.659)	-3.7906*** (-14.529)
$tpu_{fdt} \times Comp_f$		3.9967*** (6.504)		0.8687*** (3.669)
控制变量	控制	控制	控制	控制
固定效应	控制	控制	控制	控制
样本数	93149	93149	40512	40512
R^2	0.735	0.735	0.773	0.773

注:括号中的数字为行业聚类标准误;*、**、***分别表示在10%、5%以及1%的水平上显著;控制住了企业等层面的固定效应。
资料来源:模型回归结果。

5.1.5　小结

本节研究了区域贸易政策不确定性对采取质量竞争和数量竞争的多产品企业出口种类的差异化影响。借鉴埃克尔等(Eckel et al.,2015)的研究,本节识别了采取质量竞争策略和数量竞争策略的多产品出口企业。在此基础上，基于2001~2013年中国工业企业数据库、中国海关数据库和WITS关税数据库的匹配数据进行实证研究，研究结论表明，区域贸易不确定性程度下降显著增加了中国多产品企业出口产品种类；区域贸易政策不确定性下降对中国多产品企业出口产品种类的影响因企业采用竞争策略不同而有显著性差异，选择质量竞争策略的多产品企业出口种类增加显著高于数量竞争策略的多产品企业。促进多产品企业出口种类增加可以帮助企业防范特定市场风险，促进范围经济的形成，是现阶段国家实现贸易高质量发展和企业转型升级的重要体现。

5.2 中国自由贸易区战略与中国出口产品组合优化

5.2.1 引言

中国多产品出口企业在对外贸易中扮演着重要角色。中国多产品企业数量占出口企业的75%，其出口额占出口总额的95%以上（钱学锋等，2013）。多产品出口企业产品种类决策是制造业出口企业最重要的决策。多产品出口企业产品种类的增长是构成企业规模扩张和出口增长的重要来源。在当前贸易摩擦加剧、WTO规则失效的背景下，拓宽产品种类还有助于企业提升抵御外部风险的能力（Brambilla，2009；Manova and Yu，2017）。另外，在多产品企业框架下分析多产品企业的出口产品决策，厘清企业内产品组合调整的机制，有助于帮助企业顺利实现产品转换，通过产品组合调整，促使企业内（within firm）资源的优化配置，提高企业生产率，实现企业乃至外贸高质量发展。

然而在跨国区域合作框架下针对中国多产品出口企业出口产品种类决策的研究还有待深入。中国2007年将自由贸易区战略上升为国家战略，中共十八大提出要加快实施自由贸易区战略（孙林等，2019）。截至2020年底，中国已与26个国家和地区相继签署了19个自贸协定。[①] 中国-东盟自由贸易区（CAFTA）是世界上第三大区域自由贸易区，仅次于欧盟（EU）和北美自由贸易区（NAFTA）。《中国-东盟全面经济合作框架协议》（简称《框架协议》）于2002年签署，并在其后10年内得到逐步实施。《框架协议》生效后，开始着力于各领域贸易合作，虽然关税还未全面降低，但正式实施后出口到东盟各国的中国多产品企业面临的区域贸易政策不确定性大幅下降。据中国商务部统计，自中国自由贸易协定实施以来，中国的地位从东盟第六大贸易伙伴上升至第一大贸易伙伴，2020年东盟也一举超过欧盟成为了中国第一大贸易伙伴。双边贸易额从2003年的782亿美元增加到2020年的6852.8亿美元。

尽管人们普遍认为贸易自由化对经济增长有积极影响（Bernard et al.，2010；钱学锋等，2013；亢梅玲等，2016），但经济学家们对这种关系的本质仍存在分歧（Baldwin，2002）。大多数争议的解释是，难以确定驱动这种关系的潜在机制（Winters，2004）。此外，由于贸易自由化往往只是一套更全面的市场导向性改革的一个要素，因此很难将其影响与其他政策的影响区分开来。本研究将《框架协议》的签订定义为一个区域贸易政策不确定性缓释的过程，它超越了一个简单的关税削减计划，而是包含了一套进行对外贸易和投资的体制规则。本节的目的是衡量中国-东盟自由贸易协定对中国多产品企业产品组合、生产率的影响。对这个问题的深入分析，可以从一个全新的视角分析中国多产品企业出口产品组合和生产率，也有利于深化理解中国加入发展中国家主导的区域自由贸易协定的潜在红利。

本节的实证分析是基于中国多产品企业层面的数据，涵盖了2001~2007年的数据，即《中国-东盟全面经济合作框架协议》签订时期。本节使用中国海关数据和工业企业的匹配样本，考察中国出口多产品企业在区域贸易政策不确定性下降后其出口产品组合和生产率的变化。研究结果表明，当TPU

---

① 中国政府网，https：//www.gov.cn/index.htm。

下降后，中国多产品企业出口产品种类显著增加，呈现多元化发展；同时，企业生产率也得到了显著提升。这一影响具有显著的经济意义，平均而言，TPU下降0.1个单位后，多产品企业出口产品种类提高约0.49个单位。

接下来，本节进行了一系列稳健性检验来进一步保证基本研究问题的因果效应。第一，考虑到区域贸易政策不确定性的测度过于单一，本节根据汉德利和利茂（Handley and Limão, 2017）将 σ 的值取 2 与皮尔斯和斯科特（Pierce and Schott, 2016）的直接差分法替换基础研究中的 TPU 变量进行检验；第二，为了观察不可观测的行业层面变量是否会对本节估计结果带来实质性的影响，加入行业-时间固定效应；第三，为了进一步确保估计结果的可靠性，本节增加了可观测的遗漏变量进行控制。以上检验的结果表明，本节的基本研究结论具有一定的稳健性和可靠性。

另外，本节进行了异质性分析来进一步加强本节的研究结果。第一，多产品企业是否调整出口产品组合很大程度上受到市场结构的影响，是否具备市场力量、竞争对手的产品种类和拟增加的产品是否已经有多产品企业生产并形成了优势等。处于垄断竞争行业的多产品企业面对TPU下降其出口产品组合调整更灵活。第二，影响多产品企业出口产品种类决策的一个关键是企业是否新进入这个市场（Arkolakis et al., 2012）。当多产品企业新进入市场，能够获得更多的经验、技术和更广阔的市场，自然会增加其出口产品种类和新增产品种类。与以上预期一致，研究结果表明，多产品企业出口产品组合决策显著存在于垄断竞争行业内的企业样本组和新进入/退出企业的样本组。

最后，本节认为区域贸易政策不确定性下降带来的多产品公司出口产品组合调整和生产率的提升主要是因行业内资源再分配导致的。根据Melitz的模型，因为国际贸易成本的存在，导致生产能力较强的企业进入出口市场，因为只有这些企业能够承担国际贸易的额外成本。随着区域贸易政策不确定性的下降，出口利润的增加，这将诱导最具生产能力的非出口企业进入出口市场，现有的出口企业扩大出口市场的产品范围，行业内资源的重新配置可以提高行业整体的生产率。

本节的创新主要体现在以下几个方面：

第一，它强调了区域贸易政策不确定性对多产品企业出口产品组合和生产率的影响。这是一个全新的视角，在分析中紧扣该贸易协定在降低区域贸易政策不确定性上的重要作用，从跨国区域合作视角，而不是多边贸易自由化（WTO框架下的关税削减），论证区域贸易政策不确定性对中国多产品出口企业出口产品组合和生产率的影响。

第二，为通过区域贸易协定影响多产品出口企业出口产品组合和生产率提供了更多的实证证据。最近的研究仅分析了区域贸易自由化对出口企业扩展边际的影响，这使得其对多产品企业产品范围的影响和区域贸易政策不确定性下降的有效性尚不清楚。伯纳德等（Bernard et al., 2011）以北美自由贸易区作为案例，多产品企业出口到每个目的地的产品种类数量，都会随着贸易自由化而有所增加。这篇文章强调了企业内产品种类选择和出口目的国选择的重要作用。从区域合作视角来看，分析跨国区域自由贸易协定对多产品企业的出口产品组合和生产率的影响研究有待深入，特别是在中国自由贸易区战略下，分析中国跨国区域贸易协定对中国多产品企业产品组合和生产率影响的研究亟待加强。

第三，本节结合多产品企业进入和退出市场的选择，分析TPU对中国多产品企业出口产品组合和生产率的影响机制。面对区域贸易政策不确定性下降，中国多产品出口企业面临的门槛值下降，原先的非出口企业进入出口市场，企业进入概率增加；同时，原先的多产品出口企业会选择调整产品组合，提升企业利润，企业退出概率下降。另外，因新企业进入导致市场竞争加剧，同行业交流机会增多，信息不透明度下降，企业更有可能积极研发，不断创新开发新产品，提升其生产率。

5.2.2 模型构建与数据说明

本节基于典型事实和分析，提出了区域贸易政策不确定性变动影响多产品企业出口产品组合、生产率的研究假说，这个假说需要通过严格的计量实证进行检验。本部分将从计量模型构建、数据说明等方面介绍本节的实证研究设计过程。

5.2.2.1 计量模型构建

(1) 方案一：区域贸易政策不确定性对多产品企业出口产品组合的影响。模型设定如下：

$$Y_{fdt} = \alpha_0 + \alpha_1 tpu_{fdt} + \alpha_2 X_{ft} + \alpha_3 X_{dt} + v_f + v_t + v_d + \varepsilon_{fdt} \qquad (5-11)$$

其中，f 表示多产品企业，d 表示目的国，t 表示年份。Y_{fdt} 是多产品企业变量，分别用出口产品种类（$variety_{fdt}$）、偏度（$skewness_{fdt}$）和多样化指数（E_{fdt}）衡量；tpu_{fdt} 是企业–目的地–年份层面的区域贸易政策不确定性。α_1 衡量了中国多产品企业面对区域贸易政策不确定性下降对出口产品组合的影响。v_f、v_d、v_t 分别表示企业、目的国、时间固定效应，ε_{fdt} 表示没有观察到的随机误差项。本节使用行业层面的聚类稳健标准误（cluster robust standard error）。

(2) 方案二：区域贸易政策不确定性对多产品企业生产率的影响。

$$\ln tfp_{ft} = \beta_0 + \beta_1 tpu_{ft} + \beta_2 X_{ft} + v_f + v_t + \varepsilon_{ft} \qquad (5-12)$$

其中，f 表示多产品企业，t 表示年份。$\ln tfp_{ft}$ 表示 f 企业在 t 年的生产率；tpu_{fdt} 是企业–年份层面的区域贸易政策不确定性。β_1 衡量了区域贸易政策不确定性下降对中国多产品企业生产率的影响。v_f、v_t 分别表示企业、时间固定效应，ε_{ft} 表示没有观察到的随机误差项。本节使用行业层面的聚类稳健标准误（cluster robust standard error）。

5.2.2.2 主要变量设置

(1) 多产品企业产品组合。

多产品企业出口产品种类用 HS6 分位产品种类数量来表示。

另外，本节借鉴迈耶等（Mayer et al., 2014）的做法，用多产品企业偏度的测算指标衡量多产品企业出口产品组合的变化，其公式为

$$skewness_{fdt} = \frac{export_{idt}}{\text{sum } export_{fdt}} \qquad (5-13)$$

其中，$export_{idt}$ 表示企业 f 在 t 年出口到目的地 d 的核心产品 i 的出口额，sum $export_{fdt}$ 表示企业 f 在 t 年出口到目的地 d 的总出口额。核心产品的衡量借鉴埃克尔等（Eckel et al.，2010）的做法，选用企业 f 在 t 年出口到目的地 d 出口额最大的产品。$Skewness_{fdt}$ 的值越小，表示出口产品向边缘产品倾斜，出口产品种类增加。

同时，本节借鉴鲍德温和顾（Baldwin and Gu，2009）使用的企业多样化的替代指标衡量多产品企业出口产品组合，其公式为

$$E_{fdt} = \sum_{p=1}^{n} s_{pdt} \log(1/s_{pdt}) \qquad (5-14)$$

其中，s_{pdt} 表示 HS6 分位码产品 p 所占当年企业出口到目的地 d 的出口额比重。它反映了一个企业的出口产品多样化，E 的值越高，表明企业层面的多样化指数越高，出口产品种类越多。

（2）生产率。

企业生产率可用劳动生产率和全要素生产率（TFP）两个指标来衡量（周黎安等，2007）。迈耶等（Mayer et al.，2020）用平减后的劳均工业增加值来表示。但考虑到现实中，劳动并不是企业唯一的投入要素，为了更全面地测量企业生产效率，本节同时使用 TFP 作为衡量指标。TFP 的计算借鉴鲁晓东和连玉君（2012）的方法，将中间投入代替投资作为可观测生产率的代理变量，采用 LP 法进行模型的估算。

（3）区域贸易政策不确定性。

tpu_{fdt} 为企业 f 在 t 年出口到目的地 d 所面临的区域贸易政策不确定性。首先计算出口国 - HS6 分位产品 - 进口国层面上的区域贸易政策不确定性，最后对同一企业 - 目的国 - 年份层面的所有产品的区域贸易政策不确定性按出口额权重求得加权平均，从而获得企业 - 目的地 - 年份层面的区域贸易政策不确定性。

由于本节数据跨越了 2003 年签署《框架协议》前后，这期间成员国之间进行了多回合的谈判，TPU 也在不断变化，因此本节参照汉德利（Handley，2014）、钱学锋和龚联梅（2018）、谢杰等（2021）的研究，结合了两种测度方

法：即 TPU 始终表示当前关税逆转到关税上限（worst-case）的风险。

具体计算公式为

$$tpu_{pdt} = \begin{cases} 1 - \left(\dfrac{\tau_{pt}^{MFN}}{\tau_{pt}^{BT}}\right)^{\sigma}, & \text{签订协议前} \\ 1 - \left(\dfrac{\tau_{pdt}^{PRE}}{\tau_{pt}^{MFN}}\right)^{\sigma}, & \text{签订协议后} \end{cases} \quad (5-15)$$

其中，由于本节只研究中国企业出口问题，只有一个出口国，故省略下标 j，τ_{pt}^{BT} 表示产品-年份层面的 WTO 约束性关税（BT），τ_{pt}^{MFN} 表示产品-年份层面的最惠国关税（MFN），τ_{pdt}^{PRE} 是产品-目的国-年份层面的 FTA 优惠关税。而 σ 的取值根据汉德利和利茂（Handley and Limão，2017）可取 2、3、4，本节基准回归等实证结果一律将 σ 取值为 3。

需要注意的是，上述计算得到的是产品层面的区域贸易政策不确定性指标（tpu_{pdt}），为了研究的需要，需计算多产品企业出口不同目的国市场的区域贸易政策不确定性，对同一企业-目的国-年份层面的所有产品的 tpu 按出口额权重求得加权平均，从而获得企业-目的地-年份层面的区域贸易政策不确定性（tpu_{fdt}），即

$$tpu_{fdt} = \sum_{p=1}^{n} \left(\frac{export\ value_{fpdt}}{\sum_{p=1}^{n} export\ value_{fpdt}} tpu_{pdt} \right) \quad (5-16)$$

其中，n 表示 f 企业 t 年出口到目的国 d 的产品种类数量。X_{ft}、X_{dt} 分别表示企业和目的地相关的随时间而变化的变量，这些变量可能对企业出口产品种类有影响，因而作为控制变量纳入以上计量模型。实证模型中，考虑的控制变量包括：

①目的国人均收入（$pergdp_{dt}$）。马诺娃和俞（Manova and Yu，2017）认为在市场规模较小的目的国中，多产品企业会通过减少低质量的外围产品，而将销售转向高利润的高质量产品，从而将销售集中在核心产品上。企业在更富裕的国家出口更多的产品，因此本节加入了目的国人均收入作为控制变量，$pergdp_{dt}$ 表示目的地 d 在 t 年的人均 GDP。

②资本劳动比（kl_{ft}）。伯纳德等（Bernard et al.，2007）发现，出口企业相对于只在国内销售的企业，具有更高的资本劳动比，有利于多产品企业规模的扩大。kl_{ft}采用固定资产净值与从业人员年平均人数的比值来测度。

③企业的年龄（age_{ft}）。企业的年龄表示企业的经营时间，该值越大其得到的市场经验和管理经验越丰富，有利于多产品企业的出口产品范围的扩大，因此用age_{ft}来表示f企业在t年的年龄，采用当年年份与成立年份的差值加1来衡量。

④企业补贴（sub_{ft}）。对市场上的企业给予补贴，可以促进产品种类的增加，因此用sub_{ft}表示f企业在t年的补贴比率，采用补贴收入与产品销售收入比值来计算。

⑤企业所有制（$firmtype_{ft}$）。国有企业的背后拥有强大的政策优势和资金上的扶持，这使得国有出口企业相对于其他企业拥有更加强大的资金、人才及政策方面的优势，有助于其迅速发挥自身优势，从而迅速拓展自己的产品出口种类，从而使得其能够获得较多的利润。本节将多产品企业为国有企业的取1，反之取0。

5.2.2.3 数据来源和处理

本节实证部分的数据来自2001~2007年的中国工业企业数据库、中国海关企业数据库及WITS关税数据库（World Integrated Trade Solution）。首先在对中国工业企业数据库的处理上，本节借鉴勃兰特（Brandt，2012）、蔡和刘（Cai and Liu，2009）、许家云等（2017）、李胜旗和毛其淋（2018）的做法，剔除了严重缺失的数据及极端值。在对中国海关企业数据库的处理上，仍然对严重缺失的样本进行剔除处理；其次将数据规整到"企业－产品－目的地－年份"的层面，并把产品HS编码统一为HS96版。最后，为了匹配尽可能多的企业数据，本节先将以上处理好的中国工业企业数据、中国海关企业数据库，借鉴田巍和余淼杰（2013）的做法按照企业名称，进一步按照邮政编码和电话号码后7位匹配两大数据库。从而最终得到本节实证分析所需的数据库。为直观起见，表5－17给出了主要变量的统计描述。

表 5–17　　　　　　　　　主要变量的统计性描述

变量	观测值	平均值	标准差	5%分位数	95%分位数
$variety_{fdt}$	144627	8.24	25.20	1.00	31.00
$skewness_{fdt}$	144627	0.71	0.26	0.23	1.00
E_{fdt}	144627	0.76	0.81	0.00	2.47
$lntfp_{ft}$	144627	6.67	1.30	4.68	8.81
tpu_{fdt}	144627	0.30	0.34	0.00	1.00
$lnpergdp_{dt}$	144627	8.37	1.28	6.80	10.43
$lnkl_{ft}$	144627	3.84	1.38	1.56	5.98
$lnage_{ft}$	144576	2.17	0.76	1.10	3.69
sub_{ft}	144563	0.25	0.43	0.00	1.00
$firmtype_{ft}$	144627	0.20	0.40	0.00	1.00
$lninput_{ft}$	144627	5.27	1.13	3.51	7.09
$innov_{ft}$	144627	0.08	0.27	0.00	0.63

资料来源：模型回归结果。

5.2.3 区域贸易政策不确定性对多产品企业出口产品组合和生产率影响的实证分析

5.2.3.1 基础回归

（1）区域贸易政策不确定性对多产品企业出口产品组合的影响。

本节首先检验了区域贸易政策不确定性对中国出口东盟所有企业的出口产品种类、偏度和多样化的影响，表 5–18 报告了计量模型式（5–11）的回归结果。在引入了控制变量后，TPU 对中国多产品企业的出口产品组合有显著影响。区域贸易政策不确定性下降会使中国多产品企业出口产品种类上升，产品组合偏度下降，多样化指数上升。这与冯等（Feng et al.，2017）分析中国加入 WTO 之后 TPU 下降，中国对美国出口贸易迅速发展，主要是通过扩展边际（种类）的扩张实现的结论基本一致。

回归结果中控制变量符号也是基本符合预期的。目的国的人均 GDP（$\ln pergdp_{dt}$）反映了收入水平，企业在更富裕的国家出口更多的产品，因此目的国人均 GDP 与多产品企业出口种类、多样化指数正相关。企业所有制（$firmtype_{ft}$），国有出口企业（$firmtype_{ft}=1$）相对于其他企业出口更多的产品。企业资本劳动比（kl_{ft}）、企业年龄（age_{ft}）与企业补贴（sub_{ft}）对多产品企业出口产品种类数量的影响均不显著，一个可能的原因是，中国多产品企业中仍然存在低价竞争的现象，多产品企业采取薄利多销的方式获得利润，资本劳动比较大的企业、年龄较大的企业、补贴较多的企业依然没有较高的出口能力，从而对多产品企业出口产品种类的影响不显著。

表 5–18　　　　　　　　　　产品组合基础回归结果

变量	(1) $variety_{fdt}$	(2) $variety_{fdt}$	(3) $skewness_{fdt}$	(4) $skewness_{fdt}$	(5) E_{fdt}	(6) E_{fdt}
tpu_{fdt}	−4.9700*** (0.228)	−4.8691*** (0.223)	0.2438*** (0.006)	0.2436*** (0.006)	−0.6318*** (0.016)	−0.6298*** (0.016)
$\ln pergdp_{dt}$		8.9137*** (1.707)		0.0227 (0.014)		0.0779* (0.043)
$\ln kl_{ft}$		−0.0721 (0.091)		0.0031* (0.002)		−0.0075* (0.004)
$\ln age_{ft}$		0.1952 (0.196)		−0.0091** (0.004)		0.0218** (0.009)
sub_{ft}		0.1470 (0.143)		−0.0004 (0.002)		0.0037 (0.005)
$firmtype_{ft}$		2.0545*** (0.584)		−0.0277*** (0.004)		0.1051*** (0.014)
常数项	9.8110*** (0.071)	−65.3826*** (14.243)	0.6411*** (0.002)	0.4649*** (0.118)	0.9530*** (0.005)	0.2597 (0.363)
目的国固定效应	控制	控制	控制	控制	控制	控制
年份固定效应	控制	控制	控制	控制	控制	控制
企业固定效应	控制	控制	控制	控制	控制	控制

续表

变量	(1) $variety_{fdt}$	(2) $variety_{fdt}$	(3) $skewness_{fdt}$	(4) $skewness_{fdt}$	(5) E_{fdt}	(6) E_{fdt}
样本数	141435	141319	141435	141319	141435	141319
R^2	0.700	0.701	0.615	0.615	0.750	0.750

注：括号中的数字为行业聚类标准误；*、**、***分别表示在10%、5%以及1%的水平上显著。

资料来源：模型回归结果。

(2) 区域贸易政策不确定性对多产品企业生产率的影响。

表5-19报告了TPU对企业生产率的影响。表中第（2）列加入了控制变量和固定效应，由结果可知，TPU的估计系数为负，说明区域贸易政策不确定性下降，会使得中国多产品企业的生产率上升。进一步，在剔除加工贸易样本后，其效果更为明显。这说明，加工贸易在一定程度上拉低了区域贸易政策不确定性下降对中国多产品企业生产率的提升作用，这可能是由于长期以来中国从事加工贸易的企业大都以初级加工为主，长期处于微笑曲线底端所致。在控制变量方面，企业年龄、补贴都显著为正，可能是由于存续时间长的企业具有较多的管理经验，从而有利于多产品企业生产率的提升，另外补贴的提高能够显著提高出口企业的生产率。除此之外，包括人均GDP和企业所有制在内的控制变量则不显著。

表5-19   企业生产率基础回归结果

变量	(1)	(2)	(3)	(4)
tpu_{fdt}	-0.0207 *** (0.007)	-0.0201 *** (0.007)	-0.0178 ** (0.008)	-0.0174 ** (0.008)
$\ln pergdp_{dt}$		0.0101 (0.031)		0.0181 (0.034)
$\ln kl_{ft}$		-0.0559 *** (0.011)		-0.0627 *** (0.014)

续表

变量	(1)	(2)	(3)	(4)
$\ln age_{ft}$		0.1596*** (0.026)		0.1055*** (0.026)
sub_{ft}		0.0511*** (0.011)		0.0509*** (0.013)
$firmtype_{ft}$		−0.0136 (0.010)		−0.0156 (0.010)
常数项	6.6821*** (0.002)	6.4551*** (0.280)	6.5248*** (0.003)	6.3728*** (0.301)
目的国固定效应	控制	控制	控制	控制
年份固定效应	控制	控制	控制	控制
企业固定效应	控制	控制	控制	控制
样本数	141435	141319	86913	86815
R^2	0.893	0.894	0.908	0.909

注：括号中的数字为行业聚类标准误；*、**、***分别表示在10%、5%以及1%的水平上显著。
资料来源：模型回归结果。

5.2.3.2 稳健性检验

(1) 改变 TPU 的计算方法。

在回归过程中出于对稳健性的考虑，产品的替代弹性 σ 的取值借鉴汉德利和利茂（Handley and Limão，2017）取 2 进行了回归分析，结果见表 5-20 第（1）~（3）列。区域贸易政策不确定性测度方式不同，可能导致估计结果的差异，由此导致只选择一种方法测度区域贸易政策不确定性的做法可能存在瑕疵，进而也很难保证回归结果的稳健性。考虑到这一实际情况，本节还运用皮尔斯和斯科特（Pierce and Schott，2016）的直接差分法来对区域贸易政策不确定性进行重新测度，并使用该测算方法得到的 TPU 与多产品企业出口产品组合做回归，结果见表 5-20 第（4）~（6）列。回归结果表明，在选用不同区域贸易政策不确定性测度方式的情况下，所得结果仍然十分显著，也由此论证了基础回归的稳健性。

表 5-20　　　　　　　稳健性检验：改变 TPU 的计算方法

变量	(1)	(2)	(3)	(4)	(5)	(6)
	Handley and Limao (2017) $\sigma=2$			Pierce and Schott (2016)		
	$variety_{fdt}$	$skewness_{fdt}$	E_{fdt}	$variety_{fdt}$	$skewness_{fdt}$	E_{fdt}
tpu_{fdt}	-8.1731*** (0.399)	0.3530*** (0.006)	-0.9342*** (0.020)	-0.1197*** (0.017)	0.0060*** (0.000)	-0.0168*** (0.001)
$lnpergdp_{dt}$	8.4212*** (1.678)	0.0328** (0.015)	0.0462 (0.042)	8.5271*** (1.716)	0.0418** (0.016)	0.0053 (0.049)
$lnkl_{ft}$	-0.0491 (0.091)	0.0022 (0.002)	-0.0050 (0.004)	-0.0831 (0.094)	0.0037* (0.002)	-0.0089* (0.005)
$lnage_{ft}$	0.1808 (0.197)	-0.0086** (0.004)	0.0204** (0.009)	0.2250 (0.203)	-0.0106** (0.004)	0.0257** (0.011)
sub_{ft}	0.1372 (0.142)	-0.0002 (0.002)	0.0031 (0.005)	0.1709 (0.147)	-0.0016 (0.002)	0.0066 (0.006)
$firmtype_{ft}$	2.0037*** (0.578)	-0.0261*** (0.004)	0.1008*** (0.013)	2.1376*** (0.590)	-0.0318*** (0.005)	0.1157*** (0.016)
常数项	-60.3819*** (13.985)	0.3524*** (0.124)	0.6036* (0.356)	-63.5097*** (14.322)	0.3730*** (0.137)	0.6928* (0.405)
目的国固定效应	控制	控制	控制	控制	控制	控制
年份固定效应	控制	控制	控制	控制	控制	控制
企业固定效应	控制	控制	控制	控制	控制	控制
样本数	141319	141319	141319	141319	141319	141319
R^2	0.703	0.634	0.766	0.699	0.562	0.714

注：括号中的数字为行业聚类标准误；*、**、*** 分别表示在 10%、5% 以及 1% 的水平上显著。

资料来源：模型回归结果。

(2) 控制行业 – 时间趋势。

在实证方案中，本节主要探究区域贸易政策不确定性对多产品企业出口产品组合和生产率的影响。然而现实中可能存在行业层面不可观测的因素会影响多产品企业出口产品组合和生产率，进而导致在不同的行业，多产品企业出口产品组合和生产率变动具有不同的趋势，就会存在偏误。为了观察不可观测的行业层面变量是否会对本节估计结果带来实质性的影响，借鉴刘和丘（Liu and Qiu，2016）的做法，将行业 – 时间趋势项加入实证方案中进行回归，从表 5 – 21 可知，在加入行业 – 时间趋势项后，TPU 的估计系数仍然显著，本节核心结论依然成立。

表 5 – 21　　　　　　　　控制行业 – 时间趋势

变量	(1) $variety_{fdt}$	(2) $skewness_{fdt}$	(3) E_{fdt}	(4) $\ln tfp_{ft}$
tpu_{fdt}	-4.8312*** (0.225)	0.2414*** (0.006)	-0.6244*** (0.017)	-0.0199*** (0.006)
$\ln pergdp_{dt}$	9.4656*** (1.743)	0.0190 (0.014)	0.0954** (0.044)	-0.0082 (0.028)
$\ln kl_{ft}$	-0.0573 (0.082)	0.0033* (0.002)	-0.0083* (0.004)	-0.0614*** (0.011)
$\ln age_{ft}$	0.0411 (0.190)	-0.0076** (0.004)	0.0153* (0.008)	0.1643*** (0.026)
sub_{ft}	0.0991 (0.142)	-0.0009 (0.002)	0.0038 (0.005)	0.0489*** (0.010)
$firmtype_{ft}$	2.0781*** (0.582)	-0.0259*** (0.004)	0.0994*** (0.013)	-0.0092 (0.008)
常数项	-69.7179*** (14.551)	0.4926*** (0.119)	0.1303 (0.366)	6.6179*** (0.253)
目的国固定效应	控制	控制	控制	控制
年份固定效应	控制	控制	控制	控制
企业固定效应	控制	控制	控制	控制
行业 – 年份固定效应	控制	控制	控制	控制

续表

变量	(1)	(2)	(3)	(4)
	$variety_{fdt}$	$skewness_{fdt}$	E_{fdt}	$\ln tfp_{ft}$
样本数	141199	141199	141199	141199
R^2	0.706	0.626	0.758	0.909

注：括号中的数字为行业聚类标准误；*、**、*** 分别表示在10%、5%以及1%的水平上显著。

资料来源：模型回归结果。

（3）增加可观测遗漏变量。

根据努恩和伦纳德（Nunn and Leonard，2011）的结论，如果缺失关键变量，则可能导致自变量和因变量存在相关关系，而不是因果关系。所以在进行因果识别时，首先考虑遗漏变量问题。在分析 TPU 变动对多产品企业出口产品种类的影响上，最重要的潜在遗漏变量是企业维度上的一些指标。实际上，2001~2007 年，随着中国经济飞速发展，多产品企业在产品创新上有明显的改善，导致企业多产品出口的能力显著增强。一个竞争性的解释是，中国多产品企业出口种类的增加，是因企业中间品投入、创新投入增加等关键因素改善导致的。为了排除这种竞争性解释，本节在原有的控制变量基础上，进一步增加了中间品投入（input）和创新投入（innov）。回归结果列示在表 5-22 中。表 5-22 在原有基准模型的回归中加入了企业中间品投入和创新投入的控制变量，研究结果显示，TPU 对中国多产品企业的出口产品组合和生产率的影响系数仍然显著。

表 5-22　　　　　　　　增加可观测遗漏变量

变量	(1)	(2)	(3)	(4)
	$variety_{fdt}$	$skewness_{fdt}$	E_{fdt}	$\ln tfp_{ft}$
tpu_{fdt}	-4.8678 *** (0.223)	0.2434 *** (0.006)	-0.6295 *** (0.016)	-0.0152 ** (0.007)

续表

变量	(1) $variety_{fdt}$	(2) $skewness_{fdt}$	(3) E_{fdt}	(4) $\ln tfp_{ft}$
$\ln pergdp_{dt}$	8.9180*** (1.707)	0.0227 (0.014)	0.0779* (0.043)	0.0095 (0.030)
$\ln kl_{ft}$	-0.0886 (0.097)	0.0051*** (0.002)	-0.0115** (0.005)	-0.1190*** (0.011)
$\ln age_{ft}$	0.1922 (0.196)	-0.0091** (0.004)	0.0217** (0.009)	0.1596*** (0.025)
sub_{ft}	0.1465 (0.143)	-0.0004 (0.002)	0.0036 (0.005)	0.0502*** (0.010)
$firmtype_{ft}$	2.0559*** (0.584)	-0.0278*** (0.004)	0.1054*** (0.014)	-0.0083 (0.009)
$\ln input_{ft}$	0.0619 (0.135)	-0.0078*** (0.002)	0.0160*** (0.005)	0.2503*** (0.019)
$innov_{ft}$	-0.2201 (0.136)	0.0007 (0.005)	-0.0061 (0.010)	-0.0582** (0.023)
常数项	-65.6565*** (14.214)	0.4981*** (0.120)	0.1910 (0.367)	5.3855*** (0.276)
目的国固定效应	控制	控制	控制	控制
年份固定效应	控制	控制	控制	控制
企业固定效应	控制	控制	控制	控制
样本数	141319	141319	141319	141319
R^2	0.701	0.615	0.750	0.898

注：括号中的数字为行业聚类标准误；*、**、*** 分别表示在10%、5%以及1%的水平上显著。

资料来源：模型回归结果。

5.2.3.3 异质性检验

（1）不同市场结构。

面对TPU的变化，多产品企业是否调整出口产品组合很大程度上受到市场结构的影响，是否具备市场力量、竞争对手的产品种类和拟增加的产品是否已经有多产品企业生产并形成了优势等。因此，多产品企业出口产品组合的调整还可能是市场结构导致的。在垄断竞争行业中,多产品企业应对区域贸易政策不确定性下降,可以自主研发调整出口产品组合,受同行业的竞争企业影响较小。本节根据是否为垄断竞争行业的多产品企业,将样本分为自由竞争行业和垄断竞争行业两个子样本。如表 5-23 所示,可以发现垄断竞争行业的多产品企业,区域贸易政策不确定性对出口产品组合和生产率的影响更强。

表 5-23　　　　　　　　　　不同市场结构的回归结果

变量	(1)	(2)	(3)	(4)	(5)	(6)
	自由竞争行业			垄断竞争行业		
	$variety_{fdt}$	$skewness_{fdt}$	E_{fdt}	$variety_{fdt}$	$skewness_{fdt}$	E_{fdt}
tpu_{fdt}	-4.4931*** (0.247)	0.2234*** (0.005)	-0.5794*** (0.014)	-5.3953*** (0.380)	0.2723*** (0.009)	-0.7019*** (0.026)
$lnpergdp_{dt}$	9.1679*** (2.202)	0.0171 (0.021)	0.0916 (0.062)	8.6159*** (2.684)	0.0302 (0.019)	0.0592 (0.061)
$lnkl_{ft}$	-0.0919 (0.134)	0.0016 (0.002)	-0.0042 (0.007)	-0.0663 (0.122)	0.0060** (0.002)	-0.0139** (0.006)
$lnage_{ft}$	0.4332 (0.351)	-0.0067 (0.005)	0.0200 (0.013)	-0.0288 (0.158)	-0.0111** (0.005)	0.0234** (0.012)
sub_{ft}	0.1502 (0.231)	0.0004 (0.003)	0.0013 (0.007)	0.1362 (0.145)	-0.0011 (0.003)	0.0057 (0.007)
$firmtype_{ft}$	1.4406* (0.793)	-0.0231*** (0.006)	0.0909*** (0.021)	2.8440*** (0.868)	-0.0333*** (0.006)	0.1229*** (0.020)
常数项	-68.075*** (18.446)	0.5255*** (0.177)	0.1059 (0.517)	-62.288*** (22.316)	0.3783** (0.156)	0.4762 (0.511)
目的国固定效应	控制	控制	控制	控制	控制	控制
年份固定效应	控制	控制	控制	控制	控制	控制
企业固定效应	控制	控制	控制	控制	控制	控制
样本数	78040	78040	78040	63157	63157	63157
R^2	0.704	0.622	0.754	0.699	0.608	0.747

注:括号中的数字为行业聚类标准误;*、**、*** 分别表示在 10%、5% 以及 1% 的水平上显著。

资料来源:模型回归结果。

(2) 企业进入退出。

区域贸易政策不确定性下降，一些生产率较低，原先收入不足以弥补出口固定成本的多产品企业开始盈利并进入出口市场。持续出口的企业和新进入/退出者对贸易成本变化的反应不同（Arkolakis et al., 2012）。根据这一论点，本节将多产品企业分为两组：持续出口企业和新进入/退出企业。值得注意的是由于中国工业企业数据中对于非国有企业，只有年销售额在500万元人民币或以上的企业才会被调查。所以本节的新进入/退出者企业意味着，在加入世界贸易组织后，国有企业新进入或退出市场，非国有企业将年销售额缩减至低于500万元，或将年销售额增加至500万元以上。

使用这两组的回归结果列示在表5-24中。区域贸易政策不确定性下降对新进入者和退出者的出口产品组合有显著的正面影响，但对持续出口的多产品企业影响较小，这与陆和余（Lu and Yu, 2015）的研究结论一致。

表5-24　　　　　　企业进入退出/持续出口的回归结果

变量	(1)	(2)	(3)	(4)	(5)	(6)
	企业进入/退出			持续出口		
	$variety_{fdt}$	$skewness_{fdt}$	E_{fdt}	$variety_{fdt}$	$skewness_{fdt}$	E_{fdt}
tpu_{fdt}	-5.9068*** (0.277)	0.2443*** (0.006)	-0.6521*** (0.017)	-2.369*** (0.195)	0.1965*** (0.007)	-0.4772*** (0.018)
$lnpergdp_{dt}$	15.6847*** (2.700)	-0.0114 (0.018)	0.2499*** (0.056)	-0.9804 (0.877)	0.1165*** (0.043)	-0.2806*** (0.097)
$lnkl_{ft}$	-0.0166 (0.146)	0.0033 (0.002)	-0.0055 (0.006)	-0.2807 (0.178)	0.0015 (0.004)	-0.0106 (0.010)
$lnage_{ft}$	0.2449 (0.367)	-0.0032 (0.005)	0.0128 (0.012)	-0.1462 (0.200)	0.0017 (0.009)	-0.0125 (0.018)
sub_{ft}	0.1021 (0.238)	-0.0022 (0.003)	0.0035 (0.007)	0.0821 (0.084)	-0.0035 (0.005)	0.0100 (0.010)
$firmtype_{ft}$	1.9756*** (0.641)	-0.0262*** (0.004)	0.0980*** (0.014)	0.1529 (2.346)	-0.0306 (0.037)	0.2166* (0.118)

续表

变量	(1)	(2)	(3)	(4)	(5)	(6)
	企业进入/退出			持续出口		
	$variety_{fdt}$	$skewness_{fdt}$	E_{fdt}	$variety_{fdt}$	$skewness_{fdt}$	E_{fdt}
常数项	-120.35 *** (22.505)	0.7208 *** (0.151)	-1.0957 ** (0.472)	14.1675 * (7.535)	-0.2837 (0.370)	3.1320 *** (0.833)
目的国固定效应	控制	控制	控制	控制	控制	控制
年份固定效应	控制	控制	控制	控制	控制	控制
企业固定效应	控制	控制	控制	控制	控制	控制
样本数	103961	103961	103961	11610	11610	11610
R^2	0.705	0.634	0.765	0.615	0.531	0.640

注：括号中的数字为行业聚类标准误；*、**、*** 分别表示在 10%、5% 以及 1% 的水平上显著。
资料来源：模型回归结果。

5.2.4　机制检验——行业内资源再分配

5.2.4.1　行业内资源再分配

区域贸易政策不确定性下降，多产品企业进入目的国市场的门槛值降低，原先仅在国内生产销售的多产品企业会进入目的国市场，目的国市场的企业数量不断增长，垄断性显著下降，竞争加剧，部分生产率较低的多产品企业由于收益不足以覆盖成本，会选择退出目的国市场。因目的国市场如此激烈的竞争，原材料短缺导致成本上升，只有那些资金雄厚的多产品企业会抢到原材料，而那些资金短缺、技术水平较低的企业会逐步退出目的国市场。除此之外，TPU 的降低还会导致资源再分配，只有生产率高的多产品企业其资源有效转化率才高，低生产率企业由于资源有效转换率低，产品质量提升不明显，最终会被市场淘汰；而那些高生产率企业会通过提高其生产率从而提升市场竞争能力。另外，由于目的国市场竞争加剧，同行交流增多，信息不对称减少，这有助于倒逼企业创新，有效提升企业生产率。竞争效应促使多产品企业生产率不断提升，能够在行业内具备一定的竞争优势，进而更有能力在目的国市场扩张其出口产品范围，调整其出口产品组合获得更大的收益。

5.2.4.2 机制检验的实证结果

表 5-25 给出了机制检验的回归分析结果。首先，利用 Logistic 回归分析 TPU 削减政策对企业进入和退出的影响，以观察区域贸易政策不确定性的下降是否会导致企业进入市场的可能性增大。表 5-25 第（1）~（2）列报告了企业进入的 Logistic 回归结果。第（1）列是企业进入概率估计的基准结果，只关注 TPU 的下降。结果表明，TPU 的下降使企业更有可能进入市场。第（2）列报告了加入控制变量的结果。可以看出，结果仍然稳健，这意味着多产品企业面对 TPU 的下降更有可能进入目的国市场。表 5-25 第（3）~（4）列报告了企业退出的 Logistic 回归结果。在加入控制变量后，更为稳健的实证结果表明，TPU 的下降使多产品企业退出市场的概率明显下降，这个结果很好地符合模型：当 TPU 下降时，更多的多产品企业进入目的国市场，竞争加剧促使多产品企业生产率不断提升，能够在行业内具备一定的竞争优势，进而更有能力在目的国市场扩张其出口产品范围，调整其出口产品组合以获得更大的收益。结果进一步证明了区域贸易政策不确定性是通过行业内资源再分配来促进多产品企业出口产品组合的调整和生产率的提升。

表 5-25　　　　　　　　　　　机制检验

变量	(1)	(2)	(3)	(4)
	Logit 企业进入概率		Logit 企业退出概率	
tpu_{fdt}	-0.3074*** (0.027)	-0.2729*** (0.030)	0.0767*** (0.022)	0.0718*** (0.027)
$\ln pergdp_{dt}$		-0.2034*** (0.009)		0.0483*** (0.008)

续表

变量	(1)	(2)	(3)	(4)
	\multicolumn{2}{c}{Logit 企业进入概率}	\multicolumn{2}{c}{Logit 企业退出概率}	
$\ln kl_{ft}$		-0.2317*** (0.021)		0.3968*** (0.022)
$\ln age_{ft}$		-4.4637*** (0.055)		9.0641*** (0.079)
sub_{ft}		0.1593*** (0.031)		-0.0840*** (0.030)
$firmtype_{ft}$		0.5187*** (0.079)		-0.4312*** (0.076)
企业固定效应	控制	控制	控制	控制
样本数	84061	84019	103403	103306

注：括号中的数字为行业聚类标准误；*、**、*** 分别表示在10%、5%以及1%的水平上显著。
资料来源：模型回归结果。

5.2.5 小结

本节研究了 TPU 对多产品企业出口产品组合和生产率的影响。基于 2001～2007 年中国工业企业数据库、中国海关数据库和 WITS 关税数据库的匹配数据进行实证研究。研究结论表明，区域贸易不确定性程度下降显著增加了中国多产品企业出口产品种类、多样化指数和生产率，缩小了多产品企业的偏度；区域贸易政策不确定性下降对中国多产品企业出口产品组合的影响因企业所在市场结构不同而有显著性差异，新进入和退出的多产品企业出口产品组合调整增加显著高于持续出口的多产品企业。促进多产品企业出口产品组合调整和生产率提升可以帮助企业提升竞争能力，防范特定市场风险，促进范围经济的形成，是现阶段国家实现贸易高质量发展和企业转型升级的重要体现。

本节的研究结论对于中国应对区域贸易政策不确定性变动和推进贸易多

元化发展具有重要的政策启示：第一，通过《框架协议》降低区域贸易政策不确定性。随着中国自由贸易区战略的深入推进，不仅要关注在区域范围内关税削减的重要作用，更应该致力于通过《框架协议》降低区域贸易政策不确定性，进而从制度层面确定营造稳定的预期，实现贸易高质量发展。在操作层面，未来的合作框架协议中可以考虑嵌入降低区域贸易政策不确定性的特别条款，起到靶向目标的作用。第二，考虑兼顾多产品企业的异质性特征。不同类型的多产品企业，由于所处产品生命周期或者发展阶段，可能采取不同的竞争策略。它们即使面临相同的 TPU 下降，出口产品组合决策也可能存在较大的不同。在设计政策或特殊条款时，兼顾异质性需求，不做一刀切。第三，多产品企业内的产品种类决策，不管是增加还是减少，都可能是企业内实现资源优化配置的一种方式，中国－东盟自由贸易区展现出来增加产品种类、降低出口偏度的特征，有一定的独特性，这是加工贸易存在的情况下的理性选择。这个过程是否伴随着成本加成能力提升和福利改善，值得进一步深入研究。

第 6 章
中国自由贸易区战略与中国出口产品成本加成

6.1 多产品企业出口产品成本加成的测算方法

德洛克等（De Loecker et al., 2016）的模型中没有体现买方市场差异带来的产品的异质性，并且他们虽然使用高度细分的 HS10 分类表示产品，以尽可能准确地测算印度企业的产品的成本加成，但是他们的测算结果无法用以分析买方市场对企业生产和定价行为的作用。类似地，樊海潮等（Fan et al., 2018）使用 HS6 分类表示产品，也未能体现买方市场的作用。

本书设定产品种类为 HS6 分位产品和目的地的组合，即若企业生产 HS6 分位产品 h 的集合为 Ω，每种 HS6 分位产品 h 被出口到 h_j 个目的地，那么该企业生产的产品种类数为 $\sum_{h \in \Omega}(h_j)$。借鉴德洛克和沃兹斯基（De Loecker and Warzynski, 2012）、德洛克等（De Loecker et al., 2016）的做法，本书设定 t 年企业 f 中出口到目的地 j 的产品 h 的生产函数为：

$$Q_{fhjt} = F(V_{fhjt}, K_{fhjt})\exp(\varphi_{ft}) \tag{6-1}$$

其中，Q_{fhjt}表示计划产量；V向量指企业可自由调节的生产要素的投入数量，本书指中间品；K向量指企业固定生产要素的投入数量，本书指劳动和资本。我们将$F(V_{fhjt}, K_{fhjt})$称为生产技术函数，根据德洛克等（De Loecker et al.，2016）的假设1，生产技术是产品层面的，产品的异质性很可能意味着生产要素的异质，因此本书认为企业的生产要素投入组合也是产品－目的市场层面的。Φ_{ft}表示企业生产率的对数，为希克斯中性。

给定t年企业f出口到目的地j的产品h的产量Q_{fhjt}，企业追求成本最小化。假设可变生产要素V的价格为P^v_{fhjt}，固定生产要素K的价格为r^k_{fhjt}，通过构建拉格朗日函数，并对可变生产要素V求一阶导数，可得t年企业f出口到目的地j的产品h的成本加成率计算公式：

$$\mu_{fhjt} = \ln[\theta^v_{fhjt}(\alpha^v_{fhjt})^{-1}] \tag{6-2}$$

其中，$\theta^v_{fhjt} = \dfrac{\partial Q_{fhjt}}{\partial V_{fhjt}} \times \dfrac{V_{fhjt}}{Q_{fhjt}}$表示可变生产要素的产出弹性；$\alpha^v_{fhjt} = (P^v_{fhjt} V_{fhjt})/(P_{fhjt} Q_{fhjt})$表示可变生产要素的支出份额，分子表示企业用于生产出口目的地为j的产品h的可变生产要素支出额，分母表示企业出口产品h到目的地j的出口额。由式(6-2)可知，测算μ_{fhjt}需要求得θ^v_{fhjt}和α^v_{fhjt}，而求得α^v_{fhjt}和θ^v_{fhjt}的关键在于测算V_{fhjt}。

生产函数(6-1)中Q_{fhjt}为计划产量，然而，在实际生产过程中企业生产可能会面临不可观测的扰动，并且在普查过程中也可能出现产出的测量误差。因此，实际产量应表示为计划产量乘以误差项，$Y = Q_{fhjt} e^{\epsilon_{fhjt}}$，对等式两侧分别取对数，可将生产函数转化为

$$q_{fhjt} = f(x_{fhjt}; \beta) + \varphi_{ft} + \epsilon_{fhjt} \tag{6-3}$$

其中，q_{fhjt}是实际产量的对数，向量x_{fhjt}表示各生产要素投入量的对数，φ_{ft}表示企业生产率的对数，ϵ_{fhjt}为随机误差项。

由于在企业内，产品－目的地层面的生产要素投入量不可得，本书使用可知变量（企业层面各生产要素投入量）表示未知变量，$X_{fhjt} = \tilde{\rho}^X_{fhjt} X_{ft}$，其中分配系数$\tilde{\rho}^X_{fhjt}$表示$t$年企业$f$生产出口目的地为$j$的产品$h$时使用的生

要素数量占企业总生产要素数量的比重，对两边取对数，$x_{fhjt} = \rho_{fhjt}^X + x_{ft}$。在超越对数生产函数形式下，借鉴德洛克和沃兹斯基（De Loecker and Warzynski, 2012）的方法，估计得到企业层面的生产要素产出弹性系数 $\hat{\beta}$。并且为消除不可预测的产量冲击以及统计偏误带来的产量误差 ϵ_{fhjt}，本书借鉴樊海潮等（Fan et al., 2018）的做法，将出口数量 q_{fhjt} 对产品价格、全部可变和固定生产要素、加工贸易虚拟变量、最终品/中间品关税，是否进行加工贸易虚拟变量与最终品/中间品关税的交互项，城市-行业-产品固定效应和年份固定效应进行回归，得到估计值 $\hat{q}_{fhjt}$。由此生产函数（6-3）可转化为

$$\hat{q}_{fhjt} = f(x_{ft}; \beta) + \varphi_{ft} + A_{fhjt}(\rho_{fhjt}^X; x_{ft}; \beta) \quad (6-4)$$

令 $\hat{\varphi}_{fhjt} = \hat{q}_{fhjt} - f(x_{ft}; \hat{\beta})$，并将超越对数生产函数代入式（6-4），可得

$$\hat{\varphi}_{fhjt} = \varphi_{ft} + A_{fhjt}(\rho_{fhjt}^X; x_{ft}; \hat{\beta}) = \varphi_{ft} + \hat{a}_{ft}\rho_{fhjt}^X + \hat{b}_{ft}(\rho_{fhjt}^X)^2 + \hat{c}_{ft}(\rho_{fhjt}^X)^3 \quad (6-5)$$

其中，$\hat{a}_{ft}$、$\hat{b}_{ft}$、$\hat{c}_{ft}$ 是 x_{ft} 和 $\hat{\beta}$ 的表达式。

t 年企业 f 生产 N 种产品（$N = \sum_{h \in \Omega} h_j$），本书将产品种类设定在 HS6 分位产品-目的地维度。由此得到 $N+1$ 个方程，计算 $N+1$ 个未知量。

$$\hat{\varphi}_{f1t} = \varphi_{ft} + \hat{a}_{ft}\rho_{f1t} + \hat{b}_{ft}\rho_{f1t}^2 + \hat{c}_{ft}\rho_{f1t}^3 \quad (6-6)$$

$$\cdots$$

$$\hat{\varphi}_{fNt} = \varphi_{ft} + \hat{a}_{ft}\rho_{fNt} + \hat{b}_{ft}\rho_{fNt}^2 + \hat{c}_{ft}\rho_{fNt}^3 \quad (6-7)$$

$$\sum_{h \in \Omega} \rho_{fhjt} = \frac{出口额_{ft}}{销售额_{ft}} \quad (6-8)$$

在估计出分配系数 $\hat{\rho}_{fhjt}$ 后，可求得可变生产要素的产出弹性 $\hat{\theta}_{fhjt}^v$，进而可求得 t 年企业 f 出口到目的地 j 的产品 h 的成本加成率：

$$\hat{\mu}_{fhjt} = \ln\left[\hat{\theta}_{fhjt}^v \frac{P_{fhjt}Q_{fhjt}}{\exp(\hat{\rho}_{fhjt})P_{ft}^v Q_{ft}^v}\right] \quad (6-9)$$

值得注意的是，德洛克等（De Loecker et al., 2016）研究中假定，$\sum_{h \in \Omega} \rho_{fhjt} = 1$。但是这个假设不适合中国的情况。原因在于，中国大多数企业产品既出口又在国内销售，所以企业 f 出口产品的要素分配系数 ρ_{fhjt} 的总和

不等于1。本书采用了樊海潮等（Fan et al., 2018）的假设，认为企业分配给出口产品进行生产的生产要素比重等于该企业的出口额占总销售额的比重。

6.2 区域贸易政策不确定性对中国多产品企业出口产品成本加成的影响

6.2.1 引言

随着新冠疫情、俄乌冲突、英国脱欧等"黑天鹅"事件的发生，国际环境日趋复杂，经济和贸易政策不确定性明显增加。跨国区域合作在降低贸易政策不确定性上发挥了越来越大的作用（赵金龙、赵明哲，2015）。"十四五"规划纲要中明确提出要构建面向全球的高标准自由贸易区网络。截至2021年底，中国已签署19个自由贸易协定，与26个国家和地区形成区域贸易合作。[①] 中国–东盟自由贸易区（China–ASEAN Free Trade Area，CAFTA）是中国最重要的自由贸易区之一，2004年底《中华人民共和国政府与东南亚国家联盟成员国政府全面经济合作框架协议货物贸易协议》（以下简称《货物贸易协议》）签署，2005年7月20日该协议开始实施。《货物贸易协议》关于区域范围内关税减让的进程安排以及区域协调机制，都大幅度降低了区域内的贸易政策不确定性（RTPU）。自由贸易区（FTA）所带来的区域贸易政策不确定性的降低已经成为了中国外贸高质量发展的中坚力量。

当前，中国经济正转向高质量发展阶段，如何顺利实现中国经济发展由"速"到"质"的转型，关系到中国特色社会主义现代化建设的全局。"企业

---

① 中华人民共和国商务部，https://www.mofcom.gov.cn/。

好经济就好"，企业作为市场经济的主体，增强其市场竞争力对于中国外贸的高质量发展至关重要。成本加成率是衡量企业定价能力的重要指标。国内学者研究表明，在21世纪初，中国出口企业的成本加成率普遍较低，甚至低于国内非出口企业的成本加成率，即中国多数出口企业落入了"低成本加成率陷阱"（盛丹、王永进，2012；刘啟仁、黄建忠，2015；黄先海等，2016），中国出口企业的定价能力亟待提升。由此，探究RTPU下降对中国多产品企业出口产品成本加成率的影响及作用机制，是当前需要研究的重要课题。

  关于多产品企业成本加成率的测算，现有文献多沿袭德洛克等（De Loecker et al.，2016）的方法，测算了多产品企业内各产品的加成率，而未识别企业出口同一HS6产品到不同目的国可能存在的差别定价。而事实上，由于不同目的国市场具有不同的市场特征（如人均收入水平、地理距离等），企业会出口不同质量，不同价格、成本加成的产品到具有不同市场特征的目的国（Manova and Zhang，2009；Simonovska，2015；Bellone et al.，2008，Bellone et al.，2014）。此外，考虑到RTPU是目的国 – 产品 – 年份层面的变量，自变量与因变量之间研究层面的对应，有助于提高实证研究的准确性。基于此，本书将产品种类细分到目的国层面，借鉴德洛克等（De Loecker et al.，2016）和樊海潮等（Fan et al.，2018）的方法测算了企业 – 产品 – 目的国 – 年份层面的成本加成率，为实证研究区域贸易政策不确定性对具有不同出口目的国的多产品企业的成本加成率的影响奠定了基础。

  关于中国多产品企业的成本加成，已有卓有成效的研究。樊海潮等（Fan et al.，2018）借鉴德洛克等（De Loecker et al.，2016）的方法，首先测算出了中国多产品企业出口产品的成本加成率，研究发现投入关税降低显著提升了通过一般贸易（ordinary trade）出口的产品的成本加成率，而对通过加工贸易方式出口的产品的成本加成率无显著影响。与樊海潮等（Fan et al.，2018）的研究相似，祝树金等（2018）也研究了投入关税降低带来的中间品贸易自由化对出口产品成本加成率的影响，不同之处在于，祝树金等

(2018）比较了投入关税降低对核心产品和外围产品成本加成率的不同影响，发现投入品关税降低对核心产品的成本加成率影响更大。而樊海潮等（2019）的研究则发现关税降低对外围产品成本加成率的影响更大，这有效促进了多产品企业内资源的优化配置。通过梳理上述文献发现，现有基于多产品企业理论的文献，主要聚焦关税削减带来的贸易自由化对多产品企业出口产品成本加成的影响，而区域贸易政策不确定性作为贸易自由化的另一面，其对企业出口产品的成本加成具有何种影响尚不明确，本书将从区域贸易政策不确定性的视角进行探究，以增加我们对中国外贸企业出口产品成本加成变化原因的认识。

本研究的边际贡献在于：

第一，本书贡献于多产品企业成本加成率的测算。虽然本研究借鉴了德洛克等（De Loecker et al., 2016）和樊海潮等（Fan et al., 2018）关于多产品企业成本加成率的测算方法，但考虑到企业制定出口产品成本加成率可能与目的国市场的特征有关，因此本书创新性地将多产品企业出口产品的成本加成率测算拓展到目的国层面，为研究区域贸易政策不确定性对具有不同出口目的国的多产品企业的成本加成率的影响奠定了基础。

第二，本书贡献于多产品企业出口产品成本加成方面的研究。首先从区域贸易政策不确定性视角研究多产品企业出口产品的定价问题。已有文献主要研究关税削减对多产品企业成本加成率的影响（De Loecker et al., 2016；Fan et al., 2018；祝树金等，2018；樊海潮等，2019；钟腾龙，2021），目前还没有研究涉及 RTPU 对多产品企业出口产品成本加成率的影响效应。本书丰富了多产品企业出口产品成本加成率的影响因素相关研究，是这一研究领域的重要补充。研究结果可以为中国深化区域贸易合作、扩大开放提供实证依据。

第三，本书展示了区域贸易政策不确定性影响多产品企业成本加成率的渠道。RTPU 下降，多产品企业通过提升产品整体质量和降低产品边际成本的方式，提高企业的定价能力；从资源再配置的角度，RTPU 下降，多产品企业通过缩减产品组合,生产高质量核心产品,优化企业内部资源配置的方式,着力提升企业核心产品成本加成率。本书为理解 RTPU 如何影响总体市场竞争环境和资源配置效率提供了独特的视角。

6.2.2 RTPU 影响多产品企业出口产品成本加成的理论模型

6.2.2.1 进口国代表性消费者的需求

将进口国消费者效用函数设定为 C-D 形式:

$$U = q_0^{1-\alpha}\left\{\left[\int_{i\in\Omega} q_i^\rho di\right]^{1/\rho}\right\}^\alpha, \rho = \frac{\sigma-1}{\sigma} \qquad (6-10)$$

其中,q_0 是一般计价物的消费量,q_i 为差异化产品 i 的消费量,Ω 为差异化产品的种类集合。$\sigma > 1$ 为差异化产品间的替代弹性,$\alpha \in (0,1)$ 表示同质的一般计价物和差异化产品的支出份额。在预算约束下,消费者追求效用最大化,可求得总收入 Y 下,产品 i 的需求函数:

$$q_i = \alpha Y P^{\sigma-1} p_i^{-\sigma} \qquad (6-11)$$

其中,p_i 是进口国产品价格,总体价格指数 P 可表示为

$$P = \left[\int_{i\in\Omega} p_i^{1-\sigma} di\right]^{\frac{1}{1-\sigma}} \qquad (6-12)$$

6.2.2.2 出口国代表性企业的生产

假设企业生产并出口多种产品,企业出口的各产品是异质的,并且不同企业生产的产品也是异质的。v_i 表示生产产品 i 的边际成本,$\tau > 1$ 为从价关税。因此产品的 FOB 价格为 p_i/τ,假设所有产品面临的关税相同,由此可得企业出口产品 i 的利润 π 为

$$\pi = \left(\frac{p_i}{\tau} - v_i\right) q_i \qquad (6-13)$$

根据企业利润最大化的一阶条件,得到

$$p_i = \frac{\tau v_i \sigma}{\sigma - 1} \qquad (6-14)$$

将式（6-11）、式（6-13）代入式（6-12）可得

$$\pi(a_s, v_i) = a_s v_i^{1-\sigma}, \quad a_s = (\tau\sigma)^{-\sigma}[(\sigma-1)P]^{\sigma-1}\alpha Y \qquad (6-15)$$

6.2.2.3 引入政策不确定性

假设企业从状态 s 转换到状态 $s+1$ 存在一定的概率（不确定性），企业出口产品 i 的期望利润 $\prod_e$ 为

$$\prod_e(a_s, v_i) = \pi(a_s, v_i) + E_s \sum_{t=1}^{\infty} \beta^t \pi(a_s', v_i) \qquad (6-16)$$

其中，$\beta < 1$ 是企业在下一期继续出口产品 i 的概率，E_s 表示对未来状态的期望，$\pi(a_s, v_i)$ 表示在确定条件下，企业出口产品 i 获得的利润；$\pi(a_s', v_i)$ 表示在不确定条件下，企业出口产品获得的利润。

（1）确定性环境。

如果企业没有预期的经济环境变化（即没有 E_s），就不存在任何经济条件的不确定性，没有等待的期权价值。根据当期利润等于沉没成本 f_i，即

$$\frac{\pi(a_s, v_i)}{1-\beta} = f_i \qquad (6-17)$$

可得确定条件下的临界边际成本 v_s^D：

$$v_s^D = \left[\frac{a_s}{(1-\beta)f_i}\right]^{\frac{1}{\sigma-1}} \qquad (6-18)$$

（2）存在不确定性。

当企业对未来经济情况有预期时，就存在经济条件的不确定性，此时存在一个边际成本临界值 v_s^U，在状态 s 下，只有成本低于 v_s^U 的企业能出口产品 i。

为了描述区域贸易政策不确定性的效应，本书借鉴汉德利和利茂（Handley and Limão，2017）的做法，引入 $U(\theta, \xi)$ 表示存在 RTPU 情形下的不确定因素。参数 $\xi(0 < \xi < 1)$ 表示 RTPU 不确定因素发生的概率，ξ 越大，说明

RTPU 越大。参数 $\theta \equiv (\tau_{BT}/\tau)^{-\sigma}$，可以反映约束关税与实际实施关税的差异程度。$\theta$ 越大，表示实际关税和约束关税差距越小，贸易政策不确定性越小。因为实际关税 τ 需要在约束关税 τ_{BT} 之下，也就是说 $\tau < \tau_{BT}$，所以 $\theta < 1$。τ 在 $[1, \tau_{BT}]$ 随机抽取并服从 $H(\tau)$ 分布。

在确定条件下产品边际成本临界值 v_s^D 与不确定条件下的产品边际成本临界值 v_s^U 符合下式所示的关系：

$$\frac{v_s^U}{v_s^D} = U(\theta, \xi) \qquad (6-19)$$

借鉴汉德利和利茂（Handley and Limão, 2017），可以将 $U(\theta, \xi)$ 写成一个具体的函数形式，

$$U(\theta, \xi) \equiv \left[\frac{1+u(\xi)\theta}{1+u(\xi)}\right]^{\frac{1}{\sigma-1}}, \quad u(\xi) \equiv \frac{\xi\lambda\beta}{1-\beta} \qquad (6-20)$$

$$v_s^U = \left[\frac{1+u(\xi)\theta}{1+u(\xi)}\right]^{\frac{1}{\sigma-1}} v_s^D \qquad (6-21)$$

其中，$U(\theta, \xi)$ 包括未来区域贸易政策发生变动的概率以及企业对未来关税变动的预期等。$\lambda > 0$ 表示企业出口产品关税在约束关税范围内变化的可能性。$0 < \beta < 1$ 表示企业存活的概率。

①维度一：贸易政策不确定性因素发生概率 ξ。

企业的成本加成，用于衡量企业定价高于边际成本的能力。借鉴迈耶等（Mayer et al., 2014）关于多产品企业价格的确定方法，多产品企业中产品 i 的成本加成率 μ_i 可以表示为

$$\mu_i = \frac{1}{2}\left(\frac{\left[(1+u(\xi)\theta)/(1+u(\xi))\right]^{\frac{1}{\sigma-1}} v_s^D}{v_i} + 1\right) \qquad (6-22)$$

情况Ⅰ：假设多产品企业的边际成本与贸易政策不确定性发生概率 ξ 无关，$\partial v_i / \partial \xi = 0$，对 ξ 求偏导

$$\frac{\partial \mu_i}{\partial \xi} = \frac{v_s^D}{2v_i(\sigma-1)}\left[\frac{1+u(\xi)\theta}{1+u(\xi)}\right]^{\frac{2-\sigma}{\sigma-1}} \frac{u'(\xi)(\theta-1)}{(1+u(\xi))^2} \qquad (6-23)$$

对于多产品企业来说，核心产品的边际成本最低，多产品企业每新增一

种产品都会产生新的定制成本。用 m 来表示新增产品与核心产品之间的距离，当 $m=0$ 时，该产品为核心产品，其边际成本最低且为 c，不妨假设 $c>0$。m 越大，离核心产品的距离越远，新增产品的定制成本越高，边际成本越大。借鉴迈耶等（Mayer et al.，2014）对多产品企业边际成本的设定，$v(m,c)=\omega^{-m}c$，$\omega\in(0,1)$，可以很容易获得 $v_i>0$，而且临界边际成本 v_s^D 也存在 $v_s^D>0$。由前文设定可知，$0<\beta<1$ 且 $\lambda>0$，所以 $u'(\xi)\equiv\lambda\beta/(1-\beta)>0$。因为 $\theta<1$，所以 $\theta-1<0$。从而得

$$\frac{\partial\mu_i}{\partial\xi}<0 \qquad (6-24)$$

式（6-24）表明，在保持其他条件不变的情况下，区域贸易政策不确定性因素发生的概率越低，即区域贸易政策不确定性越小，企业出口产品的成本加成率会越高。

同时，在公式基础上再对多产品企业的边际成本 v_i 求偏导，可得

$$\frac{\partial^2\mu_i}{\partial\xi\partial v_i}=-\frac{1}{v_i^2}\frac{v_s^D}{2(\sigma-1)}\left[\frac{1+u(\xi)\theta}{1+u(\xi)}\right]^{\frac{2-\sigma}{\sigma-1}}\frac{u'(\xi)(\theta-1)}{[1+u(\xi)]^2}>0 \qquad (6-25)$$

式（6-25）表明，在保持其他条件不变的情况下，区域贸易政策不确定性对企业出口产品的成本加成率的影响会随着多产品企业内产品边际成本的提高而减弱，也即随着从核心产品到外围产品的扩展而减弱。

情况Ⅱ：假设多产品企业的边际成本与贸易政策不确定性 ξ 有关，通常 $\partial v_i/\partial\xi>0$，这是因为贸易不确定性下降，通过出口规模扩大（间接效应" + "）和进口更多更便宜的中间品投入（直接效应" + "）作用，从而使得企业生产产品的边际成本下降。

$$\frac{\partial\mu_i}{\partial\xi}=\frac{v_s^D}{2}\frac{1}{(\sigma-1)}\left[\frac{1+u(\xi)\theta}{1+u(\xi)}\right]^{\frac{2-\sigma}{\sigma-1}}\frac{u'(\xi)(\theta-1)v_i}{(1+u(\xi))^2}-\left[\frac{1+u(\xi)\theta}{1+u(\xi)}\right]^{\frac{1}{\sigma-1}}\frac{\partial v_i}{\partial\xi}<0$$

$$(6-26)$$

式（6-26）表明，在保持其他条件不变的情况下，区域贸易政策不确定性越小，企业出口产品的成本加成率会越高。

②维度二：实际关税和约束关税差异程度 θ。

对 θ 求偏导

$$\frac{\partial \mu_i}{\partial \theta} = \frac{v_s^D}{2v_i(\sigma-1)} \left[\frac{1+u(\xi)\theta}{1+u(\xi)}\right]^{\frac{2-\sigma}{\sigma-1}} \frac{u(\xi)}{1+u(\xi)} > 0 \qquad (6-27)$$

式（6-27）表明，在保持其他条件不变的情况下，约束关税与实际实施关税之间的差距越小，也即 θ 越大，未来实际关税变化范围越小，可预见性越大，这意味着贸易政策不确定性越低，企业出口产品的成本加成率 μ 会越高。

在上式的基础上，再对多产品企业的边际成本 v_i 求偏导，可得

$$\frac{\partial^2 \mu_i}{\partial \theta \partial v_i} = -\frac{1}{v_i^2} \frac{v_s^D}{2(\sigma-1)} \left[\frac{1+u(\xi)\theta}{1+u(\xi)}\right]^{\frac{2-\sigma}{\sigma-1}} \frac{u(\xi)}{1+u(\xi)} < 0 \qquad (6-28)$$

式（6-28）表明，在保持其他条件不变的情况下，区域约束关税与实际实施关税之间的差距对企业出口产品的成本加成率的影响会随着多产品企业内产品边际成本的提高而减弱。也就是说，相对于核心产品而言，贸易不确定性下降对多产品企业成本加成的影响会随着向外围产品扩展而逐渐降低。

由此，可以得到本研究的命题和推论：

命题 区域贸易政策不确定性降低，多产品企业出口产品的成本加成率会提高。

推论 区域贸易政策不确定性对多产品企业产品成本加成率的影响，随着企业从核心产品向外围产品的扩展而减弱。简单地说，区域贸易政策不确定性对多产品企业核心产品成本加成率的影响高于非核心产品。

6.2.3 关键变量测度与典型事实

（1）核心被解释变量：中国多产品企业出口产品成本加成（*Markup*），具体测算方法见表6-1。

（2）核心解释变量：区域贸易政策不确定性（*RTPU*）。

本研究使用关税测量法测度区域贸易政策不确定性。参照皮尔斯和斯科特（Pierce and Schott, 2016）、汉德利和利茂（Handley and Limão, 2015）的测度方法，用如下公式测度 t 年企业出口产品 h 到 j 国的贸易政策不确定性指数[1]。具体来看：①考虑到"早期收获计划"逐步下调的是农产品关税，而农产品不包含在本文的样本中，并且鉴于中国与东盟各国都是 WTO 成员，因此 2002~2004 年，出口产品 h 在 t 年享受 WTO 的 MFN 关税待遇，区域贸易政策不确定性用约束关税与最惠国关税的差值衡量。② 2005 年 7 月 20 日，《货物贸易协议》降税计划开始实施。《货物贸易协议》规定各缔约方应按要求逐步削减列明产品的最惠国关税，直至取消。因此 2005~2006 年，贸易产品 h 享受 PTA 条款的特惠关税，贸易政策不确定性用 MFN 关税和 PTA 特惠关税的差值测算。

表 6-1　　　多产品企业出口产品的成本加成率变化百分比

项目		多产品企业出口产品成本加成率（对数）的平均值		
		2002 年	2006 年	增长率（%）
Panel A	全体样本	-0.27	-0.17	37.03
Panel B	核心出口产品	0.68	0.96	41.18
	非核心出口产品	-1.77	-1.76	0.56
Panel C	质量竞争企业	-0.34	-0.32	5.88
	成本竞争企业	-0.20	-0.11	45.00

资料来源：笔者整理编制。

$$RTPU_{hjt} = \begin{cases} \tau_{hjt}^{BT} - \tau_{hjt}^{MFN} & (year < 2005) \\ \tau_{hjt}^{MFN} - \tau_{hjt}^{PTA} & (year \geqslant 2005) \end{cases} \quad (6-29)$$

---

[1] 东盟十国中，印度尼西亚、马来西亚、菲律宾、新加坡、泰国、文莱、缅甸于 1995 年加入 WTO，而柬埔寨、越南、老挝分别在 2004 年、2006 年、2013 年加入 WTO。2000~2004 年，柬埔寨、越南、老挝的 WTO 约束关税数据不可得，并且本研究的样本中目的国为上述三个国家的数据量较少，因此可以剔除目的国为这三个国家的样本。

其中，τ_{hjt}^{MFN} 表示进口国-产品-年份层面的 WTO 最惠国关税（MFN），τ_{hjt}^{BT} 表示进口国-产品-年份层面的 WTO 约束性关税（BT），τ_{hjt}^{PTA} 表示东盟各国在《货物贸易协议》正式实施后，进口国-产品-年份层面的特惠税（PTA）。j 国指的是东盟各国；$RTPU_{hjt}$ 的值越大，表示区域贸易政策不确定性越大；$RTPU_{hjt}$ 的值越小，表示区域贸易政策不确定性越小。

（3）典型事实：多产品企业出口产品成本加成率的目的国市场特征。

出口企业会根据目的国的市场特征进行"依市定价"（Manova and Zhang，2009）。进口国的人均 GDP 和进出口国间的地理距离是影响多产品企业制定出口产品成本加成率的两个因素①。图 6-1（a）展示了东盟各国的人均 GDP 与出口产品加成率之间的倒 U 形关系，可以看到，在倒 U 形曲线顶点的左侧部分，人均 GDP 越高的国家，中国企业对其出口产品的成本加成率会越高。企业出口目的国市场的人均收入越高，目的国消费者对高质量产品具有更大的偏好，因此企业会出口更高质量且更高成本加成的产品到人均收入高的国家。但是随着目的国的人均收入进一步提升，中国企业出口产品的成本加成率将随着目的国人均 GDP 的提高而下降（即倒 U 形曲线顶点的右侧），这是因为随着出口目的国市场的规模加大，目的国市场竞争加强，企业往往会采取低价竞争策略，制定更低的成本加成和价格（Bellone et al.，2008，2014）。图 6-1（b）展示了两国间的地理距离与中国多产品企业出口产品成本加成率之间的正向关系，这与马诺娃和张（Manova and Zhang，2009）、马丁（Martin，2010）的研究结论具有一致性②。

---

① 本研究中，世界各国的人均 GDP 数据来源于世界银行 WDI 数据库；两国间地理距离数据来源于 CEPII 数据库，使用两国首都之间的距离测度（魏昀妍、樊秀峰，2017）。

② 本研究借鉴柴提等（Chetty et al.，2014）的做法，分别将目的国人均 GDP（对数）总样本和两国间地理距离（对数）总样本等分为 100 个子样本（bins）并取各子样本的均值，最终得到拟合散点图（binscatter）。

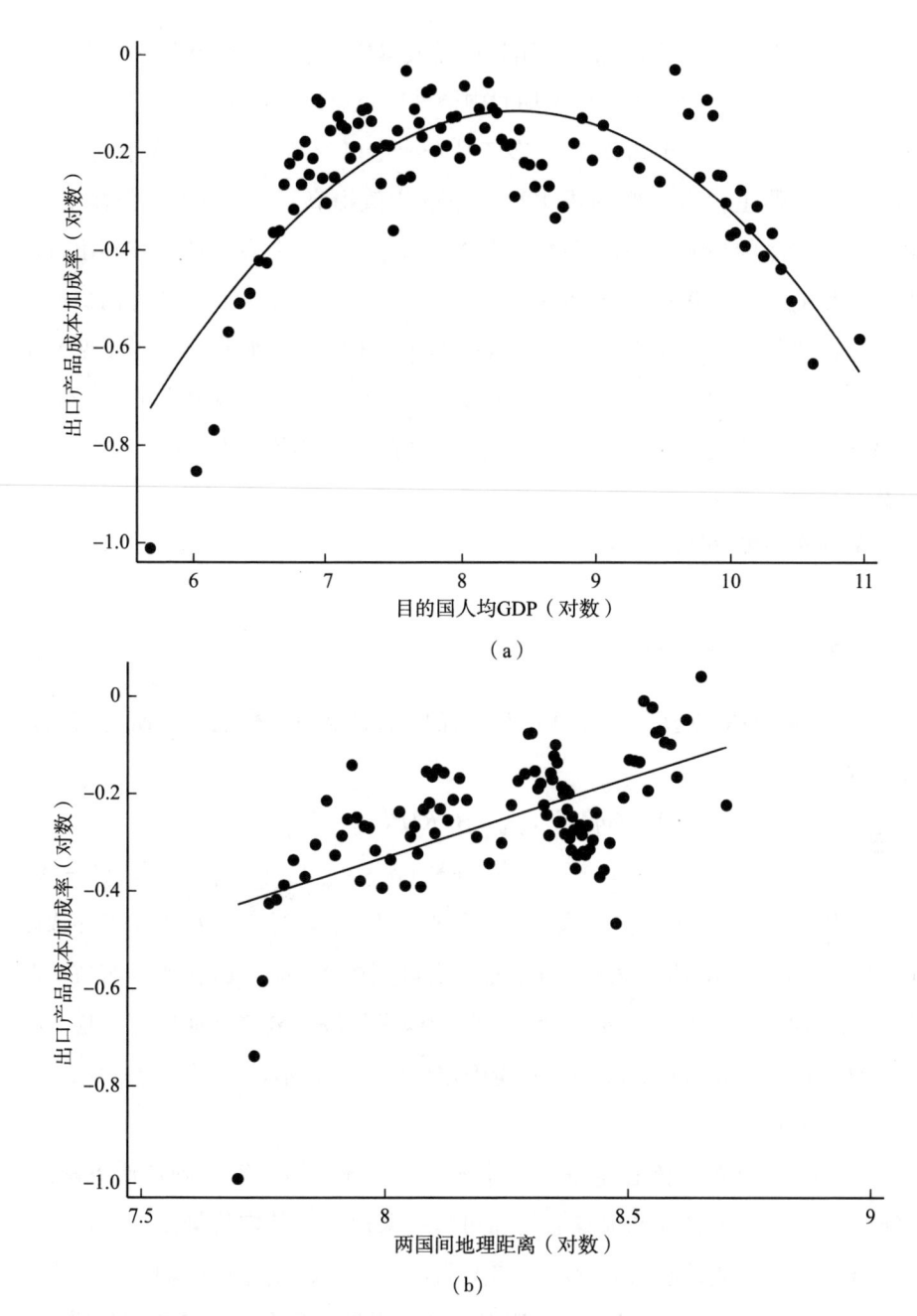

第6章 | 中国自由贸易区战略与中国出口产品成本加成

(a)

(b)

图6-1 多产品企业出口产品成本加成率的目的国市场特征

资料来源：笔者整理绘制。

(4) 典型事实：多产品企业出口产品成本加成率的产品与企业特征。

本部分初步统计分析了样本期间中国外贸企业出口定价能力的变化情况。表 6-1 给出了 2002 年和 2006 年多产品企业出口产品的成本加成率（对数）的均值。总体上，出口产品成本加成率的均值提高了 37.03%。分样本看，核心出口产品的加成率一直最高（见 Panel B），具体来说，企业核心出口产品加成率的均值由 0.68 提高到了 0.96，升幅为 41.18%，而非核心出口产品加成率的均值仅提高 0.56%。再看选择不同竞争策略的企业分样本（见 Panel C），选择成本竞争策略的企业，其出口产品加成率的均值提高了 45.00%，而选择质量竞争策略的企业，其出口产品加成率的均值仅提升了 5.88%。

6.2.4 研究设计

6.2.4.1 模型设定

为识别 RTPU 对多产品企业出口产品成本加成率的影响，本研究构建计量模型如下：

$$\ln(Markup_{fhjt}) = \beta_0 + \beta_1 RTPU_{fhjt} + \theta X_{ift} + \delta_s \\ + \delta_{fh} + \delta_t + \delta_j + \varepsilon_{fhjt} \quad (6-30)$$

其中，因变量 $\ln(Markup_{fhjt})$ 表示 t 年企业 f 出口 j 国的产品 h 的成本加成率（对数）；自变量 $RTPU_{fhjt}$ 表示 t 年企业 f 出口 j 国的产品 h 面临的区域贸易政策不确定性。X_{ift} 表示一组控制变量，δ_s 为国民经济 2 分位行业固定效应，δ_{fh} 为企业-产品固定效应，δ_t 表示年份固定效应，δ_j 表示目的国固定效应，ε_{fhjt} 为随机误差项。

核心产品是企业核心竞争力的体现，当区域贸易政策不确定性下降时，多产品企业对核心产品与非核心产品可能会采取不同的定价策略。为进一步探究 RTPU 对企业核心与非核心出口产品成本加成的差异化影响，本研究在模型式（6-30）的基础上加入 RTPU 与核心出口产品虚拟变量的交互项，构建以下计量模型：

$$\ln(Markup_{fhjt}) = \beta_0 + \beta_1 RTPU_{fhjt} + \beta_2 RTPU_{fhjt} \times \ln Rank + \theta X_{ift}$$
$$+ \delta_s + \delta_{fh} + \delta_t + \delta_j + \varepsilon_{fhjt} \quad (6-31)$$

$$\ln(Markup_{fhjt}) = \beta_0 + \beta_1 RTPU_{fhjt} + \beta_2 RTPU_{fhjt} \times Bottom + \beta_3 Bottom$$
$$+ \theta X_{ift} + \delta_s + \delta_{fh} + \delta_t + \delta_j + \varepsilon_{fhjt} \quad (6-32)$$

$$\ln(Markup_{fhjt}) = \beta_0 + \beta_1 RTPU_{fhjt} + \beta_2 RTPU_{fhjt} \times Non\_core$$
$$+ \beta_3 Non\_core + \theta X_{ift} + \delta_s + \delta_{fh} + \delta_t + \delta_j + \varepsilon_{fhjt} \quad (6-33)$$

本研究将多产品企业的出口产品按照三种方法分类。第一种分类是按照核心产品到外围产品①排序。核心产品是多产品企业核心竞争力的体现，企业对其核心产品具有更强的定价能力。借鉴迈耶等（Mayer et al.，2014）对核心产品的定义，本研究定义核心出口产品为企业出口产品中出口额最高的产品。将企业出口产品依据出口额由大到小排序，根据非核心出口产品离核心出口产品距离的远近，定义产品的排序变量（Rank），离核心出口产品的距离越远，则该产品的排序变量（Rank）的值越大，其中核心出口产品的 Rank 值等于 1。第二种分类是核心产品和非核心产品。Non_core 为非核心出口产品虚拟变量，若 Rank 大于 1，则为非核心出口产品，Non_core 取 1；若 Rank 等于 1，则为核心出口产品，Non_core 取 0。第三种分类是按照产品排序变量设置中位数，得到中位数虚拟变量（Bottom）。本研究设定产品排名前于 Rank 中位数的产品为核心出口产品，Bottom 取 0，产品排名后于 Rank 中位数的产品为非核心出口产品，Bottom 取 1。

研究涉及的部分变量的说明与描述性统计，如表 6-2 所示。

表 6-2　　　　　　　研究涉及的部分变量的说明与描述性统计

变量名	变量说明	均值	标准差	最小值	最大值
出口产品成本加成率（lnMarkup）	借鉴德洛克等（De Loecker et al.，2016）的方法测算	-0.1997	2.6626	-14.7180	15.6180

---

① 本研究定义多产品企业的外围产品为企业的所有出口产品中出口额最低、Rank 值最大的产品。

续表

变量名	变量说明	均值	标准差	最小值	最大值
区域贸易政策不确定性（RTPU）	借鉴皮尔斯和斯科特（Pierce and Schott, 2016）、汉德利和利茂（Handley and Limão, 2015）的方法测算	0.1502	0.8573	0.0000	49.9500
企业全要素生产率（lnTFP）	采用德洛克和沃兹斯基（De Loecker and Warzynski, 2012）的方法测算	0.5777	0.7115	-13.9991	2.1938
企业工资（ln$Wage$）	企业平均工资	8.6275	1.4299	0.0000	15.4708
行业中间品进口关税（Tar_in）	最终品进口关税的加权平均值，%	7.6554	6.8020	0.2843	28.8688
企业资本-劳动比（ln$Klratio$）	企业固定资产净值与企业职工数的比值	3.7940	1.3360	-5.7154	11.5467
国有资本占比（$Stcapital$）	国有资本与企业实收资本比值	0.0427	0.1737	0.0000	1.0429
融资约束（$Finance$）	企业利息支出与企业总资产的比值	0.0087	0.0132	-0.3154	0.7766
企业规模（$Size$）	企业职工数	5.8256	1.2804	2.0794	11.7895
企业年龄（lnAge）	当年年份减去企业开业年份，加1	2.1275	0.6925	0.0000	7.4983
企业补贴程度（$Subsidy$）	补贴收入与工业增加值之比	0.0063	0.2427	-53.4564	7.2521
赫芬达尔指数（lnHHI）	表示行业竞争程度	4.9668	1.0603	2.7647	9.2103

资料来源：模型回归结果。

6.2.4.2 数据来源与处理

本研究主要使用了中国工业企业数据库、中国海关数据库、WTO 的 TRAINS 数据库。主营业务收入、年末从业人员平均人数、固定资产净值、工业中间投入合计等企业层面数据，来源于中国工业企业数据库，我们借鉴勃兰特等（Brandt et al., 2012）的方法，采用序贯识别生成新的企业识别代码，解决了不同年份、同一企业的信息发生变更而导致的企业匹配偏误问题，提高了不同年份间企业的匹配效率。并且，我们采用类似于祝树金等

(2018) 的方法，对数据进行了清洗；出口数量、出口金额、贸易方式等企业－产品－目的国层面数据来源于中国海关数据库；中国出口产品面临的 WTO 约束性关税（BT）、最惠国关税（MFN）以及特惠国关税（PTA）数据来源于 TRAINS 数据库①。测算多产品企业出口产品的成本加成率，需要企业层面的生产数据以及产品层面的贸易数据，因此本书借鉴田巍和余淼杰（2013）的做法，匹配海关数据与工企数据：首先使用企业名称对两个数据库进行匹配，对于存在企业名称缺失或统计误差的样本，又进一步使用企业电话的后 7 位和邮政编码对两个数据库进行匹配。

以 CAFTA 为例，本书重点关注自由贸易区建立带来的 RTPU 降低对中国出口产品成本加成的影响，为剔除 2001 年中国入世可能带来的影响，本研究选用 2001 年后的样本，并且考虑到企业层面中间投入指标数据的可得性，以及 2011 年后，工企数据库的统计对象变为主营业务收入在 2000 万元以上的工业企业。因此，从数据连贯性以及多产品企业加成率计算角度考虑，本书选取 2002~2006 年的样本数据。此外，由于本研究关注的是多产品企业的成本加成率，因此我们还删除了样本期间始终出口单产品的企业样本。经数据整理，我们最后得到 184050 条观察值。

6.2.5 实证结果与分析

6.2.5.1 区域贸易政策不确定性对企业出口产品成本加成率的影响效应分析

本研究首先基于模型（6-30）探究 *RTPU* 对多产品企业出口产品成本加成的平均影响效应（见表 6-3）。第（1）列仅控制固定效应，第（2）列在第（1）列的基础上加入企业生产率、企业平均工资、投入关税变量，而第（3）列加入了所有控制变量及固定效应。综合观察第（1）~（3）列的回归结果发现，*RTPU* 的系数均显著为负。根据第（3）列的回归结果，在其他

---

① 关税数据下载网址：https://wits.worldbank.org/。

条件保持不变的情况下,RTPU 每下降 1 个标准差,中国多产品企业出口产品的成本加成会提高 9.2%[①]。由此得出,RTPU 下降会显著提高中国出口产品的成本加成率,验证了理论命题。

表 6-3 区域贸易政策不确定性对多产品企业出口产品的成本加成率的影响

变量	lnMarkup		
	(1)	(2)	(3)
RTPU	-0.0214 *** (-2.73)	-0.0211 *** (-2.69)	-0.0214 *** (-2.73)
lnTFP		0.1112 *** (5.72)	0.1035 *** (5.30)
Tar_in		-0.0105 * (-1.84)	-0.0095 * (-1.71)
lnWage		-0.0907 *** (-4.47)	-0.0652 *** (-3.04)
lnKlratio			-0.0695 *** (-3.77)
Stcapital			0.0598 (0.78)
Finance			-2.0357 ** (-2.28)
Size			-0.0872 *** (-3.25)
lnAge			0.0108 (0.34)
Subsidy			0.0272 (0.76)
lnHHI			-0.0478 *** (-2.81)
常数项	0.0905 *** (75.38)	0.8992 *** (4.99)	1.6818 *** (6.59)

---

① 计算公式为:(RTPU 的回归系数 × RTPU 的标准差)/lnMarkup 的均值,具体为 -0.0214 × 0.8573/-0.1997。

续表

变量	lnMarkup		
	(1)	(2)	(3)
年份效应	是	是	是
行业效应	是	是	是
企业 – 产品效应	是	是	是
目的国效应	是	是	是
样本数	141945	134787	134431
Adj. R²	0.5716	0.5704	0.5704
F	7.846	15.10	8.51
Prob > F	0.0063	0.0000	0.0000

注：括号内为 t 值，各列标准误均聚类在企业层面；*、**、*** 分别表示在10%、5%、1%的水平上显著。

资料来源：模型回归结果。

表 6-4 展示了 RTPU 对多产品企业核心产品和非核心产品成本加成的差异化影响效应。第（1）列、第（2）列使用产品排序变量 Rank 区分核心出口产品和非核心出口产品，结果显示，无论加入控制变量与否，RTPU 的系数均为负数，RTPU 与排序变量 Rank 的交互项系数均显著为正，这意味着 RTPU 降低对核心产品的成本加成提升效应最大，随着 Rank 增加，RTPU 下降对产品成本加成的提升作用越来越小。为了检验该结果的稳健性，本研究还使用非核心产品虚拟变量 Non_core、中位数虚拟变量 Bottom 进行回归分析。第（3）列、第（4）列展示了采用非核心产品虚拟变量 Non_core 的回归结果，RTPU 每降低 1 个标准差，企业核心出口产品的成本加成率会提高 19.5%（若加入所有控制变量，为 19.3%），而非核心出口产品仅提高了 1.9%（若加入所有控制变量，为 1.7%），说明 RTPU 下降对企业核心出口产品成本加成的提升幅度要大于非核心出口产品。第（5）列、第（6）列采用中位数虚拟变量 Bottom，RTPU 下降对企业核心出口产品成本加成率的影响也是大于非核心出口产品的，与之前两种衡量方式得到的结果一致。由此，推论得到验证。

表6-4　区域贸易政策不确定性对核心产品和非核心产品加成率的差异化影响

变量	lnMarkup					
	(1)	(2)	(3)	(4)	(5)	(6)
$RTPU$	-0.0269** (-2.31)	-0.0271** (-2.36)	-0.0445** (-2.22)	-0.0449** (-2.22)	-0.0255*** (-3.08)	-0.0258*** (-3.13)
$RTPU \times \ln Rank$	0.0196** (2.19)	0.0194** (2.22)				
$\ln Rank$	-1.7885*** (-117.31)	-1.7913*** (-117.36)				
$RTPU \times Non\_core$			0.0410** (2.04)	0.0410** (2.03)		
Non_core			-1.7230*** (-121.24)	-1.7243*** (-121.14)		
$RTPU \times Bottom$					0.0328*** (3.68)	0.0328*** (3.72)
$Bottom$					-2.0750*** (-139.82)	-2.0747*** (-139.63)
控制变量	否	是	否	是	否	是
年份效应	是	是	是	是	是	是
行业效应	是	是	是	是	是	是
企业-产品效应	是	是	是	是	是	是
目的国家效应	是	是	是	是	是	是
样本数	134787	134431	109700	109435	134787	134431
Adj. R^2	0.7280	0.7284	0.6393	0.6395	0.7049	0.7050
F	2348.07	1103.66	1598.06	1198.76	3389.78	1561.08
Prob > F	0.0000	0.0000	0.0000	0.0000	0.0000	0.0000

注：括号内为t值，各列标准误均聚类在企业层面；*、**、***分别表示在10%、5%、1%的水平上显著。

资料来源：模型回归结果。

6.2.5.2　内生性处理

内生性问题是在证明$RTPU$对出口产品成本加成影响的因果关系时，存在的一项困难和挑战。由于区域贸易政策不确定性是目的国家－产品层面的宏观变量，而成本加成是企业－产品层面的微观变量，所以这两者存在双向因果关系产生的影响较小。

对于可能存在与解释变量相关且无法观测的遗漏变量，影响研究结果的准确估计，本书在实证研究中加入了尽可能多的控制变量，并且使用固定效应模型，在一定程度上缓解了来自行业、企业－产品和目的国的内生性问题。在本部分进一步加入 CIC 四位行业码与年份的交互项，控制行业时变的固定效应。表 6-5 的第（1）列、第（2）列报告了回归结果，RTPU 对企业出口产品成本加成的显著负向影响与基准回归结果一致。我们还借鉴汪亚楠等（2020）的做法，选择 RTPU 的滞后一期作为工具变量进行回归 [见表 6-5 的第（3）列、第（4）列]。RTPU 系数依旧为负，再次验证了 RTPU 下降显著提升中国多产品企业出口产品的成本加成率。为证明工具变量的有效性，表 6-5 还列出了关于工具变量有效性的统计量检验结果，由 Kleibergen-Paap rk LM 统计量、Kleibergen-Paap Wald rk F statistic 统计量和 Hansen J statistic 统计量的结果可知，工具变量通过了相关性检验、弱识别检验和外生性检验。此外，我们沿袭阿尔通吉等（Altonji et al., 2005）、努恩和伦纳德（Nunn and Leonard, 2011）的方法，通过对可观测变量的选择（selection on observables）来构造统计量，判别实证研究中忽略不可观测变量是否会影响回归结果的准确性[1]。本研究考虑了 3 个方案（见表 6-6），结果发现，ratio 的值均大于 1，说明本研究基准回归结果受不可观测的遗漏变量的影响较小，回归结果稳健。

---

[1] 估计方法如下：设定两个回归，第一个回归加入较少的控制变量（restricted set of control variables），第二个回归在第一个回归的基础上加入相对全面的控制变量（full set of control variables），第一个回归核心变量系数估计值为 $\hat{\beta}^R$，第二个回归核心变量系数估计值为 $\hat{\beta}^F$，令 $ratio = \dfrac{\hat{\beta}^F}{\hat{\beta}^R - \hat{\beta}^F}$，$\hat{\beta}^R$ 和 $\hat{\beta}^F$ 的值越接近，ratio 就越大，不可观测变量引起的选择偏差就越小，文章结果越稳健。通常 ratio > 1，即可说明回归结果的稳健性。

表 6 – 5　　　　　　　　　　　内生性处理

变量	lnmarkup 加入行业 – 年份固定效应 (1)	(2)	工具变量回归 (3)	(4)
RTPU	-0.0229*** (-2.89)	-0.0229*** (-2.90)	-0.0238*** (-2.77)	-0.0238*** (-2.76)
lnTFP	0.1298*** (6.66)	0.1234*** (6.25)	0.1037*** (5.26)	0.0955*** (4.82)
lnwages	-0.0865*** (-4.33)	-0.0665*** (-3.09)	-0.0831*** (-3.93)	-0.0657*** (-2.94)
其他控制变量	否	是	否	是
行业效应	否	否	否	否
年份效应	否	否	否	否
行业 – 年份效应	是	是	是	是
企业 – 产品效应	是	是	是	是
目的国家效应	是	是	是	是
样本数	134673	134316	125994	125619
Adj. R^2	0.5727	0.5725	—	—
F	23.00	9.16	16.01	6.06
Prob > F	0.0000	0.0000	0.0000	0.0000
Kleibergen-Paap rk LM	—	—	26.98 (0.0000)	26.99 (0.0000)
Kleibergen-Paap Wald rk F statistic	—	—	3.3e+04 (0.0000)	3.4e+04 (0.0000)
Hansen J statistic	—	—	0.935 (0.3336)	0.681 (0.4091)

注：括号内为 t 值，各列标准误均聚类在企业层面；*、**、*** 分别表示在 10%、5%、1% 的水平上显著。

资料来源：模型回归结果。

表6-6　　　　　　　　不可观测变量对估计结果的影响评估

项目	Restricted set of control variables	Full set of control variables	ratio
方案（1）	无	X_{ti}	70.33
方案（2）	无	X_{ti}、X_{tf}	15298
方案（3）	X_{ti}	X_{ti}、X_{tf}	71.33

注：X_{ti}表示行业层面的控制变量（行业投入关税、赫芬达尔指数）；X_{tf}表示企业层面的控制变量。

资料来源：笔者整理编制。

6.2.5.3 稳健性检验

删除极端成本加成率数值。为避免极端值对结果造成较大的影响，本研究剔除了成本加成率在2.5百分位之前和97.5百分位之后的样本数据，进行回归分析。由表6-7的第（1）列、第（2）列可知，RTPU对企业出口产品成本加成率的影响依旧显著为负，与基准回归结果一致。

表6-7　　　　　　　　　　　稳健性检验

变量	删除极端加成率数据		控制进口贸易政策不确定性		排除汇率变动的影响	
	（1）	（2）	（3）	（4）	（5）	（6）
RTPU	-0.0163** (-2.33)	-0.0166** (-2.38)	-0.0220** (-2.39)	-0.0223** (-2.44)	-0.0267*** (-3.19)	-0.0269*** (-3.22)
ln TFP	0.1035*** (5.80)	0.0975*** (5.43)	0.1188*** (5.55)	0.1093*** (5.10)	0.1393*** (4.91)	0.1377*** (4.80)
Tar_in	-0.0119** (-2.10)	-0.0113** (-2.03)	-0.0134* (-1.90)	-0.0122* (-1.74)	-0.0092 (-1.37)	-0.0089 (-1.36)
ln wages	-0.0886*** (-4.86)	-0.0648*** (-3.39)	-0.0807*** (-3.82)	-0.0527** (-2.39)	-0.999*** (-3.18)	-0.0885*** (-2.71)
ln imp_RTPU			-0.0442 (-1.02)	-0.0481 (-1.11)		
其他控制变量	否	是	否	是	否	是
年份效应	是	是	是	是	是	是

续表

变量	删除极端加成率数据		控制进口贸易政策不确定性		排除汇率变动的影响	
	(1)	(2)	(3)	(4)	(5)	(6)
行业效应	是	是	是	是	是	是
企业－产品效应	是	是	是	是	是	是
目的国家效应	是	是	是	是	是	是
样本数	127702	127381	113856	113541	57672	57535
Adj. R^2	0.5053	0.5056	0.5734	0.5735	0.5649	0.5648
F	16.41	8.88	10.51	7.56	11.53	5.60
Prob > F	0.0000	0.0000	0.0000	0.0000	0.0000	0.0000

注：括号内为 t 值，各列标准误均聚类在企业层面；*、**、*** 分别表示在 10%、5%、1% 的水平上显著。

资料来源：模型回归结果。

控制进口贸易政策不确定性。中国－东盟自由贸易区成立，不仅降低了中国出口东盟国家的产品面临的贸易政策不确定性，还降低了中国进口产品的贸易政策不确定性。考虑到进口贸易政策不确定性降低可能会刺激中国企业进口中间品的多样化，进而影响企业出口产品的成本加成。本书借鉴汉德利等（Handley et al., 2020）、陈志远等（2022）的做法，构造了 HS6 位码产品层面的进口贸易政策不确定性指数 imp_RTPU：

$$imp\_RTPU = \ln\left(\frac{\tau_i^h}{\bar{\tau}_{it}}\right) \qquad (6-34)$$

其中，τ_i^h 表示 1992~2001 年产品 h 的平均进口关税税率，$\bar{\tau}_{it}$ 表示产品 h 在 t 年的实际应用关税税率。将进口贸易政策不确定性指数 imp_RTPU 加入回归方程中［结果见表 6-7 第（3）列、第（4）列］，可以看到 RTPU 的系数依旧显著为负，与基准回归结果一致。

排除汇率变动的影响。2005 年人民币汇率制度进行了改革，此后人民币与美元之间的名义汇率不断走高，盛丹和刘竹青（2017）发现人民币升值会显著降低了中国企业的成本加成。为去除人民币实际汇率升值可能产生的影响，本研究借鉴祝树金等（2018）的做法，删除 2005～2006 年的样本进行回归分析。表 6-7 的第（5）列、第（6）列展示了回归结果，可以看到，RTPU 的系数依旧显著为负，与基准回归结果一致。

考虑反倾销调查引起的贸易政策不确定性。考虑到出口目的国发起的反倾销调查会提高中国出口面临的区域贸易政策不确定性，本研究借鉴冯等（Feng et al.，2017）的做法，整理了 1995～2015 年中国出口的 HS6 分位产品中，受到东盟国家反倾销调查的产品[①]，以探究基准回归结果是否是由反倾销调查引起的贸易政策不确定性导致的。经过数据整理发现，东盟国家中，仅有马来西亚、菲律宾、泰国对中国的出口产品发起过反倾销调查，并且受到反倾销调查的 HS6 分位产品总数仅有 86 种，其出口额仅占中国对东盟国家的总出口额的 0.96%。由此可见，东盟国家对中国出口产品发起反倾销调查引起的贸易政策不确定性微乎其微，因此本研究的基准回归结果是稳健的。

6.2.5.4 作用机制检验

（1）RTPU 对出口产品成本加成影响的作用机制。

本研究分别考察了 RTPU 对产品出口价格和边际成本的影响效应。由表 6-8 第（1）列、第（2）列可知，RTPU 下降会降低企业出口产品的边际成本，原因可能为，RTPU 降低会提高出口企业对未来的预期，从而扩大出口产品的生产规模，实现了规模经济。而由第（3）列、第（4）列可知，RTPU 下降对企业出口产品价格无显著影响，因为出口价格取决于出口国市场以及竞争结构等一系列因素的平衡，出口企业往往采用调整加成率的方式维持价格稳定。因此，RTPU 降低引致了不完全的成本传递，企业出口产品的成本加成率提高。

产品质量的提升会降低消费者对该产品的需求弹性，进而使出口企业能够制定更高成本的加成率（Amiti et al.，2014；Chen and Juvenal，2016）。基

[①] 世界银行临时性贸易壁垒数据库，https://www.worldbank.org/en/data/interactive/2021/03/02/temporary-trade-barriers-database。

于此，本书考察了 RTPU 对企业出口产品质量①的影响效应［见表 6-8 第（5）列、第（6）列］。RTPU 的系数估计值显著为负，表明 RTPU 下降，中国企业出口东盟国家的产品质量显著提高，这与孙林和周科选（2020）的结论一致。由此我们验证，质量是 RTPU 对产品成本加成影响效应的中间机制。

表 6-8　区域贸易政策不确定性对多产品企业出口产品的成本加成率的影响机制

变量	ln*mc* (1)	ln*mc* (2)	ln*Price* (3)	ln*Price* (4)	ln*Quality* (5)	ln*Quality* (6)
RTPU	0.0196** (2.54)	0.0197** (2.55)	-0.0020 (-1.52)	-0.0020 (-1.53)	-0.0121*** (-3.17)	-0.0123*** (-3.21)
ln*TFP*	-0.1607*** (-7.76)	-0.1593*** (-7.68)	-0.0556*** (-8.26)	-0.0570*** (-8.34)	-0.0518*** (-5.22)	-0.0498*** (-5.00)
Tar_in	0.0127** (2.35)	0.0117** (2.17)	0.0045*** (2.93)	0.0044*** (2.81)	-0.0003 (-0.07)	-0.0007 (-0.19)
ln*Wage*	0.0971*** (4.69)	0.0829*** (3.82)	0.0023 (0.34)	0.0108 (1.49)	0.0612*** (5.74)	0.0519*** (4.63)
其他控制变量	否	是	否	是	否	是
年份效应	是	是	是	是	是	是
行业效应	是	是	是	是	是	是
企业-产品效应	是	是	是	是	是	是
目的国家效应	是	是	是	是	是	是
样本数	134787	134431	109700	109435	134787	134431
Adj. R²	0.7295	0.7297	0.9425	0.9426	0.6323	0.6326
F	23.26	11.46	31.89	39.42	17.98	9.05
Prob > F	0.0000	0.0000	0.0000	0.0000	0.0000	0.0000

注：括号内为 t 值，各列标准误均聚类在企业层面；*、**、*** 分别表示在 10%、5%、1% 的水平上显著。
资料来源：模型回归结果。

---

① 本书使用 KSW（2013）的需求信息反推法测算出口产品质量。

(2) RTPU 对核心产品与非核心产品成本加成差异化影响的作用机制。

本研究尝试打开多产品企业内部资源配置的"黑箱",从资源优化配置的角度,探究面对 RTPU 降低,企业如何通过调整产品组合,以及提高核心产品质量,来提升核心产品成本加成率,进而实现企业内部资源配置高效率。

理论部分的分析表明,RTPU 下降会降低企业进入产品市场的边际成本临界值,使更多新企业进入产品市场,导致市场竞争加剧。市场竞争加剧带来的压力会促使企业缩减产品种类,更倾向于出口核心产品(Bernard et al.,2011、Mayer et al.,2014)。在企业资源一定的前提下,这会导致企业内部的资源分配向核心产品倾斜,包括更多更优质的生产要素、更大份额的研发投入等,从而使企业核心产品的质量更大幅度提升,由此企业对核心产品制定的成本加成也会提升更多。为验证上述逻辑推断,本书进行了实证检验。

在表 6-9 的第 (1) 列、第 (2) 列,本研究发现 RTPU 下降减少了企业出口产品种类数 (Num),但提高了核心产品出口额占总出口额的比重 (Skewness)[①],即在 RTPU 下降、市场竞争加剧的情况下,企业会更倾向于出口竞争力更强的核心产品。这意味着企业会将更大比重的资源分配给核心产品,促使核心产品质量更大幅提升,以进一步提高企业成本加成率。为验证这一猜测,本研究在第 (3) 列展示了 RTPU 对核心和非核心出口产品质量的差异化影响,可以看到 RTPU 的系数为负,而 RTPU 与产品排序变量 Rank 交互项的系数为正,说明随着 Rank 增加,RTPU 对出口产品质量的影响从核心产品到外围产品逐渐递减,这意味着 RTPU 下降对核心产品 (Rank = 1) 的质量提升效应最大,再结合第 (4) 列中产品质量对产品成本加成的正效应,可得到 RTPU 下降,企业核心产品的成本加成提升最多的结论。

---

① 在表 6 第 (1) 列、第 (2) 列的回归中,由于企业出口产品种类数 (Num)、企业核心产品出口额占总出口额的比重 (Skewness) 都是企业层面的,因此本文将产品层面的 RTPU 加权平均,得到企业层面区域贸易政策不确定性 (FRTPU),权重为产品出口额占企业总出口额的比重。

表 6-9　区域贸易政策不确定性对核心产品和非核心产品加成差异化影响的机制检验

变量	Num (1)	Skewness (2)	lnQuality (3)	lnMarkup (4)	lnmc (5)
FRTPU	0.0431* (1.73)	-0.0017* (-1.72)			
RTPU			-0.0158** (-2.40)		0.0286* (1.95)
RTPU × lnRank			0.0122** (2.41)		-0.0247** (-2.26)
lnRank			-0.9700*** (-107.51)		1.7954*** (117.06)
lnQuality				1.4256*** (137.39)	
控制变量	是	是	是	是	是
年份效应	是	是	是	是	是
行业效应	是	是	是	是	是
企业效应	是	是	否	否	否
企业-产品效应	否	否	是	是	是
目的国家效应	是	是	是	是	是
样本数	42786	42708	109453	109453	115322
Adj. R²	0.6784	0.5266	0.7456	0.8830	0.8393
F	13.26	8.10	987.41	1903.55	1284.36
Prob > F	0.0000	0.0000	0.0000	0.0000	0.0000

注：括号内为 t 值，各列标准误均聚类在企业层面；*、**、*** 分别表示在 10%、5%、1% 的水平上显著。

资料来源：模型回归结果。

由基准回归的机制检验可知，RTPU 会对产品边际成本产生显著影响。RTPU 对边际成本影响是否在核心与非核心产品存在差异，我们加入 RTPU 与产品排序变量 Rank 的交互项辅助验证。在第（5）列，RTPU × lnRank 的系数显著为负，说明区域贸易政策不确定性下降对边际成本降低的影响随着产品排序增加而逐步下降,这意味着对核心产品($Rank=1$)边际成本的削减作用最大,对核心产品加成率提升作用更强。

6.2.5.5 异质性分析

(1) 选择不同竞争策略的企业。

制造业出口企业采取质量竞争和成本竞争两种策略。采取成本竞争的企业往往使用低价策略,注重控制产品成本。在出现贸易政策不确定性加剧时,往往大幅降低成本加成率以继续维持出口低价;而质量竞争企业,更注重强调产品高质量,使用高质量的中间产品,在贸易政策不确定性上升时,成本加成率变化不显著。

参照埃克尔等(Eckel et al., 2015)、钟腾龙和余淼杰(2020)的方法,本研究识别出中国每个多产品企业的竞争策略选择[1]。表 6 – 10 的第(1)列、第(2)列展示的是成本竞争企业样本,RTPU 每降低 1 单位,企业出口产品的成本加成率会提高 2.30%。对于采取质量竞争策略的企业,RTPU 对其出口产品成本加成无显著影响。

表 6 – 10　　　　　　　　　　不同竞争策略的企业

变量	ln*Markup*			
	成本竞争企业		质量竞争企业	
	(1)	(2)	(3)	(4)
RTPU	– 0.0230 * (– 1.93)	– 0.0235 ** (– 1.98)	– 0.0153 (– 1.29)	– 0.0156 (– 1.32)
ln*TFP*	0.1202 *** (3.26)	0.1130 *** (3.05)	0.0881 *** (3.70)	0.0902 *** (3.76)
Tar_in	– 0.0006 (– 0.07)	– 0.0001 (– 0.02)	0.0133 (0.64)	0.0154 (0.74)

---

[1] 限于篇幅,未展示具体识别过程。可登录对外经济贸易大学学术刊物部网站"刊文补充数据查询"栏目查阅、下载。

续表

变量	lnMarkup			
	成本竞争企业		质量竞争企业	
	（1）	（2）	（3）	（4）
ln*Wage*	-0.1032*** (-3.28)	-0.0778** (-2.46)	-0.0877*** (-3.03)	-0.0899*** (-3.09)
其他控制变量	否	是	否	是
年份效应	是	是	是	是
行业效应	是	是	是	是
企业-产品效应	是	是	是	是
目的国效应	是	是	是	是
样本数	39394	39289	74785	74755
Adj. R²	0.5416	0.5421	0.5973	0.5974
F	5.69	2.85	5.96	4.97
Prob > F	0.0001	0.0010	0.0001	0.0000

注：括号内为 t 值，各列标准误均聚类在企业层面；*、**、*** 分别表示在 10%、5%、1% 的水平上显著。
资料来源：模型回归结果。

（2）不同发展水平的目的国。

目的国发展水平会影响企业出口定价行为（Simonovska，2015）。由于消费者存在非位似偏好，企业会向高发展水平国家出口高质量、高成本加成的产品，而向低发展水平国家出口相对低质低价的产品。*RTPU* 下降，市场竞争加剧，对于向高发展水平目的国出口的产品，企业会致力于提高产品质量以满足消费者对质的需求，进而产品成本加成得以提升。而向低发展水平目的国出口的产品，企业会通过降低产品成本加成获得竞争力。本研究根据目的国人均 GDP 的 25、50、75 百分位划分低发展水平国家、中发展水平国家以及高发展水平国家，进行回归检验。结果显示（见表 6-11），*RTPU* 下降对于向中、高发展水平国家出口的产品的成本加成具有提升作用，而对于向低发展水平国家出口的产品，*RTPU* 下降会降低其成本加成。

表 6-11　　　　　　　　　不同发展水平的目的国

变量	lnMarkup					
	高发展水平国家		中发展水平国家		低发展水平国家	
	(1)	(2)	(3)	(4)	(5)	(6)
RTPU	-0.1934 (-1.17)	-0.1878 (-1.14)	-0.0112 (-0.72)	-0.0110 (-0.71)	0.6378*** (4.35)	0.6337*** (4.31)
lnTFP	0.0995*** (2.88)	0.1004*** (2.86)	0.1137*** (4.04)	0.1078*** (3.83)	0.0998*** (3.16)	0.0942*** (2.99)
Tar_in	-0.0086 (-0.78)	-0.0081 (-0.73)	-0.0136 (-1.34)	-0.0129 (-1.26)	-0.0113 (-1.26)	-0.0109 (-1.22)
lnWage	-0.0543 (-1.47)	-0.0690* (-1.70)	-0.0725** (-2.48)	-0.0434 (-1.39)	-0.0770** (-2.52)	-0.0556* (-1.73)
其他控制变量	否	是	否	是	否	是
年份效应	是	是	是	是	是	是
行业效应	是	是	是	是	是	是
企业-产品效应	是	是	是	是	是	是
目的国家效应	是	是	是	是	是	是
样本数	27574	27468	44932	44824	39895	39797
Adj. R²	0.7071	0.7070	0.6310	0.6314	0.6176	0.6181
F	2.94	2.01	6.45	4.52	9.40	4.95
Prob > F	0.0192	0.0236	0.0589	0.0000	0.0000	0.0000

注：括号内为 t 值，各列标准误均聚类在企业层面；*、**、***分别表示在10%、5%、1%的水平上显著。
资料来源：模型回归结果。

(3) 不同贸易方式的产品。

考虑到通过加工贸易出口的产品与进口国企业通常具有长期合作关系 (Feng et al., 2017)，因此，与一般贸易产品相比，加工贸易产品受到区域贸易政策不确定性的影响比较小，从而其成本加成率受 RTPU 影响幅度小或者不显著。为了验证 RTPU 对不同贸易方式出口产品成本加成是否具有差异化影响，本研究分别对一般贸易产品和加工贸易产品子样本进行回归。由

表6-12可知，*RTPU* 下降对加工贸易产品无显著影响，仅对一般贸易产品产生了显著影响。

表6-12　　　　　　　　　不同贸易方式出口的产品

变量	ln*Markup*			
	一般贸易产品		加工贸易产品	
	(1)	(2)	(3)	(4)
RTPU	-0.0220*** (-2.81)	-0.0224*** (-2.86)	0.0426 (0.39)	0.0403 (0.37)
ln*TFP*	0.1377*** (5.70)	0.1290*** (5.36)	0.0537 (1.52)	0.0482 (1.34)
Tar_in	-0.0136** (-1.99)	-0.0123* (-1.87)	-0.0139 (-1.32)	-0.0135 (-1.27)
ln*Wage*	-0.1012*** (-4.25)	-0.0732*** (-2.96)	-0.0868** (-2.30)	-0.0758* (-1.84)
其他控制变量	否	是	否	是
年份效应	是	是	是	是
行业效应	是	是	是	是
企业-产品效应	是	是	是	是
目的国家效应	是	是	是	是
样本数	96477	96232	34654	34554
Adj. R^2	0.5983	0.5982	0.5233	0.5238
F	15.28	8.60	2.27	3.60
Prob > F	0.0000	0.0000	0.0589	0.0000

注：括号内为 t 值，各列标准误均聚类在企业层面；*、**、*** 分别表示在10%、5%、1%的水平上显著。

资料来源：模型回归结果。

6.2.6　结论与政策含义

本研究的主要结论为：*RTPU* 下降会提高中国多产品企业出口产品的成

第6章 中国自由贸易区战略与中国出口产品成本加成

本加成,其中 RTPU 下降对企业核心产品成本加成的提升效应更大;RTPU 通过降低出口产品的边际成本,提升产品整体质量,提高企业出口产品的成本加成,并且本书发现 RTPU 提高企业出口产品质量的同时,对出口产品价格无显著影响,这在一定程度上提高了目的国消费者的福利水平;RTPU 下降,市场竞争加剧,企业通过缩减产品组合,提升核心产品质量的方式,优化企业内资源配置,提升企业核心产品成本加成;最后,本书异质性分析发现,RTPU 下降仅对采取成本竞争策略的企业、通过一般贸易出口的产品以及出口到中、高发展水平国家的产品的成本加成具有提升效应。

  本研究在当前时代背景下对我们认识自由贸易区战略的微观经济效果和引导企业合理提升市场定价能力具有十分重要的政策启示。第一,区域自由贸易协定的签订能够显著降低企业出口面临的不确定性,更稳定的外部营商环境有助于提升企业市场定价能力,因此中国政府应积极构建开放格局下高标准的自由贸易区网络,优化自由贸易区布局,推动 RCEP 的实施,提升自贸区建设水平,进一步拓展和深化区域经贸合作。第二,在贸易政策不确定性降低、外部营商环境更具稳定性的有利条件下,政府应该引导企业积极研发创新,提高自身生产效率,同时要鼓励企业提高出口产品的质量。根据本书的研究结果,企业出口高质量产品,一方面能够提高企业出口产品的成本加成率,从而提升市场定价能力;另一方面也能够提高目的国市场消费者的福利水平,因为 RTPU 下降在提高出口产品质量的同时,并未提高产品价格。因此,企业出口高质量产品,能够实现中国企业与目的国市场消费者的"互利共赢"。第三,外贸企业应该重点关注核心产品的开发与销售。本书的研究结果表明,RTPU 下降对企业内核心出口产品成本加成率的提升更大,并且核心出口产品成本加成率的提高很大程度上是因为其质量的提升,这在总体上提高了中国企业出口产品的平均质量水平,也实现了中国企业内部资源配置高效率。因此,企业应该积极实施产品多元化与核心化协调发展战略,保障核心产品质量提升,从而更好地提升企业的整体竞争力水平,为中国经济、贸易的高质量发展打好微观基础。

第 7 章
高质量发展视角下中国自由贸易区战略实施：问题与对策

7.1 中国自由贸易区战略实施中存在的问题

7.1.1 自由贸易区战略的深化不够

随着社会主要矛盾的转变，当前中国正站在高质量发展新的历史方位上，国家适时提出"构建国内国际双循环的新发展格局"和"实施区域协调发展战略"。建立自由贸易区是加强区域合作，促进区域经济一体化发展的重要路径。21世纪以来，全球自由贸易协定（Free Trade Agreement，FTA）的数量、深度与规模呈现前所未有的进展，随着区域一体化程度的加强，FTA中涉及的领域也在不断扩大，呈现深度一体化（deep integration）发展特征。但我国在全球区域性经济合作中发展相对滞后，这无疑会阻碍我国国际区域一体化发展的进程，因此测度中国FTA深度，分析中国在签订FTA时条款制定方面的不足，对我国经济与外贸高质量发展至关重要。

目前学术界主要利用FTA具体条款构建深度化指标。本节所用基础数据来自世界贸易组织（WTO）2017年发布的"FTA depth"数据库，由霍夫曼

(Hofmann）于2017年创建。这一数据库覆盖52类条款（如表7-1所示），根据霍恩等（Horn et al.，2010）的划分规则，将自由贸易协定条款按照是否在世界贸易组织框架下分为WTO+和WTO-X两类。其中，WTO+包括在FTA和WTO中都涉及但是FTA中自由化程度更高的条款共14类；WTO-X条款则有38类，包括在WTO中不包含而仅在FTA中涉及的新条款。此分类法被《世界贸易报告》（WTO，2011）运用，广泛成为划分贸易规则的权威方法。

表7-1　　　　　　　　　　FTA条款分类

WTO-PLUS（WTO+）	WTO-EXTRA（WTO-X）		
工业产品减让	反腐败	消费者保护	文化合作
农业产品减让	健康	洗钱	社会事务
海关程序	竞争政策	数据保护	经济政策对话
出口税	人权	核安全	统计
卫生和植物检疫	环境	农业	教育培训
技术性贸易壁垒	非法移民	政治对话	税收
国有企业	知识产权	立法	能源
反倾销	毒品	公共管理	恐怖主义
反补贴	投资政策	视听	金融援助
公共补助	产业合作	区域合作	签证庇护
政府采购	劳动市场监管	公民保护	
TRIMS	信息社会	研发	
GATS	资本流动	创新	
TPIPS	矿业	中小企业	

资料来源：FTA Depth 数据库。

在这一分类基础上，根据霍夫曼等（Hofmann et al.，2017）的方法对贸易协定中制定的条款进行取值，进而得到此FTA条款的深度。取值方法如表7-2所示，分为两个步骤：第一步判断该FTA中是否提及某条款，若在FTA中未提及（或过于笼统地提及）该条款，则取值为"0分"；若在FTA中提及该条款，则赋值为"1分"。第二步，根据霍恩等（Horn et al.，2010）提出的协议中条款的"法律可执行性"进行基本界定，包含三个分值，若在协议中未提及或该条款在法律上不可执行，则取值为"0分"；若在协议中提及该条款且在法律上可执行，但不适用于争端解决机制，则取值为"1分"；若在协议中提及该条款，并且该条款不仅在法律上可执行，还适用于争端解决机制,则取值为"2分"。某一FTA的深度即对上述两个步骤所有取值进行加总所得,其得分取值分别为"0分""1分""2分""3分"。根据这一方法,对中国签署的FTA深度进行测度,结果如图7-1所示。

表7-2　　　　　　　　　　FTA深度的度量

项目		条款内容	取值规则	取值
第一步	WTO+	FTA和WTO中都涉及但是FTA中自由化程度更高的条款	协议中未提及(或过于笼统地提及)该条款	0
	WTO-X	WTO中不包含而仅在FTA中涉及的新条款	协议中提及该条款	1
第二步	WTO+LE	FTA和WTO中都涉及但是FTA中自由化程度更高的条款,且有法律可执行性	协议中未提及或该条款在法律上不可执行	0
			提及该条款且在法律上可执行,但不适用于争端解决机制	1
	WTO-XLE	WTO中不包含而仅在FTA中涉及的新条款,且有法律可执行性	提及该条款且在法律上可执行且适用于争端解决机制	2

资料来源:笔者整理编制。

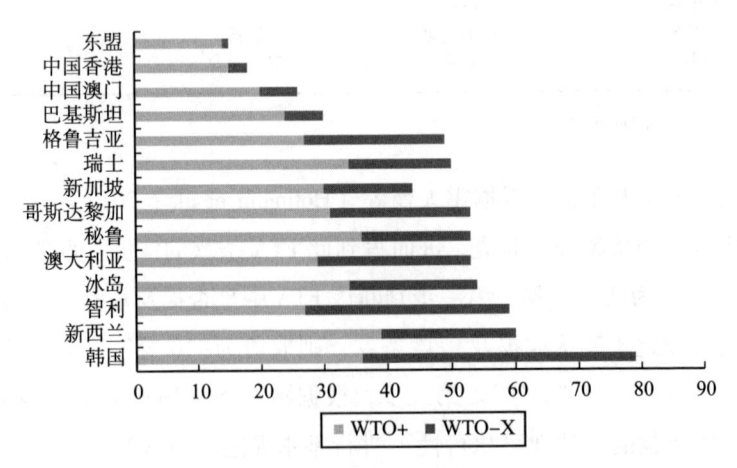

图7-1　中国FTA条款深度(2005~2018年)

注:其中东盟包括文莱、印度尼西亚、柬埔寨、老挝、缅甸、马来西亚、菲律宾、新加坡、泰国、越南十国。

资料来源:FTA Depth数据库。

第 7 章 | 高质量发展视角下中国自由贸易区战略实施：问题与对策

总体来看，中国与发达国家和地区签订的 FTA 条款内容多，深度数值也较大，与发展中国家之间达成的贸易协定涉及条款数量较少，层次较浅。其中，中国与韩国签订的 FTA 条款深度最高，包含了 13 条 WTO+条款和 19 条 WTO-X 条款，其他签订 FTA 地区中 FTA 深度比较高的如"中国-智利""中国-秘鲁""中国-哥斯达黎加"等都是来自南美地区。此外，中国与其他发达国家和地区（如新西兰、新加坡、瑞士、冰岛等国）签订的 FTA 条款深度的平均水平高于发展中国家，FTA 深度最浅的是中国与东盟签订的 FTA，总深度指数仅为 15，仅包含 6 条 WTO+条款和 1 条 WTO-X 条款。值得一提的是，中国与新加坡的 FTA 除了 2005 年的东盟条款外，在 2009 年又重新签订了一份"中国-新加坡"FTA，其深度从"中国-东盟"条款的 15 上升到"中国-新加坡"条款的 44。

表 7-3 展示了中国 FTA 条款深度的详细数据，总体来看，中国早期主要签订 FTA 的合作对象以发展中国家为主，近年来与韩国、澳大利亚等发达国家和地区的合作也开始增加，所以导致早期中国签署的 FTA 的内容深度较低，近年来 FTA 协议的内容深度相对较高，包含更多的政策领域范围。分条款来看，WTO-X 条款的覆盖率远远低于 WTO+条款，中国仅与 5 个国家和地区签订的 WTO+深度在 10 以下。对中国与各国和地区签订的 FTA 深度差异贡献最大的是 WTO-X 条款，其中与各国和地区签订的 WTO-X 深度得分最高为 20，而最小只有 1。此外，"法律可执行性"在 FTA 的签订中也越来越受到重视，约有 2/3 以上的条款均具有"法律可执行性"，并且无论是 WTO+条款还是 WTO-X 条款，在"法律可执行性"上得分从高到低前三名均为中国与发达国家和地区签订的 FTA。

表 7-3　　　　中国 FTA 条款深度（2005~2018 年）

贸易伙伴	生效年份	Depth	Depth_LE	WTO+	WTO+_LE	WTO-X	WTO-X_LE
东盟	2005	7	8	6	8	1	0
瑞士	2014	20	30	13	21	7	9

续表

贸易伙伴	生效年份	Depth	Depth_LE	WTO+	WTO+_LE	WTO-X	WTO-X_LE
智利	2006	31	28	11	16	20	12
哥斯达黎加	2011	26	27	11	20	15	7
中国香港	2004	8	10	5	10	3	0
冰岛	2014	22	32	12	22	10	10
中国澳门	2003	10	16	8	12	2	4
新西兰	2008	21	39	13	26	8	13
巴基斯坦	2007	11	19	9	15	2	4
秘鲁	2010	25	28	12	24	13	4
新加坡	2009	16	28	10	20	6	8
格鲁吉亚	2018	17	32	9	18	8	14
韩国	2015	32	47	13	23	19	24
澳大利亚	2015	24	29	11	18	13	11

资料来源：FTA Depth 数据库。

根据不同条款对贸易的作用大小及其在现有贸易协定中的出现频率，达木里（Damuri，2012）在数据库覆盖的52类条款中挑选出18类条款定义为核心条款，主要包括WTO-X条款中知识产权、竞争政策、资本移动和投资政策4类以及14类WTO+类条款。图7-2列出的中国签订的FTA中，核心条款的覆盖率整体较高，有12类核心条款的覆盖率在60%以上，说明在中国的FTA深度中核心条款深度扮演重要角色。而在非核心条款中，创新、研发等条款在FTA中的覆盖率相对较低，随着生产信息技术的不断进步，创新对FTA构建的引导作用必须强化，重视研发、产业合作和相关技术人员引进对FTA升级至关重要。

第 7 章 | 高质量发展视角下中国自由贸易区战略实施：问题与对策

条款	覆盖率(%)
工业	100
农业	100
反倾销	93
反补贴	93
海关	80
GATS	80
SPS	73
TBT	73
国家援助	60
TRIPS	60
出口税	47
TRIMS	40
国有企业	40
公共采购	27
投资	87
知识产权	73
竞争政策	47
资本流动	40

图 7-2 中国 FTA 核心条款覆盖率（2005~2018 年）

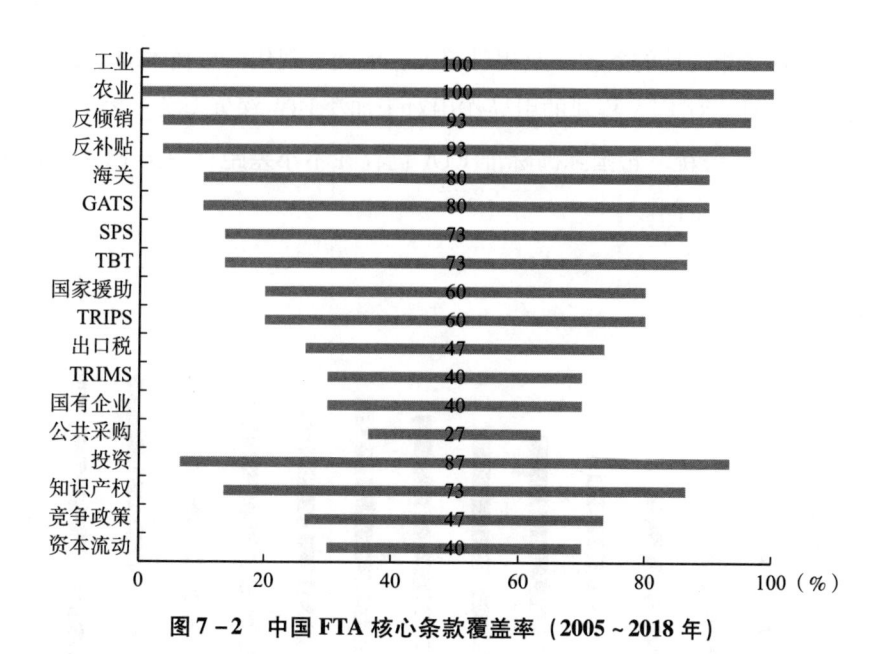

资料来源：FTA Depth 数据库。

图 7-3 展示了核心条款在中国与各国和地区签订的各项 FTA 中的覆盖率，其中与韩国、瑞士、冰岛等发达国家和地区签订的 FTA 核心条款覆盖率达 90% 以上，即使 FTA 深度最低的中国-东盟 FTA，核心条款在其所签订的 FTA 所有条款中的覆盖率也有约 40%。这也说明发达国家和地区更注重这些对国际分工具有重要意义的核心条款，在推行自贸区政策的过程中更加遵循在国际上已被广泛认可的经贸规则。

总体来说，尽管中国与各国和地区签订的 FTA 条款深度在不断加深，但与发达国家和地区仍有一定差距，这可能是因为发达国家和地区的区域贸易合作起步早，历经多次重订，条款内容日臻完善。而中国的 FTA 条款自签订后与新加坡除了在 2005 年缔结的中国-东盟（包含新加坡在内）FTA 以外，还于 2009 年缔结了中国-新加坡 FTA，大大提升了中国与新加坡签订的 FTA 深度，与其他国家和地区签订的 FTA 均未有过重订和完善。此外，中国目前所签订的 FTA 中，WTO-X 条款占比依然较低，创新、研发及部分与贸

243

易活动无直接相关性的条款涉及相对较少，但随着现代信息技术的不断进步，强化创新、研发对 FTA 构建的引导作用对于加深 FTA 深度至关重要。中国签订的 FTA 标准与新一轮国际高标准 FTA 仍存在不小差距，中国 FTA 深度依然有很大的上升空间。

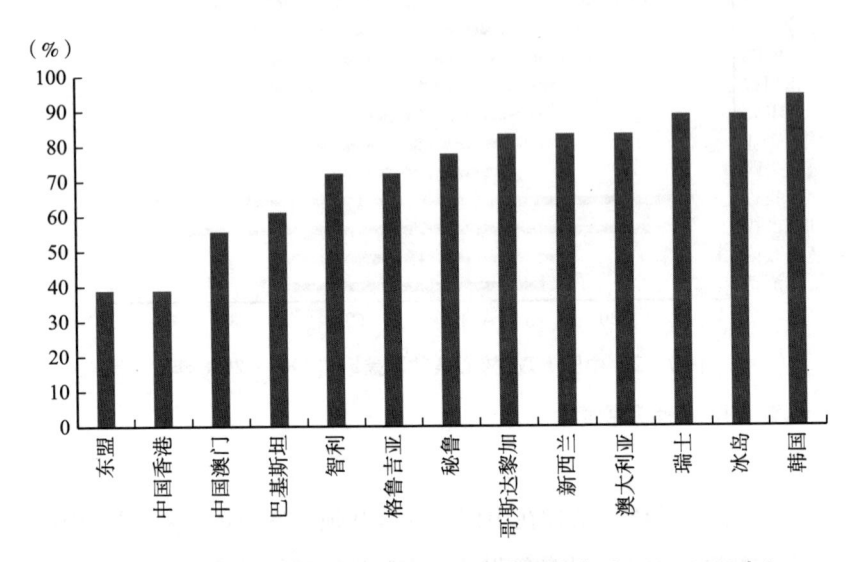

图 7-3　中国与各国和地区 FTA 核心条款覆盖率（2005~2018 年）

资料来源：FTA Depth 数据库。

7.1.2　自由贸易区网络的"意大利面碗效应"

"意大利面碗效应"（Spaghetti Bowl Phenomenon）是指在一国与其他国家和地区签订的 FTA 或者 RTA 中，不同的优惠待遇和原产地规则相互交织在一起形成了盘根错节的贸易协定网络，就像碗里的意大利面条一样，这种现象被巴格沃蒂（Bhagwati，1996）称为"意大利面碗效应"。

自中国加入世界贸易组织以来，一直在不断融入全球经济贸易发展，积极地参与区域经济一体化活动，随着中国与越来越多的国家和地区签订 FTA，一方面加深了中国与各国和地区之间的区域经济合作，另一方面也对现有的

第 7 章 | 高质量发展视角下中国自由贸易区战略实施：问题与对策

国际贸易规则提出了挑战，会不可避免地形成"意大利面碗效应"。其中最主要的问题是市场准入规则的复杂性，当中国与一个国家或地区签订两者间 FTA 的同时，也会导致与其他国家和地区签订的 FTA 之间不同贸易壁垒和贸易规则的交织纠缠，使得中国的国际贸易变得越来越混乱。另一个主要问题则是原产地规则的复杂性，原产地规则本是一种兼具技术性与客观性的制度，现在越来越为各国所重视，将其视作一种贸易政策工具，各国在与中国签订 FTA 时注重对本国商品进行保护，对特定商品制定相应的原产地规则，使各成员面临高昂的管理成本和交易成本。

随着区域经济一体化的盛行，各国也都纷纷与其他国家和地区签订 FTA 或者 RTA，比如，中国不仅与东盟、巴基斯坦、哥斯达黎加、格鲁吉亚等发展中国家签订了自由贸易协定，也在 2014 年、2015 年分别和瑞士、冰岛、韩国、澳大利亚等发达国家和地区签订了自由贸易协定，中国与发展程度各异的不同国家和地区签订的不同深度、不同特征的自由贸易协定交织重叠在一起，同时实施并有着日益增多的趋势，更容易导致"意大利面碗效应"的出现，使中国的区域经济合作面临着严重的"多重治理问题"。

"意大利面碗效应"也与各国的政治经济力量息息相关，其中贸易规则复杂的程度与部分具有保护色彩的措施，对于多边贸易体系可能有负面影响。比如中国跨国企业在进行对外贸易时，需要对与不同国家和地区签订的自由贸易协定的细则进行对比和选择，从而大幅降低了中国对外贸易的效率。市场准入规则与原产地规则不仅阻碍了区域经济一体化的发展，不利于区域价值链的构建，还使许多跨国企业成为"意大利面碗效应"下自由贸易协定规则的牺牲品，一些中小企业难以厘清各个自由贸易协定中规则的差异性，无法针对不同关税税率制定合适的商业规划，利用自由贸易协定促进自身贸易的发展，还因为对外贸易需要获得原产地证明等限制条件大大提高了自身的贸易成本交易成本，导致跨国企业对数量组合和质量追求的目标可能难以实现，因而选择放弃利用已签订的 FTA 或 RTA 的条款，从而造成自由贸易协定实施上的低效率情况。同时，不同自由贸易协定的交织造成的"意大利面碗效应"更会导致中国的对外贸易体制变得更加复杂，严重影响中国参与在全球区域经济合作中的可持续性发展。

7.1.3 自由贸易协定与中国数字贸易新规则

第四次科技革命以信息化技术促进产业变革为标志,人类社会发展正式进入智能化时代。世界经济贸易发展格局也正在被第四次科技革命技术重塑,随着数字贸易在全球贸易中的地位不断攀升,带来了贸易方式和贸易内容的变革,催生了新的商业贸易模式,也不可避免地给原有的全球经济贸易规则体系的构建带来挑战,给全球贸易带来了新的问题,因此亟须建立新的数字贸易规则来应对新问题与新挑战。

美国和欧盟等发达国家与经济体率先通过 RTA 制定双边数字贸易新规则,以解决由数字贸易驱动所带来的全球经济贸易问题,由此形成了数字贸易规则的"欧式模式"与"美式模式"。但在不同国家和地区签订的自由贸易协定中,针对数字贸易制定的条款内容仍然存在着较大差异,这一差异不仅出现在发达国家与发展中国家之间,在发达经济体内部,数字贸易条款也有着较大的差异。如"欧式模式"较为强调数据隐私的保护,而"美式模式"则更偏向于从隐私数据中获取市场利益,这不仅与各个国家和地区的政治地位与经济发展程度有关,与一国文化也有着莫大的关联。

中国在早期签订自由贸易协定时并没有重视其中数字贸易规则的制定,只是偶尔会在协定的附件中稍有涉及,但并不深入。近年来,随着"互联网+"战略的实施,中国电子商务产业的迅速崛起,跨境电子商务交易额的迅速攀升,数字贸易对于中国 GDP 的贡献也越来越大。中国也开始重视起数字贸易新规则的制定,在 2015 年签订的中国－韩国、中国－澳大利亚两份 FTA 中,中国开始单独设置了有关数字贸易规则条款的章节,数字贸易规则在中国参与的 FTA 中越来越重要。而在此之前,"FTA Depth"数据库选择的 52 类 FTA 条款中,与数字贸易规则关联较小但不可或缺的知识产权协定(TPIPS)、技术壁垒(TBT)、服务贸易总协定(GATS)三类条款在中国所签署的 FTA 中均有不低的覆盖率,均在 60% 以上,而关联更加紧密也更为重要的数据保护、创新、研发三类条款的覆盖率则非常低,其中数据保护条款的覆盖率仅有7%(如图7-4所示),并且也被排除于FTA核心条款之外。由于中国近几年才开始重视数字贸易新规则在参与区域贸易合作中的重要性,起步较晚,因此在数字贸易规则的制定方面与发达国家相比仍较为落后。

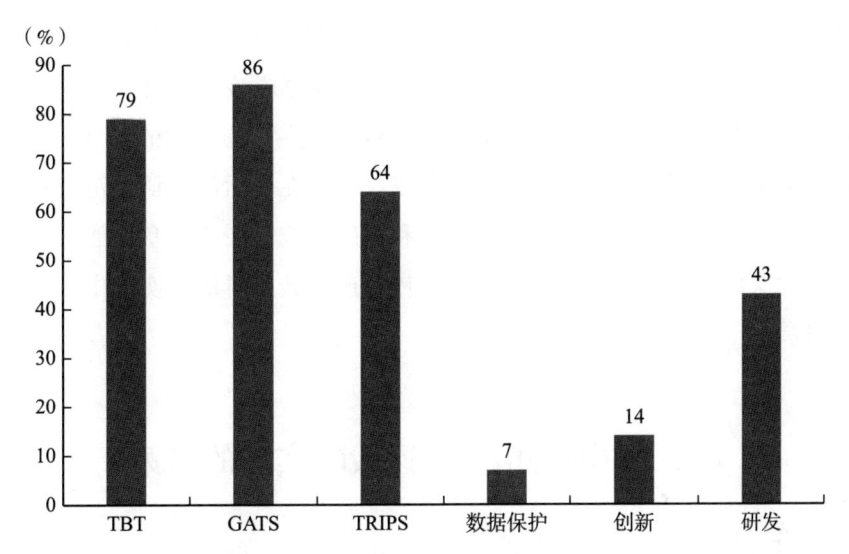

图7-4 中国FTA中数字贸易规则相关条款覆盖率(2005~2018年)

资料来源:FTA Depth 数据库。

与"欧式模式"与"美式模式"均有所不同,中国关于隐私数据的保护更加侧重于互联网运行中造成的国家安全和公共利益安全问题。由此可见,各国之间由于发达程度、开放程度、文化价值与市场规模等方面存在的差异,在制定数字贸易规则时也会因为利益诉求的不同而存在很大分歧。中国今后无论是重新修订已签署的FTA时,在其中增加数字贸易规则,还是在与新的国家和地区签订含有数字贸易规则的FTA时,都有可能会导致中国与不同国家和地区签署的FTA中存在差异性的数字贸易规则,这些错综复杂的数字贸易条款无疑会产生"意大利面碗效应",非但无法促进数字贸易的发展,反而增加了许多负面成本。

总体来说，数字贸易在全球贸易中的重要性日益突出，中国虽然已经逐渐跟上全球数字贸易新规则的潮流，开始在新签订的FTA中制定数字贸易规则，但具体的条款内容依然没有跟上全球数字贸易发展的脚步，数字贸易领域开放程度仍有所欠缺，综合竞争力较弱，与发达国家和地区制定的日臻完善的数字贸易规则相比还有很大一段差距。同时，中国在制定数字贸易规则条款时的话语权也较弱，未来在不同的FTA中制定数字贸易规则条款时有很大可能会导致"意大利面碗效应"。因此，中国更应该利用自身在电子商务领域的优势地位，加快与各国和地区签订带有数字贸易规则的FTA，提高在制定数字贸易规则框架或标准时的话语权，以便在今后的区域经济贸易发展过程中避免数字贸易规则导致的"意大利面碗效应"带来的负面影响，并通过抓住此次数字贸易发展的机会，推动传统产业转型升级，实现中国经济高质量发展。

7.2 中国自由贸易区战略实施的对策

区域贸易协定（Regional Trade Agreement，RTA）是当今世界主要经济体对外贸易的重要途径。区域贸易协定中有自由贸易协定（Free Trade Agreement，FTA）、互惠贸易协定、关税同盟、共同市场等分类。自由贸易协定在世界范围内发挥着重要的作用，为国际贸易带来大量红利，其具有消除经济壁垒、促进商品服务流通的作用，有利于扩大各国的贸易规模，推动全球贸易一体化发展。目前自由贸易协定（FTA）逐渐代替多边贸易体制成为经济全球化发展的重要动力。

在经济全球化和全球经贸关系更加复杂多变的大背景下，世界范围内涌现出TPP、RCEP等在国际经贸格局中有重大作用的FTA，我国为实施更高水平的对外开放积极推进FTA战略。截至2021年底，我国已签订生效的自贸区达19个，涉及26个国家和地区。① 这些自贸协定支撑了以中国为中心节点的亚太地区成为全球多边经贸合作格局三足鼎立的一方，对促进我国出口企业的贸易扩张起到了重要作用，是贸易高质量发展的重要源泉。

我国发挥重要作用的FTA主要有RCEP和CAFTA。《区域全面经济伙伴关系协定》（RCEP）于2012年由东盟发起，是包括中国、日本、韩国、澳大利亚、新西兰和东盟十国共15方成员制定的协定。RCEP是当前世界上人口最多、经贸规模最大、最具发展潜力的自由贸易区，且具有发展中国家视角，对亚太地区乃至全球价值链重构具有重大意义。于我国而言，RCEP是我国构建国内国际双循环的顶层设计之一，有助于改善中国面对的外部环境、减弱外部冲击。中国－东盟自贸区（CAFTA）于2010年1月成立，是中国对外建立的第一个自贸区，也是世界上最大的发展中国家自由贸易区，南南合作以及区域一体化的典范。

FTA的建立对于成员国之间建立的贸易来往有诸多裨益。FTA降低成员国之间的关税和非关税壁垒，促使贸易条件得到改善，刺激地区中间品的贸易生产，增加双边及多边的贸易流量，使得成员国的福利得到增加，增添地区福祉（Schott et al.，2017；Caliendo et al.，2015）。在中国－东盟自由贸易区、RCEP的建立背景下，贸易政策不确定性下降，这让中国出口企业的产品质量、集约边际有所提高（孙林等，2020；钱学锋等，2017）。FTA的条款使得关税削减，企业增加技术投资、进行技术升级，进出口更多知识产权密集型产品（Bustos，2011；韩剑等，2018a）。

而FTA的发展中需要关注一些问题。目前中国出口企业对FTA的实际利用率较低，FTA有一定的优惠关税门槛，因而只有生产率较高的企业才会利用FTA进行出口（韩剑等，2018b）。FTA具有异质性，贸易伙伴国之间的事前贸易壁垒、贸易条件效应的敏感度、贸易产品范围、原产地规则、第三方效应均是影响异质性贸易效应的影响因素（Baier et al.，2019）。FTA并不能完全代替多边贸易自由化（Hiroshi et al.，2014）。

---

① 中华人民共和国商务部，https：//www.mofcom.gov.cn/。

发挥 FTA 对外贸高质量发展的促进作用，我国需要持续坚持并完善自由贸易协定，构筑立足周边、辐射"一带一路"、面向全球的自由贸易协定网络。在制定自由贸易协定的过程中，决策者应注意贸易效应的异质性，不能盲目照搬以前的 FTA 建设。同时，也应考虑与伙伴国之间在贸易来往上的竞争性与互补性，注重考虑合作所带来的出口提升效应，通过减少条款条件等方式降低两国企业进行贸易来往的门槛，减少经济来往的屏障，提升 FTA 利用效果并降低企业的 FTA 使用成本。针对已经成立的自由贸易协定，应在深度上进行拓展，建立多方的产品贸易协调机制和标准，协商解决出口产品贸易问题，释放出更多贸易红利。外贸企业应抓住 RCEP 等 FTA 的红利，了解自身适用的规则和优惠制度，在国际价值链上找准自身定位，加强创新并提升管理能力和产品质量、产品增加值，提升国际竞争能力和合作能力，走好高质优品的产品出口之路。

参考文献

一、中文部分

[1] 蔡昉. 未富先老与中国经济增长的可持续性 [J]. 国际经济评论, 2012 (1): 5, 82-95.

[2] 陈志远, 朱婷, 孟可心. 贸易政策不确定性与企业出口产品范围 [J]. 国际贸易问题, 2022 (6): 90-105.

[3] 戴觅, 茅锐. 外需冲击、企业出口与内销: 金融危机时期的经验证据 [J]. 世界经济, 2015 (1): 81-104.

[4] 戴觅, 余淼杰, Maitra M. 中国出口企业生产率之谜: 加工贸易的作用 [J]. 经济学 (季刊), 2014, 13 (2): 675-698.

[5] 戴翔, 宋婕. 我国外贸转向高质量发展的内涵、路径及方略 [J]. 宏观质量研究, 2018, 6 (3): 22-31.

[6] 董虹蔚, 孔庆峰. 中国总出口的价值构成及演进研究: 基于2000-2014年世界投入-产出表的产业和国别分析 [J]. 商业经济与管理, 2017 (12): 77-91.

[7] 段文奇, 刘晨阳. 贸易便利化、企业异质性与多产品企业出口 [J]. 国际贸易问题, 2020 (5): 72-88.

[8] 樊海潮, 郭光远. 出口价格、出口质量与生产率间的关系: 中国的证据 [J]. 世界经济, 2015, 38 (2): 58-85.

[9] 樊海潮, 张丽娜. 贸易自由化、成本加成与企业内资源配置 [J]. 财经

研究,2019,45(5):139-152.

[10] 范剑勇,冯猛. 中国制造业出口企业生产率悖论之谜:基于出口密度差别上的检验[J]. 管理世界,2013(8):16-29.

[11] 龚联梅,钱学锋. 贸易政策不确定性理论与经验研究进展[J]. 经济学动态,2018(6):106-116.

[12] 韩剑,冯帆,李妍. FTA知识产权保护与国际贸易:来自中国进出口贸易的证据[J]. 世界经济,2018a(9):51-74.

[13] 韩剑,岳文,刘硕. 异质性企业、使用成本与自贸协定利用率[J]. 经济研究,2018b,53(11):165-181.

[14] 洪俊杰,杨志浩. 中美贸易摩擦对中国制造业的影响及中国策略[J]. 国际贸易,2019(8):21-27.

[15] 胡馨月,黄先海,李晓钟. 产品创新、工艺创新与中国多产品企业出口动态:理论框架与计量检验[J]. 国际贸易问题,2017(12):24-35.

[16] 黄先海,诸竹君,宋学印. 中国出口企业阶段性低加成率陷阱[J]. 世界经济,2016,39(3):95-117.

[17] 黄先海,诸竹君,宋学印. 中国中间品进口企业"低加成率之谜"[J]. 管理世界,2016(7):23-35.

[18] 季鹏,袁莉琳,李荣林. 市场规模、竞争和出口产品结构:基于中国多产品出口企业的微观证据[J]. 国际贸易问题,2021(10):73-89.

[19] 焦聪. "一带一路"战略实施对我国对外贸易的影响[J]. 对外经贸,2016(2):25-26,36.

[20] 金碚,李鹏飞,廖建辉. 中国产业国际竞争力现状及演变趋势:基于出口商品的分析[J]. 中国工业经济,2013(5):5-17.

[21] 亢梅玲,田子凤. 贸易自由化,产品转换与多产品出口企业[J]. 国际贸易问题,2016(8):52-61.

[22] 李春顶,尹翔硕. 我国出口企业的"生产率悖论"及其解释[J]. 财

贸经济, 2009 (11): 84-90, 111, 137.

[23] 李坤望, 蒋为, 宋立刚. 中国出口产品品质变动之谜: 基于市场进入的微观解释 [J]. 中国社会科学, 2014 (3): 80-103, 206.

[24] 李胜旗, 毛其淋. 关税政策不确定性如何影响就业与工资 [J]. 世界经济, 2018, 41 (6): 28-52.

[25] 李卫兵, 张凯霞. 空气污染对企业生产率的影响: 来自中国工业企业的证据 [J]. 管理世界, 2019, 35 (10): 95-112, 119.

[26] 刘斌, 王乃嘉, 魏倩. 中间品关税减让与企业价值链参与 [J]. 中国软科学, 2015 (8): 34-44.

[27] 刘畅, 曹光宇, 马光荣. 地方政府融资平台挤出了中小企业贷款吗? [J]. 经济研究, 2020, 55 (3): 50-64.

[28] 刘海云, 毛海欧. 制造业 OFDI 对出口增加值的影响 [J]. 中国工业经济, 2016 (7): 91-108.

[29] 刘鹤. 必须实现高质量发展 [N]. 人民日报. 2021-11-24 (6).

[30] 刘啟仁, 黄建忠. 异质出口倾向、学习效应与"低加成率陷阱" [J]. 经济研究, 2015, 50 (12): 143-157.

[31] 刘怡, 耿纯. 出口退税对出口产品质量的影响 [J]. 财政研究, 2016 (5): 2-17.

[32] 刘艺卓. 汇率变动对中国农产品价格的传递效应 [J]. 中国农村经济, 2010 (1): 19-27.

[33] 卢盛峰, 董如玉, 叶初升. "一带一路"倡议促进了中国高质量出口吗: 来自微观企业的证据 [J]. 中国工业经济, 2021 (3): 80-98.

[34] 鲁晓东, 连玉君. 中国工业企业全要素生产率估计: 1999—2007 [J]. 经济学 (季刊), 2012, 11 (2): 541-558.

[35] 陆菁, 潘修扬, 刘悦. 劳动力成本、倒逼创新与多产品企业出口动态: 质量选择还是效率选择 [J]. 国际贸易问题, 2019 (10): 67-83.

[36] 陆旸. 成本冲击与价格粘性的非对称性: 来自中国微观制造业企业的证据 [J]. 经济学 (季刊), 2015, 14 (2): 623-650.

[37] 吕越, 陈帅, 盛斌. 嵌入全球价值链会导致中国制造的"低端锁定"吗? [J]. 管理世界, 2018, 34 (8): 11-29.

[38] 马双, 邱光前. 最低工资对中国劳动密集型出口产品价格的影响 [J]. 世界经济, 2016, 39 (11): 80-103.

[39] 马涛, 刘仕国. 产品内分工下中国进口结构与增长的二元边际: 基于引力模型的动态面板数据分析 [J]. 南开经济研究, 2010 (4): 92-109.

[40] 毛其淋, 许家云. 中间品贸易自由化与制造业就业变动: 来自中国加入 WTO 的微观证据 [J]. 经济研究, 2016 (1): 69-83.

[41] 毛其淋. 贸易政策不确定性是否影响了中国企业进口? [J]. 经济研究, 2020, 55 (2): 148-164.

[42] 聂飞, 胡华璐, 李磊. 中国 FTA 战略、价值链重塑与制造业企业工序智能化 [J]. 国际贸易问题, 2023 (5): 88-102.

[43] 聂辉华, 江艇, 杨汝岱. 中国工业企业数据库的使用现状和潜在问题 [J]. 世界经济, 2012, 35 (5): 142-158.

[44] 裴长洪, 刘斌. 中国对外贸易的动能转换与国际竞争新优势的形成 [J]. 经济研究, 2019, 54 (5): 4-15.

[45] 裴长洪, 刘洪愧, 中国外贸高质量发展: 基于习近平百年大变局重要论断的思考 [J]. 经济研究, 2020, 55 (5): 4-20.

[46] 彭羽, 杨作云. 自贸试验区建设带来区域辐射效应了吗: 基于长三角、珠三角和京津冀地区的实证研究 [J]. 国际贸易问题, 2020 (9): 65-80.

[47] 钱学锋, 龚联梅. 贸易政策不确定性、区域贸易协定与中国制造业出口 [J]. 中国工业经济, 2017 (10): 81-98.

[48] 钱学锋, 潘莹, 毛海涛. 出口退税、企业成本加成与资源误置 [J]. 世界经济, 2015, 38 (8): 80-106.

[49] 钱学锋, 王胜, 陈勇兵. 中国的多产品出口企业及其产品范围: 事实与解释 [J]. 管理世界, 2013 (1): 9-27, 66.

[50] 盛丹, 刘竹青. 汇率变动、加工贸易与中国企业的成本加成率 [J]. 世界经济, 2017, 40 (1): 3–24.

[51] 盛丹, 王永进. 中国企业低价出口之谜: 基于企业加成率的视角 [J]. 管理世界, 2012 (5): 8–23.

[52] 施炳展, 邵文波. 中国企业出口产品质量测算及其决定因素: 培育出口竞争新优势的微观视角 [J]. 管理世界, 2014 (9): 90–106.

[53] 施炳展, 王有鑫, 李坤望. 中国出口产品品质测度及其决定因素 [J]. 世界经济, 2013 (9): 69–93.

[54] 施炳展. 互联网与国际贸易: 基于双边双向网址链接数据的经验分析 [J]. 经济研究, 2016, 51 (5): 172–187.

[55] 施炳展. 中国企业出口产品质量异质性: 测度与事实 [J]. 经济学 (季刊), 2014, 13 (1): 263–284.

[56] 苏理梅, 彭冬冬, 兰宜生. 贸易自由化是如何影响我国出口产品质量的?: 基于贸易政策不确定性下降的视角 [J]. 财经研究, 2016, 42 (4): 61–70.

[57] 孙林, 胡玲菲, 方巧云. 中国自由贸易区战略提升中国进口食品质量了吗: 基于双重差分模型 [J]. 国际贸易问题, 2019 (5): 54–68.

[58] 孙林, 卢鑫, 钟钰. 中国出口产品质量与质量升级研究 [J]. 国际贸易问题, 2014 (5): 13–22.

[59] 孙林, 周科选. 区域贸易政策不确定性对中国出口企业产品质量的影响: 以中国-东盟自由贸易区为例 [J]. 国际贸易问题, 2020 (1): 127–143.

[60] 陶攀, 刘青, 洪俊杰. 贸易方式与企业出口决定 [J]. 国际贸易问题, 2014 (4): 33–45.

[61] 田巍, 余淼杰. 企业出口强度与进口中间品贸易自由化: 来自中国企业的实证研究 [J]. 管理世界, 2013 (1): 28–44.

[62] 佟家栋, 李胜旗. 贸易政策不确定性对出口企业产品创新的影响研究 [J]. 国际贸易问题, 2015 (6): 25–32.

[63] 万晓宁, 孙爱军. 中国和印度对美国出口农产品贸易成本的比较研究 [J]. 世界农业, 2016 (10): 143-149.

[64] 汪亚楠, 王海成, 苏慧. 贸易政策不确定性与中国产品出口的数量、质量效应: 基于自由贸易协定的政策背景 [J]. 审计与经济研究, 2020, 35 (1): 111-119.

[65] 王三兴, 宋然. 双循环格局下的外贸高质量发展: 背景、内涵与路径 [J]. 求是学刊, 2021, 48 (4): 65-71.

[66] 王孝松, 李坤望, 包群, 等. 出口退税的政策效果评估: 来自中国纺织品对美出口的经验证据 [J]. 世界经济, 2010, 33 (4): 47-67.

[67] 王雄元, 卜落凡. 国际出口贸易与企业创新: 基于"中欧班列"开通的准自然实验研究 [J]. 中国工业经济, 2019 (10): 80-98.

[68] 魏昀妍, 樊秀峰. "一带一路"背景下中国出口三元边际特征及其影响因素分析 [J]. 国际贸易问题, 2017 (6): 166-176.

[69] 文洋. 收入分配对我国出口贸易的影响: 基于非参数核密度估计的需求结构重叠视角 [J]. 世界经济研究, 2011 (10): 33-39, 88.

[70] 邬爱其, 刘一蕙, 宋迪. 跨境数字平台参与、国际化增值行为与企业国际竞争优势 [J]. 管理世界, 2021, 37 (9): 214-233.

[71] 谢建国, 陈莉莉. 出口退税与中国的工业制成品出口: 一个基于长期均衡的经验分析 [J]. 世界经济, 2008 (5): 3-12.

[72] 谢杰, 陈锋, 陈科杰, 等. 贸易政策不确定性与出口企业加成率: 理论机制与中国经验 [J]. 中国工业经济, 2021 (1): 56-75.

[73] 邢予青, Neal Detert. 国际分工与美中贸易逆差: 以 iPhone 为例 [J]. 金融研究, 2011 (3): 198-206.

[74] 徐国祥, 张正. 我国对外直接投资如何影响出口增加值: 基于我国-东道国 (地区) 产业结构差异的视角 [J]. 统计研究, 2020, 37 (10): 39-51.

[75] 许家云, 毛其淋, 胡鞍钢. 中间品进口与企业出口产品质量升级: 基于中国证据的研究 [J]. 世界经济, 2017, 40 (3): 52-75.

[76] 杨连星, 罗玉辉. 中国对外直接投资与全球价值链升级 [J]. 数量经济技术经济研究, 2017, 34 (6): 54–70.

[77] 易靖韬, 蒙双. 贸易自由化、企业异质性与产品范围调整 [J]. 世界经济, 2018, 41 (11): 74–97.

[78] 余淼杰, 梁中华. 贸易自由化与中国劳动收入份额: 基于制造业贸易企业数据的实证分析 [J]. 管理世界, 2014 (7): 22–31.

[79] 余淼杰, 袁东. 贸易自由化、加工贸易与成本加成: 来自我国制造业企业的证据 [J]. 管理世界, 2016 (9): 33–43, 54.

[80] 余淼杰, 张睿. 中国制造业出口质量的准确衡量: 挑战与解决方法 [J]. 经济学 (季刊), 2017, 16 (2): 463–484.

[81] 袁劲, 刘啟仁. 出口退税如何影响异质性产品的出口: 来自企业、产品和目的国三维数据的证据 [J]. 国际贸易问题, 2016 (6): 105–115.

[82] 袁莉琳, 李荣林, 季鹏. 出口需求冲击、产品组合与企业生产率: 基于中国工业企业的微观证据 [J]. 经济学 (季刊), 2020, 19 (4): 1167–1190.

[83] 张定法, 肖宇, 郭子江. 中国服务贸易高质量发展: 理论机理、突出短板和实现路径 [J]. 宏观经济研究, 2021 (4): 84–93.

[84] 张杰, 郑文平, 翟福昕. 中国出口产品质量得到提升了么? [J]. 经济研究, 2014, 49 (10): 46–59.

[85] 赵金龙, 赵明哲. CAFTA 对中国和东盟六国双边贸易的影响研究 [J]. 财贸经济, 2015, 12: 89–102.

[86] 钟腾龙, 余淼杰. 外部需求、竞争策略与多产品企业出口行为 [J]. 中国工业经济, 2020 (10): 119–137.

[87] 钟腾龙. 贸易自由化与多产品企业内产品加成率离散度 [J]. 国际贸易问题, 2021 (8): 70–84.

[88] 周黎安, 张维迎, 顾全林, 等. 企业生产率的代际效应和年龄效应 [J]. 经济学 (季刊), 2007 (4): 1297–1318.

[89] 祝树金, 钟腾龙, 李仁宇. 中间品贸易自由化与多产品出口企业的产品加成率 [J]. 中国工业经济, 2018 (1): 41-59.

二、外文部分

[1] Addison D M. Productivity Growth and Product Variety: Gains from Imitation and Education [J]. Social Science Electronic Publishing, 2003.

[2] Altonji J G, Elder T E, Taber C R. Selection on Observed and Unobserved Variables: Assessing the Effectiveness of Catholic Schools [J]. Journal of Political Economy, 2005, 113 (1): 151-184.

[3] Amiti M, Freund C. The Anatomy of China's Export Growth [M]//Feenstra, R C, Wei S J. China's Growing Role in World Trade. University of Chicago Press, Chicago, IL, 2010: 35-56.

[4] Amiti M, Itskhoki O, Konings J. Importers, Exporters, and Exchange Rate Disconnect [J]. Social Science Electronic Publishing, 2014, 104 (7): 1942-1978.

[5] Amiti M, Khandelwal A. Import Competition and Quality Upgrading [J]. Review of Economics and Statistics, 2013, 95 (2): 476-490.

[6] Anderson S P, De Palma A. Market Performance with Multiproduct Firms [J]. The Journal of Industrial Economics, 2006, 54 (1): 95-124.

[7] Anderson S P, De Palma A. Multiproduct Firms: A Nested Logit Approach [J]. Journal of Industrial Economics, 1992 (40): 261-276.

[8] Antoniades A. Heterogeneous Firms, Quality, and Trade [J]. Journal of International Economics, 2015, 95 (2): 263-273.

[9] Arkolakis C, Costinot A, Rodríguez-Clare A. New Trade Models, Same Old Gains? [J] The American Economic Review, 2012, 102 (1): 94-130.

[10] Baier S L, Yotov Y V, Zylkin T. On the Widely Differing Effects of Free Trade Agreements: Lessons from Twenty Years of Trade Integration [J]. Journal of International Economics, 2019, 116: 206-226.

[11] Bai X, Krishna K, Ma H. How You Export Matters: Export Mode, Learn-

ing and Productivity in China [J]. Journal of International Economics, 2017, 104: 122 - 137.

[12] Baker S R, Bloom N, David S J. Measuring Economic Policy Uncertainty [J]. The Quarterly Journal of Economics, 2016, 131 (4): 1593 - 1636.

[13] Baldwin J, Gu W. The Impact of Trade on Plant Scale, Production-Run Length and Diversification [J]. Producer Dynamics: New Evidence from Micro Data, 2009, 68: 557 - 592.

[14] Baldwin J, Yan B. Global Value Chains and the Productivity of Canadian Manufacturing Firms [R]. Economic Analysis Research Paper, 2002.

[15] Baldwin R, Harrigan J. Zeros, Quality, and Space: Trade Theory and Trade Evidence [J]. American Economic Journal: Microeconomics, 2011, 3 (2): 60 - 88.

[16] Baron R M, Kenny D A. The Moderator-Mediator Variable Distinction in Social Psychological Research: Conceptual, Strategic, and Statistical Considerations [J]. Journal of Personality and Social Psychology, 1986, 51: 1173 - 1182.

[17] Bellone F, Musso P, Nesta L, et al. Endogenous Markups, Firm Productivity and International Trade: Testing Some Micro-level Implications of the Melitz-Ottaviano Model [R]. Working Papers, 2008.

[18] Bellone F, Musso P, Nesta L, et al. International Trade and Firm-level Markups When Location and Quality Matter [J]. Journal of Economic Geography, 2014, 16 (1): 67 - 91.

[19] Bems R, Di Giovanni J. Income-Induced Expenditure Switching [J]. The American Economic Review, 2016, 106 (12): 3898 - 3931.

[20] Berman N, Martin P, Mayer T, How do Different Exporters React to Exchange Rate Changes? [J]. Quarterly Journal of Economics, 2012, 127 (1): 437 - 492.

[21] Bernard A B, Jensen J B, Redding S J, et al. Firms in International Trade

[J]. Journal of Economic perspectives, 2007, 21 (3): 105 -130.

[22] Bernard A B, Jensen J B, Redding S J, et al. The Margins of US Trade [J]. The American Economic Review, 2009, 99 (2): 487 -493.

[23] Bernard A B, Redding S J, Schott P K. Multiple-product Firms and Product Switching [J]. American Economic Review, 2010, 100 (1): 70 -97.

[24] Bernard A B, Redding S J, Schott P K. Multiproduct Firms and Trade Liberalization [J]. The Quarterly Journal of Economics, 2011, 126 (3): 1271 -1318.

[25] Bernard A B, Van Beveren I, Vandenbussche H. Multi-Product Exporters and the Margins of Trade [J]. Japanese Economic Review, 2014, 65 (2): 142 -157.

[26] Berry S T. Estimating Discrete-Choice Models of Product Differentiation [J]. The RAND Journal of Economics, 1994, 25: 242 -262.

[27] Berthou A, Fontagné L. Variable Trade costs, Composition Effects and the Intensive Margin of Trade [J]. World Economy, 2016, 39 (1): 54 -71.

[28] Brambilla I. Multinationals, Technology, and The Introduction of Varieties of Goods [J]. Journal of International Economics, 2009, 79 (1): 89 -101.

[29] Brandt L, Van Biesebroeck J, Zhang Y. Creative Accounting or Creative Destruction? Firm-level Pro-ductivity Growth in Chinese Manufacturing [J]. Journal of Development Economics, 2012, 97 (2): 339 -351.

[30] Broda C, Greenfield J, Weinstein D. From Groundnuts to Globalization: A Structural Estimate of Trade and Growth [R]. NBER Working Paper, 2006.

[31] Bustos P. Trade Liberalization, Exports, and Technology Upgrading: Evidence on the Impact of MERCOSUR on Argentinian Firms [J]. American economic review, 2011, 101 (1): 304 -340.

[32] Cabrer-Borrás B, Serrano-Domingo G. Innovation and R&D Spillover Effects in Spanish Regions: A Spatial Approach [J]. Research Policy, 2007, 36 (9): 1357 –1371.

[33] Cadot O, Carrère C, Strauss-Kahn V. Export Diversification: What's Behind the Hump? [J]. Review of Economics and Statistics, 2011, 93 (2): 590 –605.

[34] Cadot O, Carrère C, Strauss-Kahn V. Trade Diversification, Income, and Growth: What Do We Know? [J]. Journal of Economic Surveys, 2013, 27 (4): 790 –812.

[35] CAI H, LIU Q. Competition and Corporate Tax Avoidance: Evidence from Chinese Industrial Firms [J]. The Economic Journal, 2009, 119: 764 –795.

[36] Carballo J, Handley K, Limão N. Economic and Policy Uncertainty: Export Dynamics and the Value of Agreements [R]. NBER Working Paper, No. 24368, 2018.

[37] Chandra V, Boccardo J, Osorio I. Export Diversification and Competitiveness in Developing Countries [R]. World Bank, Washington, D. C., 2007.

[38] Chao C C, Chou W L, Yu E. Export Duty Rebates and Export Performance: Theory and China's Experience [J]. Journal of Comparative Economics, 2001, 29 (2): 314 –326.

[39] Chatterjee A, Rafael D, Vichyanond J. Multi-product Firms and Exchange rate Fluctuations [J]. American Economic Journal. Economic Policy, 2013, 5 (2): 77 –110.

[40] Chen N, Juvenal L. Quality, Trade, and Exchange Rate Pass-Through [J]. Journal of International Economics, 2016, 100: 61 –80.

[41] Chetty R, Hendren N, Kline P, et al. Where is the Land of Opportunity? The Geography of International Mobility in the United States [J]. Quarterly

Journal of Economics, 2014, 129 (4): 1553 – 1623.

[42] Crozet M D, Head K, Mayer T. Quality Sorting and Trade: Firm-level Evidence for French Wine [J]. The Review of Economic Studies, 2012, 79 (2): 609 – 644.

[43] Daisaka H, Furusawa T. Dynamic Free Trade Networks: Some Numerical Results [J]. Review of International Economics, 2014, 22 (3): 469 – 487.

[44] Damuri Y R. 21st Century Regionalism and Production Sharing Practice [R]. Geneva: CTEI Working Paper, No. 14580, 2012.

[45] De Loecker J, and Warzynski F. Markups and Firm-Level Export Status [J]. American Economic Review, 2012, 102 (6): 2437 – 2471.

[46] De Loecker J, Goldberg P K, Khandelwal A K, et al. Prices, Markups, and Trade Reform [J]. Econometrica, 2016, 84 (2): 445 – 510.

[47] Dennis A, Shepherd B. Trade Facilitation and Export Diversification [J]. World Economy, 2011, 34 (1): 101 – 122.

[48] Disney R, Haskel J, Heden Y. Restructuring and Productivity Growth in UK Manufacturing [J]. Economic Journal, 2003, 113 (489): 666 – 694.

[49] Eckel C, Iacovone L, Javorcik B. Multi-product Firms at Home and Away: Cost-versus Quality-based Competence [J]. Journal of International Economics, 2015, 95 (2): 216 – 232.

[50] Eckel C, Neary J P. Multi-product Firms and Flexible Manufacturing in The Global Economy [J]. The Review of Economic Studies, 2010, 77 (1): 188 – 217.

[51] Fan H, Gao X, Li A Y, et al. Trade Liberalization and Markups: Micro Evidence from China [J]. Journal of Comparative Economics, 2018, 46 (1): 103 – 130.

[52] Fan H, Li Y A, Yeaple S R. Trade Liberalization, Quality, and Export

Prices [J]. The Review of Economics and Statistics, 2015, 97 (5): 1033 – 1051.

[53] Feenstra R, Ma H. Optimal Choice of Product Scope for Multiproduct Firms under Monopolistic Competition [R]. NBER working paper, 2007, 13703.

[54] Feenstra R C, Romalis J. International Prices and Endogenous Quality [J]. The Quarterly Journal of Economics, 2014, 129 (2): 477 – 528.

[55] Feenstra R C, Weinstein D E. Globalization, markups, and US welfare [J]. The Journal of Political Economy, 2017, 125 (4): 1040 – 1074.

[56] Feng L, Li Z, Swenson D L. Trade Policy Uncertainty and Exports. Evidence from China's WTO Accession [J]. Journal of International Economics, 2017, 106: 20 – 36.

[57] Funke M, Ruhwedel R. Export Variety and Economic Growth in East European Transition Economies [J]. Economics of Transition, 2005, 13 (1): 25 – 50.

[58] Hufbauer G. The Impact of National Characteristics & Technology on the Commodity Composition of Trade in Manufactured Goods [R]//The Technology Factor in International Trade. National Bureau of Economic Research, 1970: 145 – 231.

[59] Greenhalgh C, Taylor P, Wilson R. Innovation and Export Volumes and Prices: A Disaggregated Study [J]. Oxford Economic Papers, 1994, 46 (1): 102 – 135.

[60] Groppo V, Piermartini R. Trade Policy Uncertainty and the WTO [R]. WTO Staff Working Papers. NO. ERSD – 2014 – 23, 2014.

[61] Gu W, Baldwin J R. Plant Turnover and Productivity Growth in Canadian Manufacturing [J]. Social Science Electronic Publishing, 2006, 15 (3): 417 – 465.

[62] Hallak J C, Schott P K. Estimating Cross-country Differences in Product

Quality [J]. Quarterly Journal of Economics, 2011, 126 (1): 417 – 474.

[63] Handley K, Limão N, Ludema R, et al. Firm Input Choice under Trade Policy Uncertainty [R]. NBER Working Paper No. 27910, 2020.

[64] Handley K, Limão N. Policy Uncertainty, Trade and Welfare: Theory and Evidence for China and the US. [J]. American Economic Review, 2017, 104 (12): 2731 – 2783.

[65] Handley K, Limão N. Trade and Investment under Policy Uncertainty: Theory and Firm Evidence [J]. American Economic Journal: Economic Policy, 2015, 7 (4): 189 – 222.

[66] Handley K. Exporting under trade policy uncertainty: Theory and evidence [J]. Journal of International Economics, 2014, 94 (1): 50 – 66.

[67] Hepenstrick C, Tarasov A. Per Capital Income and the Extensive Margin of Bilateral Trade [J]. Canadian Journal of Economics, 2015, 48 (4): 1561 – 1599.

[68] Hofmann C, Osnago A, Ruta M. Horizontal Depth: A New Database on the Content of Preferential Trade Agreements [R]. World Bank Policy Research Working Paper, 2017.

[69] Horn H, Mavroidis P C, Sapir A. Beyond the WTO? An Anatomy of EU and Us Preferential Trade Agreements [J]. The World Economy, 2010, 33 (11): 1565 – 1588.

[70] Hummels D, Klenow P J. The Variety and Quality of a Nation's Exports [J]. American Economic Review, 2005, 95 (2): 704 – 723.

[71] Hummels D, Skiba A. Shipping the Good Apples Out [J]. Journal of Political Economy, 2004, 6 (112): 1384 – 1402.

[72] Jensen M C, Meckling W H. Theory of the Firm: Managerial Behavior, Agency Costs and Ownership Structure [J]. SSRN Electronic Journal, 1976 (4): 305 – 360.

[73] Kandogan Y. Does Product Differentiation Explain the Increase in Exports of Transition Countries? [J]. Eastern European Economics, Taylor & Francis Journals, 2006, 44 (2): 6-22.

[74] Khandelwal A K, Wei S J, Schott P K. Trade Liberalization and Embedded Institutional Reform: Evidence from Chinese Exporters [J]. American Economic Review, 2013, 103 (6): 2169-2195.

[75] Khandelwal A. The Long and Short (of) Quality Ladders [J]. Review of Economic Studies, 2010, 77 (4): 1450-1476.

[76] Klenow P J, Rodriguez-Clare A. The Neoclas-sical Revival in Growth Economics: Has It Gone Too Far? [M] //Bernanke B, Rotemberg J. NBER Macroeconomics Annual 1997. MITPress, 1997: 73-102.

[77] Krugman P. Scale Economies, Product Differentiation, and the Pattern of Trade [J]. The American Economic Review, 1980, 70 (5): 950-959.

[78] Kugler M, Verhoogen E. Prices, Plant Size, and Product Quality [J]. The Review of Economic Studies, 2012, 79 (1): 307-339.

[79] Lall S. The Technological Structure and Performance of Developing Country Manufactured Exports, 1985-98 [J]. Oxford Development Studies, 2000, 27 (3): 337-369.

[80] Levinsohn J, Petrin A. Estimating Production Functions Using Inputs to Control for Unobservables [J]. The Review of Economic Studies, 2003, 70 (2): 317-341.

[81] Liu Q, Ma H. Trade Policy Uncertainty and Innovation: Firm Level Evidence from China's WTO Accession [J]. Journal of International Economics, 2020 (127): 1-20.

[82] Liu Q, Qiu L D. Intermediate Input Imports and Innovations: Evidence from Chinese Firms' Patent Filings [J]. Journal of International Economics, 2016, 103 (11): 166-183.

[83] Liu R, Rosell C. Import Competition, Multi-product Firms, and Basic In-

novation [J]. Journal of International Economics, 2013, 91 (2): 220 – 234.

[84] Caliendo L, Parro F. Estimates of the Trade and Welfare Effects of NAFTA [J]. The Review of Economic Studies, 2015, 82 (1): 1 – 44.

[85] Lu Y, Yu L. Trade Liberalization and Markup Dispersion: Evidence from China's WTO Accession [J]. American Economic Journal Applied Economics, 2015, 7 (4): 221 – 253.

[86] Manova K, Wei S, Zhang Z. Firm Exports and Multinational Activity under Credit Constraints [J]. The Review of Economics and Statistics, 2015, 97 (3): 574 – 588.

[87] Manova K, YU Z. Multi-product Firms and Product Quality [J]. Journal of International Economics, 2017, 109 (11): 116 – 137.

[88] Manova K, Zhang Z. China's Exporters and Importers: Firms, Products and Trade Partner [R]. NBER Working Paper, 2009.

[89] Manova K, Zhang Z. Export Prices Across Firms and Destinations [J]. The Quarterly Journal of Economics, 2012, 127 (1): 379 – 436.

[90] Martin R. Productivity Spreads, Market Power Spreads and Trade [R]. CEP Discussion Papers, No. 997, 2010.

[91] Maslow A H. A theory of human motivation [J]. Psychological Review, 1943, 50 (4): 370 – 396.

[92] Mayer T, Melitz J M, Ottaviano G I P. Product Mix and Firm Productivity Responses to Trade Competition [J]. Review of Economics and Statistics, 2020, 103 (5): 1 – 59.

[93] Mayer T, Melitz M J, Ottaviano G I P. Market Size, Competition, and The Product Mix of Exporters [J]. American Economic Review, 2014, 104 (2): 495 – 536.

[94] MelitzM J, Ottaviano G I P. Market Size, Trade, and Productivity [J]. The Review of Economic Studies, 2008, 75 (1): 295 – 316.

[95] Melitz M J. The Impact of Trade on Intra-industry Reallocations and Aggregate Industry Productivity [J]. Econometrica, 2003, 71 (6): 1695 – 1725.

[96] Muscatelli V A, Stevenson A A, Montagna C. Modeling Aggregate Manufactured Exports for Some Asian Newly Industrialized Economies [J]. Review of Economics & Statistics, 1995, 77 (1): 147 – 155.

[97] Nunn N, Leonard W. The Slave Trade and the Origins of Mistrust in Africa [J]. American Economic Review, 2011, 101 (7): 3221 – 3252.

[98] Osnago A, Piermartini R, Rocha N. Trade Policy Uncertainty as Barrier to Trade [R]. WTO Staff Working Papers, 2015.

[99] Owen C, Wren L S. Variety, Quality and UK Manufacturing Exports, Discussion Paper NO. 6 [Z]. International Centre for Macroeconomic Modeling, University of Strathclyde, 1993.

[100] Parenti M. Large and Small Firms in a Global Market: David vs. Goliath [J]. Journal of International Economics, 2018, 110: 103 – 118.

[101] Pierce J R, Schott P K. The Surprisingly Swift Decline of U. S. Manufacturing Employment [J]. American Economic Review, 2016, 106 (7): 1632 – 1662.

[102] Saviotti P P, Frenken K. Export Variety and the Economic Performance of Countries [J]. Journal of Evolutionary Economics, 2008, 18 (2): 201 – 218.

[103] Schott P, Heise S. Trade Policy Uncertainty and the Structure of Supply Chains [R]. Society for Economic Dynamics Meeting Papers, 2017.

[104] Simonovska I. Income Differences and Prices of Tradables: Insights from an Online Retailer [J]. Review of Economic Studies, 2015, 82 (2): 1621 – 1656.

[105] Steinberg J. Brexit and the Macroeconomic Impact of Trade Policy Uncertainty [R]. Society for Economic Dynamics Meeting Papers, 2017.

[106] Weinberger A, Qian X F. Export Tax Rebates and Resource Misallocation: Evidence from a Large Developing Countr [R]. Globalization and Monetary Policy Institute Working Paper, 2017.

[107] Winters A L. Trade Liberalisation and Economic Performance: An Overview [J]. The Economic Journal, 2004, 114 (493): F4 – F21.

[108] Woods R. Investment, R&D and Manufactured Trade [R]. paper presented to HMT Academic Panel, 1995.

[109] Xing L, Wei Z, Jiani H. Research on the Impact of OFDI on the Home Country's Global Value Chain Upgrading [J]. International Review of Financial Analysis, 2021, 77.

[110] Yu J, Shi X, Guo D, et al. Economic Policy Uncertainty (EPU) and Firm Carbon Emissions: Evidence Using a China Provincial EPU Index [J]. Energy Economics, 2021, 94: 105071.